MARCADOS
pelo passado
O AMOR FOI MAIS FORTE

Lourdes Carolina Gagete

MARCADOS
pelo passado

O AMOR FOI MAIS FORTE

Mundo Maior
Editora e
Distribuidora
FUNDAÇÃO ESPÍRITA ANDRÉ LUIZ
DESPERTANDO CONHECIMENTO

Marcados pelo passado – O amor foi mais forte
Copyright by Fundação Espírita André Luiz

Mundo Maior Editora
Fundação Espírita André Luiz

Diretoria Editorial: Onofre Astinfero Baptista
Editor: Antonio Ribeiro Guimarães
Assistente Editorial: Marta Moro
Capa e diagramação: Helen Winkler

Rua São Gabriel, 364, térreo
Guarulhos/SP – CEP 07056-090
Tel.: (11) 4964-4700

www.mundomaior.com.br
e-mail: editorial@editoramundomaior.com.br

Dados Internacionais de Catalogação na Publicação (CIP)
(Câmara Brasileira do Livro, SP, Brasil)

Gagete, Lourdes Carolina
  Marcados pelo passado : o amor foi mais forte /
Lourdes Carolina Gagete. -- 2. ed. -- Guarulhos,
SP : Mundo Maior Editora, 2014.

  1. Espiritismo 2. Romance espírita   I. Título.

14-07395   CDD-133.93

Índices para catálogo sistemático:
1. Romance espírita : Espiritismo   133.93

A reprodução parcial ou total desta obra, por qualquer meio, somente será permitida com a autorização por escrito da Editora. (Lei nº 9.610 de 19.2.1998)

SUMÁRIO

Primeira parte

Capítulo I – A fuga 11

Capítulo II – A decepção de Noélia 25

Capítulo III – Para o ignorante há atenuantes. 35

Capítulo IV – Consciência pesada 41

Capítulo V – Conflitos íntimos... 45

Capítulo VI – O obsessor encontra seus desafetos 53

Capítulo VII – Salvando uma criança 71

Capítulo VIII – O interesse material falou mais alto 75

Capítulo IX – "Onde estiver o devedor, aí também
estará o credor." 81

Capítulo X – O encontro na praia 91

Capítulo XI – Realidade por meio de um sonho 101

Capítulo XII – O obsessor estimula Noélia a fazer o aborto 109

Capítulo XIII – A ilusão das posses materiais 123

Capítulo XIV – Intervenção do plano espiritual................. 131

Capítulo XV – Planos de ajuda a Noélia e ao obsessor........ 139

Capítulo XVI – Obsessão recíproca...143

Capítulo XVII – Como prender um interesseiro. 155

Capítulo XVIII – Brincadeira perigosa..159

Capítulo XIX – O desencarne de Edileuza 167

Capítulo XX – Semelhanças entre original e cópia 171

Capítulo XXI – A reunião no castelo Garcia D'Ávila................179

Capítulo XXII – Um sonho esclarecedor.....................................191

Segunda Parte

Capítulo XXIII – A revolta de Ulisses Escobar 203

Capítulo XXIV – Traumas 229

Capítulo XXV – A insatisfação é o aguilhão da alma................235

Capítulo XXVI – Empatia 239

Capítulo XXVII – Ulisses tem novos planos...............................247

Capítulo XXVIII – Eleutério não vê (literalmente) o tempo passar. 253

Capítulo XXIX – Nova cidade, antigos problemas. 259

Capítulo XXX – Pedra Negra...265

Capítulo XXXI – A bondade é persistente...................................277

Capítulo XXXII – Suzyane apaixona-se pelo meio-irmão 285

Capítulo XXXIII – Eleutério perde, gradativamente, a sintonia com Noélia. 291

Capítulo XXXIV – A indignação das duas amigas.....................299

Capítulo XXXV – O desencarne de Priscila Maria 307

Capítulo XXXVI – Superestimando a dor. 311

Capítulo XXXVII – Aumentando os débitos 317
Capítulo XXXVIII – Um caso de perda do livre-arbítrio 327
Capítulo XXXIX – Remediar o mal 331
Capítulo XL – O outro 337
Capítulo XLI – A reencarnação compulsória de Eleutério 351
Capítulo XLII – A futura mãe tenta o suicídio 355
Capítulo XLIII – Confusão desfeita 359
Capítulo XLIV – Quem faz o que pode merece o salário
  da paz 367
Epílogo 371

Primeira Parte

CAPÍTULO I

A FUGA

*É possível fugir de nosso país,
de nossa cidade,
de nossa casa;
Impossível é fugir de nós mesmos.*

— Senhores passageiros do voo Varig 382 com destino a Salvador, dirijam-se ao portão B2 para embarque imediato.

Escobar Coriolano de Almeida sentiu um arrepio a lhe percorrer o corpo ao ouvir aquele chamado pelo alto-falante do aeroporto de Guarulhos. Não gostava de voar. Só decidiu fazê-lo por causa da pressa em sair de São Paulo. Agarrou a pequena mala e se dirigiu ao portão de embarque. Deliberou que deixaria para trás o presente angustioso. Logo tudo já seria passado e deste só as alegrias seriam resguardadas. As lembranças amargas e as acusações da consciência seriam relegadas a um segundo plano; enviadas para o "porão" da mente onde seriam amordaçadas e acorrentadas. Quanto tempo ficariam ali apassivadas? Impossível dizer.

O tempo estava encoberto e o sol forcejava sua passagem por entre as nuvens. A fila de passageiros caminhava. Os mais afoitos estugavam o passo ansiosos por garantir um bom lugar.

Escobar olhou o relógio. Também se apressou. Se realmente tinha de embarcar que o fizesse logo.

À entrada da aeronave, persignou-se discretamente.

Respondendo ao cumprimento das comissárias de bordo, notou que sua voz escapou trêmida e vacilante como os primeiros mugidos de um bezerro novo.

Guardou a bagagem de mão e se sentou rapidamente. Estava tenso. Suava, apesar do ar condicionado. Sondou o comportamento dos outros passageiros. Todos pareciam completamente tranquilos. Sentiu-se tolo e repetiu a si mesmo: *"Não estou com medo. Nada vai me acontecer. Chegarei a Salvador são e salvo"*.

A vinda de Salvador para São Paulo, há doze anos, fora muito diferente. Cheia de sonhos e ilusões. Apenas quinze anos. Fizera a viagem de ônibus, sentado ao lado de uma mulher falante e bem humorada e que lhe dava rosquinhas fritas passadas no açúcar com canela. Tantas que ele se enfastiou e nunca mais quis saber de rosquinhas fritas passadas no açúcar e canela. Sentiu medo quando chegou à rodoviária e viu aquele povaréu, sem encontrar nenhum rosto conhecido – *"De onde saiu tanta gente?"* – Até aquele momento o maior aglomerado de gente que vira fora no enterro de um vizinho, porque o sujeito era muito conhecido e odiado por suas maldades. Viera gente de todos os arredores para confirmar se o tal sujeito estava realmente morto. O punhado de terra que cada um jogou sobre o caixão baixado à cova não foi por prezar o defunto; foi para alívio próprio. O falecido metia medo até no capeta.

O tio encarregado de ir buscá-lo estava atrasado. E as rosquinhas estavam se revoltando dentro do estômago dele, pedindo para sair. Se estivesse em um lugar mais solitário forçaria o vômito, mas ali... Nem pensar.

A mulher das rosquinhas – continuou recordando – estava sentada, vigiando cuidadosamente duas grandes malas e muitas sacolas. Ao vê-lo ali sozinho, confuso e amedrontado, ficou com pena.

– Ué... Seu tio ainda não veio?

– Veio não, senhora.

– E agora? O que você vai fazer? E se ele não aparecer? Sabe onde ele mora? – falava sem parar.

Ele nada respondera. Se até ali não estava tão preocupado, a partir daquele momento ficara apavorado.

– Tem o telefone dele?

– Não, senhora.

Ela fizera um grande bico: huuummm... E ele se assustara mais um tanto.

– O jeito é esperar. Não se preocupe. O trânsito aqui é por demais de doido. Os motoristas estão sempre atrasados e estafados. Eu, que estou morando aqui há vinte anos, ainda não me acostumei.

Escobar lembrou que a olhara entediado, torcendo para que ela calasse a boca. Em vão.

– O engraçado é que a gente acaba amando isto aqui... Pode? Eu não sei mais viver longe desse bulício todo. Bem... dizem que a gente se acostuma com tudo... – Depois, vasculhando a sacola, dissera, aborrecida, que não lhe poderia dar mais rosquinhas porque elas se acabaram. Só de pensar, o estômago reagira e ele se livrou delas ali mesmo, para sua vergonha. *"Essa dona é movida à rosquinha. Preciso cair fora daqui."*

A mulher o olhara com cara de nojo e desaprovação. Depois, condoída, dissera-lhe que deveria ser o estresse da viagem; que ninguém era de ferro para passar tantas horas dentro de um ônibus sacolejando.

Amarelo e trêmulo, fora-lhe um sacrifício medonho ficar ali, quase sobre o vômito, a ouvir aquela dona que não parava de falar. Evitava responder para não dar "mais corda" assim talvez ela ficasse quieta por algum tempo. Resolução inútil. Já ia dar qualquer desculpa e se afastar, quando se lembrou que afinal a mulher poderia lhe ser útil caso o tio não aparecesse. Dera-lhe, então, mais atenção e se achegara mais para perto dela. Se a conversa já era comprida, agora se perdia de vista. Mesmo enjoado cativara ainda mais o coração dela. *"Nunca se sabe"* – afirmara a si mesmo.

Escobar sempre se gabara de seu senso prático e objetivo.

O tio só aparecera duas horas depois do seu desembarque. Sofrera um acidente no trânsito e toda a frente do fusquinha branco estava sanfonada. Ele estava irritadíssimo e amaldiçoava a negligência do motorista que lhe causara tal dano no "fusca" e no seu bolso.

"Não gosto nem de lembrar aquele dia."

Afugentou tais lembranças. Deixou de pensar no passado e lembrou que estava em um avião. E isso lhe metia medo, o que o tornava fraco e dependente.

— Queiram colocar o cinto, por favor — recomendava a aeromoça que ia de poltrona em poltrona verificando e ajudando os que tinham dificuldade.

Escobar não conseguia ajustar o seu tal o tremor das mãos. A moça inclinou-se para ajudá-lo. Sem querer, ele tocou sua mão na dela. Gaguejou um pedido de desculpas e a comissária lhe sorriu.

— Atenção aos procedimentos de segurança.

Enquanto outra comissária gesticulava a cada informação que ouvia, mostrando a localização de cada item citado, Escobar murmurava uma prece. Não que fosse tão religioso assim. Não. Era apenas a consciência de sua impotência caso surgisse algum problema a metros e metros de altura. Isso o fazia tímido e humilde. Se sobreviesse o pior, pelo menos teria algum crédito que o recomendasse a Deus. *"Melhor prevenir..."*

— Senhores passageiros, vamos nos preparar para a decolagem.

O avião começou a percorrer a pista. Escobar soltou um suspiro profundo... de conformação. As nuvens formavam um cobertor cinzento e impenetrável e o sol ainda lutava por rompê-las. Dentro de alguns segundos, a aeronave emergiu de entre elas, e o sol, finalmente, brilhou. *"Graças, meu Deus. Até agora nenhum problema"* — Escobar respirou mais aliviado.

Quando começou o serviço de bordo, uma comissária serviu-lhe um lanche e um sorriso plástico. Tudo ia bem até a aeronave atravessar uma zona de intensa turbulência. O medo amargou-lhe a boca e ele voltou a pensar em Deus. Fez outra prece, mas desta vez tentou ser mais convincente, mais sincero. Clamou por seu anjo da guarda. Que ele o ajudasse; que fizesse plantão ali ao lado dele. O medo tem dessas coisas. O gigante se apequena. O orgulhoso dobra a cerviz.

Como toda prece sincera merece uma resposta, seu anjo guardião acercou-se dele e pôde lhe falar aos tímpanos espirituais. Induziu-o à reflexão, e ele lembrou o motivo de sua fuga: Noélia Maria, a moça ingênua que se apaixonara por ele, acreditara nas suas promessas e agora esperava um filho dele.

Uma ponta de remorso ferroou-lhe o coração. Sabia-se covarde. Fugia da responsabilidade, do dever de amparar a namorada. Deixava-a sozinha, com um filho seu no ventre e a mãe viúva e doente. Sentia-se como um traidor, pois Noélia confiara nele principalmente por serem conterrâneos.

O guia espiritual, notando-o predisposto a uma análise consciencial, orava suplicando a Deus forças e discernimento para o seu protegido. Quem sabe não voltaria ele atrás na infeliz decisão de fugir dos compromissos? Quem sabe não retornaria em breve para desposar Noélia?

Escobar, de olhos fechados, deixava-se arrastar pelas reminiscências. Sentia um dedo acusador apontando para ele. Nossa consciência... nosso juiz. Relembrava Noélia, chorosa, pedindo seu amparo, falando-lhe da bênção que é um filho. Mas não! – Escobar justificava-se. Aquietava sua consciência dizendo a si mesmo que ainda não estava preparado para ser pai; que agora é que ia começar a "curtir" a vida. *"Você está sozinho aqui em São Paulo, já terminou a faculdade, tem um emprego, uma família que está bem de vida em Salvador... Escreva a seu pai e peça ajuda. Não por mim, você sabe, mas por nosso filho..."* – relembrava os pedidos de Noélia.

E a consciência, forçada a se anular momentaneamente diante da determinação do rapaz, ressurgia mais vigorosa; mais decidida a fazê-lo reconsiderar. E ele se sentia réu. Encurralado por ele mesmo.

O grande escritor e estudioso do Espiritismo, J. Herculano Pires, na quarta capa de seu livro *Concepção Existencial de Deus*, diz o seguinte:

"O homem é o seu próprio juiz, no aquém e no além. Ninguém lhe pede contas do que fez, mas ele mesmo se defronta com a imagem do que foi e do que é. Essa a infalibilidade da Justiça Divina. O Tribunal de Deus está instalado na consciência de cada um de nós e funciona com a regularidade absoluta das leis naturais. Não somos julgados por nenhum tribunal sobrenatural, mas pela nossa própria consciência. Daí a fatuidade dos julgamentos religiosos, das indulgências e sacramentos. Deus, o Existente, partilha conosco as provas existenciais. E é dentro de nós, em nossa consciência, em nosso íntimo – sem que tenhamos a mínima possibilidade de fuga ou desculpas mentirosas –, que somos julgados (...)".

* * *

Escobar Coriolano de Almeida e Noélia Maria Cruz Van Opstal namoraram durante três anos. Conheceram-se por ocasião do trote na Faculdade de Economia. Ela era funcionária da Secretaria daquele estabelecimento de ensino. Bonita moça com seus 17 anos. Compensava a pouca altura com saltos altos. Seus cabelos, sempre à moda chanel, lisos e claros, realçavam-lhe o rosto delicado. O que mais se destacava nela, porém, era o sorriso; eram as covinhas, quando sorria. Os alunos lhe diziam gracinhas só para fazê-la sorrir. Os olhos sonhadores – como os de toda adolescente – eram verdes e grandes. Expressivos. Herdara-os do avô paterno, Marzílio Van Opstal, um marinheiro holandês que se apaixonou pelo Brasil, especialmente pelo Nordeste, e nunca mais regressara à sua pátria.

Noélia Maria era moça humilde; nem sequer pudera ingressar em uma faculdade conforme era seu desejo. Morava com a mãe viúva numa vila afastada onde, a duras penas, conseguiu construir uma casa modesta com o seguro recebido por força do acidente que lhe vitimara o pai.

Todo ano, à época das matrículas e dos trotes, vendo a alegria contagiante dos calouros ou "bichos", Noélia sentia inveja. Embora negasse a si mesma agasalhar tal sentimento, era por inveja, talvez mágoa ou revolta, ou ambos, que ela se fechava no banheiro e chorava.

No dia em que conheceu Escobar, ela sentiu de imediato que ele era o homem de sua vida. Tinha ele 18 anos; ela, 17, e admitia que formavam um par perfeito.

Naquela noite, os "bichos" estavam de cara pintada. Escobar conseguiu se livrar de alguns veteranos e correr para a Secretaria. Noélia estava sentada, fazendo anotações num livro de capa dura, e não viu o rapaz que a olhava com simpatia. Quando ela levantou os olhos para ele, não pôde deixar de rir. Estava engraçado. Cara lambuzada. Cabelo cortado em grandes tufos, gema de ovo escorrendo pelos braços, enfim, ridículo. Pegajoso. Mas mesmo assim ele estava feliz. Aquele era o momento tanto ansiado.

Quando Noélia parou de rir, ele lhe disse: – Por favor, não pare; continue rindo. Seu sorriso é encantador.

Ela se aproximou, tapando o nariz:

– Que cheiro ruim de ovo! Olha que nem banho de detergente vai livrá-lo desse cheiro! Irc! – E fez cara de nojo.

– Olha... primeiro quero dizer que você tem umas covinhas lindas que sobressaem ainda mais quando você sorri. Um barato!

– Obrigada. Vou procurar viver rindo, rindo, rindo... Como uma boba alegre.

A gritaria no pátio da faculdade dificultava a audição. Quase gritando, ele perguntou onde poderia encontrar álcool para se limpar um pouco.

Ela se dirigiu a um armário de onde retirou álcool e um chumaço de algodão. Ainda pressionando as narinas, entregou tudo a ele.

Escobar agradeceu e prometeu devolver, se sobrasse alguma coisa após a limpeza.

Durante aquele ano foram apenas amigos. Depois começaram a namorar. Tinham algo em comum: ambos eram do Nordeste. Os dois buscaram São Paulo para realizar seus sonhos.

* * *

O ruído das turbinas do avião deixava os passageiros modorrentos. Escobar, parcialmente desligado do seu corpo físico, sentia a presença espiritual daquele amigo, mas, quanto mais pensava em Noélia, na covardia do que estava fazendo, mais afirmava a si mesmo que ainda não estava preparado para o compromisso de assumir uma família. Sempre pensara em iniciar sua vida de casado só ele e sua mulher, e agora, se assumisse aquela paternidade, já a iniciaria com um filho e uma sogra doente e velha. Não! Decididamente não! Ademais, considerava-se muito novo para se casar.

O carrinho de serviço de bordo deslizava pelo corredor estreito. O tilintar dos copos afastou aqueles pensamentos. Pediu um uísque, embora não tivesse o hábito de beber.

O amigo espiritual que estivera tentando ajudá-lo retirou-se. Fizera a sua parte; não poderia violentar o livre-arbítrio de seu pupilo. *"Se ele quer aprender através da dor, assim será."*

À medida que sorvia a bebida, os pensamentos de dúvida quanto à justeza de sua decisão iam cedendo lugar à indiferença e à certeza de que deveria gozar a vida enquanto fosse jovem. Noélia ia cada vez mais fazendo parte do seu passado. O filho que ela esperava não haveria de conhecer o pai que o concebera. *"A mocidade passa depressa. Noélia é ainda jovem e bonita, encontrará logo um pai para nosso filho."* Assim tentava se justificar, ou melhor, driblar a consciência.

    Devolveu o copo vazio e pegou outro. O voo não estava lotado e no assento do meio não havia ninguém. Assim lhe pareceu no primeiro momento. Todavia, Escobar era médium vidente; tinha o dom de ver além desta dimensão. Muitos amigos já lhe haviam aconselhado a usar aquela espetacular mediunidade em prol de serviços socorristas, ou melhor, em prol do seu próprio avanço espiritual; de sua felicidade; de sua paz; uma vez que o bem sempre traz respostas satisfatórias ao Espírito. Frequentara, certa vez, uma casa espírita, porém não estava disposto a se submeter à disciplina de ordem moral/espiritual conveniente ao desempenho do apostolado evangélico. Em outras palavras: "Entrou para o Espiritismo, mas o Espiritismo não entrou nele". Não se passou um ano e a decisão de servir como trabalhador na seara mediúnica esfumara-se. A vidência foi pouco a pouco esmaecendo, pois tudo o que não é usado se atrofia. Porém, em algumas ocasiões, de forma difusa, ele podia sondar o mundo espiritual. Assim, se assustou quando viu placidamente sentada ao seu lado uma criatura em trajes rotos. O rosto de tartaruga dava-lhe um ar cômico. Os braços pareciam galhos retorcidos, e as mãos – poderiam aquilo ser chamado de mãos? – pareciam mumificadas! Unhas recurvadas e sujas. Da cintura para baixo, algumas tiras que já foram calças cobriam-lhe os membros inferiores. Os pés eram grandes e cascudos, lembrando patas de elefante. Mas os olhos... Estes eram estranhamente bonitos e mostravam uma alma sofrida.

    Escobar ficou branco de medo. *"Isso é uma alma penada. E em maus lençóis."* Olhou para os outros passageiros para se certificar de que só ele via "aquilo". Pela tranquilidade deles teve a certeza de que só ele via.

    O Espírito, pois que outra coisa não era, percebeu que era visto:

"E aí, mano? Não vai pedir outra dose? Estou seco".

    Escobar levou um susto. Abriu e fechou repetidamente os olhos na esperança de comprovar alguma ilusão de ótica e de audição. Mas não.

O Espírito continuava ali. Dirigia-se a ele. E ele jamais vira criatura tão singular. Chegava a ser formidável na sua deformidade. Por que aquilo estava lhe acontecendo? Estaria o tal Espírito seguindo-o? Com que propósito? Nunca levara uma vida devassa. Até ali, o único gesto negativo que lhe pesava na consciência era estar fugindo às suas responsabilidades. Sabia-se covarde, embora tentasse justificar sua atitude.

A criatura o olhava e, como ele continuasse quieto, insistiu.

"Pô, meu irmão! Vamos lá, que tenho de voltar pro meu lugar."

A linguagem, claro, era mental. Escobar, enfim, vencendo a inércia, perguntou:

"E onde é o seu lugar, meu irmão?" – Tentou ser gentil chamando-o carinhosamente de irmão. Sabia muito bem o que um Espírito ignorante e alienado poderia fazer. *"Melhor ser humilde e chamá-lo de irmão"* – seu senso prático o alertava novamente.

"Vai dizer que ainda não sacô? Ô mano... Presta atenção! Não vê que sou um descascado?"[1]

O rapaz devolveu o copo à aeromoça determinado a não mais beber. O Espírito levantou os braços raquíticos e agarrou o copo. Todavia, suas mãos não puderam retê-lo. A comissária recolocou-o na bandeja e sorriu para Escobar, ignorando completamente aquela presença espiritual.

Escobar percebeu que um halo de luz tocou por alguns segundos as mãos (mãos?) desproporcionais da entidade. Esta emitiu um suspiro profundo e teve um lampejo de consciência. Foi apenas um instante. Como se o amor, em forma de luz, dissolvesse um pouco suas asperezas espirituais e o revigorasse.

O rapaz olhou curioso para a comissária e percebeu a grandiosidade de seu coração; as vibrações de amor que a circundavam formavam uma redoma fluídica que rejeitava todo fluido grosseiro, qual lírio de luz que mora no pântano sem contaminar-se.

O Espírito mostrou-se triste e entediado. Os olhos cintilaram, lúcidos, contrastando com a feiura do restante. Escobar lhe perguntou:

"Quem é você? O que faz aqui neste avião?"

---

[1] Gíria utilizada por Espíritos ignorantes. Quer dizer, desencarnados.

"Sou um filho de Eva. Todos somos filhos de Eva, não somos? Estou aqui porque resolvi pegar o avião junto com uma pessoa."

Olhou a expressão incrédula de Escobar e gargalhou. Apontou um homem.

"Só ele poderá me levar a descobrir o paradeiro de alguém que muito me humilhou. Sei que mais dias, menos dias, ele me levará até àquele que procuro. Aí ajustaremos nossas contas."

"Segue-o sempre?"

"Não desgrudo dele. Aonde ele vai, eu vou junto."

Escobar olhou para o homem que lia tranquilamente um livro. Sua situação espiritual não era das piores, muito ao contrário, conforme sua apreciação. A aura do citado homem era de um amarelo-claro brilhante, mesclada de tons azulados e, por mais que aquele Espírito perturbador dele se aproximasse, não conseguia penetrar o seu campo mental; tampouco lhe causar qualquer dano.

É sobejamente conhecido, dentro do Espiritismo, que só poderá haver ligação espiritual através das sintonias. Em não havendo semelhança vibratória, Espíritos ignorantes podem pulular ao nosso redor, cada qual com suas intenções malévolas, que não conseguirão nos influenciar ou prejudicar. O agir corretamente, as preces sinceras, são antídotos contra qualquer perturbação. Toda luz, quando chega, afasta as trevas. Porque o tal homem estivesse distanciado das trevas, estas não poderiam imperar. De igual forma a jovem comissária anteriormente citada. Espírito diferenciado e de vida cristã, sua luz impediu qualquer ligação com as trevas do outro. Céu ou inferno em nós mesmos. Ó inigualável Sabedoria Divina!

No caso em tela, Escobar, apesar de não ser um mau caráter, havia recentemente faltado ao seu dever de desposar a namorada grávida. Abrira uma brecha mental e passara a sintonizar Espíritos ainda recalcitrantes no mal. Entidades sofredoras. Assim, foi como um ímã de atração àquele Espírito. A resposta deste à sua pergunta deixou-o confuso.

"Filho de Eva? Todos nós?"

"Claro! De Adão e Eva. Agora vou voltar pra junto daquele cavalheiro" – e afastou-se deixando Escobar pensativo, curtindo remorsos ao lembrar Noélia.

Para espantar os pensamentos, olhou a vastidão que se estendia de todos os lados. O medo inicial deu lugar a uma conformação, uma vez que, a novecentos e noventa quilômetros por hora e a quase dez mil metros de altura, estava tão indefeso quanto um bebê.

Embaixo, o mar azul-esverdeado parecia imóvel. O movimento de sobe e desce das ondas, visto de tão grande distância, assemelhava-se a pequenos barcos com suas velas brancas navegando em massa líquida e tranquila. A areia, com certeza escaldante pelo sol de quase trinta graus, recebia os beijos mornos das ondas rendilhadas e brancas.

Escobar ia, assim, rejeitando as acusações mentais que o deixavam amargurado. Por alguns segundos sentiu-se quase feliz. Iniciaria uma vida nova em Salvador, a terra que sempre lhe fora fiel; que sempre o acolhera com carinho de mãe. *"Vai dar tudo certo."*

Desviou os olhos do mar para as nuvens. As figuras começaram a surgir dos grandes tufos brancos, cada qual construindo suas esculturas que, no entanto, logo se desfaziam. Como se o escultor fosse um artista caprichoso e nunca se satisfizesse com suas criações.

De repente, seu coração bateu forte. Estaria ele ficando louco? O remorso já começava a lhe causar perturbações mentais? Esfregou os olhos e olhou novamente. Sim. Não havia dúvida: As nuvens estavam formando uma escultura singular. Bem à sua frente um bebê recém-nascido lhe sorria enquanto lhe estendia os bracinhos. Depois se desvanecia para surgir mais além, agora já um garotinho sempre sorrindo e ainda lhe estendendo os braços. Por alguns segundos tudo se desfez. Depois quase gritou de angústia. Uma sensação de grande dor, desespero, espanto fê-lo esquecer-se de que estava em um avião e, sem querer, gemeu alto. A escultura que se formou a seguir era a de um homem morto, esticado dentro de um caixão, rosto de cera, mãos postas e dedos entrelaçados. Uma grande mancha de sangue em seu peito dizia que ele fora assassinado.

O surpreso Escobar esforçou-se para ver o rosto do falecido. Seria aquilo uma premonição? Seria ele... assassinado? *"Ah, meu Deus! Afasta de mim essas visões!"*

Um segundo gemido de desconforto chamou a atenção da passageira da poltrona do corredor. A moça olhou-o, surpresa:

— Está se sentindo mal? Quer que eu chame a comissária?

Ele demorou um pouco para voltar à consciência. Estava atordoado. Suava frio e se sentia tremendamente desconfortável.

— Ahn... Não. Estou bem, obrigado.

Depois olhou novamente os flocos de nuvens. A estranha formação já havia desaparecido. Ele resolveu fechar os olhos e tentar dormir um pouco. Breve chegaria ao aeroporto 2 de Julho, em Salvador.

Nossos atos são como bolas que atiramos contra a parede. Sempre retornam a nós. Quanto maior for a força aplicada, maior será o rebote. Infelizmente, somente à custa de acerbos sofrimentos é que conseguimos compreender o quanto devemos ser cautelosos no nosso interagir diário. Isso para não sermos surpreendidos lá na frente e pensar que Deus está sendo injusto.

Ao atingirmos o reino hominal; ao iniciarmos nossa evolução como criaturas humanas já com um desenvolvimento razoável do psiquismo; da razão e inteligência, conquistamos o livre-arbítrio. Somos donos dos nossos destinos; fazemo-lo todos os dias por intermédio dos nossos atos. Só assim podemos aceitar racionalmente as diferenças da sorte. Só assim podemos entender a sábia justiça que governa o mundo.

De conformidade com a Lei de Ação e Reação, de Isaac Newton (*"a toda ação corresponde uma reação, de igual intensidade e de sentido contrário"*), devemos a nós mesmos a felicidade ou a infelicidade.

O Espírito André Luiz, no seu livro *Ação e Reação*, nos diz ainda o seguinte:

"O pretérito fala em nós com gritos de credor exigente, amontoando sobre as nossas cabeças os frutos amargos da plantação que fizemos... Daí, os desajustes e enfermidades que nos assaltam a mente, desarticulando-nos os veículos de manifestação.

"Admitíamos que a transição do sepulcro fosse lavagem miraculosa, libertando-nos o Espírito, mas ressuscitamos no corpo sutil de agora com os males que alimentávamos em nosso ser. (...) Ninguém avança para frente sem pagar as dívidas que contraiu".

Muito se fala sobre o destino. Muita confusão e dúvidas pertinentes a ele. Para se justificar tal ou qual acontecimento, costuma-se atribuí-lo ao destino: *"Era seu destino, não havia como fugir, estava escrito..."* Então ficamos a meditar que talvez Deus faça mesmo diferença entre Seus filhos, pois, qual o critério para se distribuir, assim, destinos bons e destinos maus? Em nosso socorro vem o Espiritismo e nos explica que destino, na forma como é geralmente compreendido, ou seja, como algo que nos foi dado ao nascer, aleatoriamente, e, quer andemos pela direita quer pela esquerda, sempre há de nos encontrar, não procede da Inteligência Divina. Um destino dado, sem nenhum critério, seria no mínimo um determinismo que nos eximiria de qualquer responsabilidade. Seria desumano. Injusto. Cruel. E o Pai-Criador é a suprema justiça, o supremo amor. Mas, então, pergunta-se: O que pensar do carma do qual não conseguimos fugir, conforme também assevera a Doutrina? Não é ele o mesmo que destino? Podemos dar-lhe esse nome, se assim quisermos, porém ele, o nosso carma negativo, não é aleatório, não é um capricho de Deus, mas uma consequência dos nossos próprios atos, da Lei de Ação e Reação que já foi citada. O Universo está assentado em leis perfeitas, porque perfeito é o seu Criador, e resulta inútil toda tentativa de burlar tais leis. Cedo ou tarde estaremos frente a frente com nós mesmos. Cedo ou tarde, aqui, lá ou acolá, haveremos de harmonizar tudo que desarmonizamos. Tal é a Lei.

* * *

— "Senhores passageiros, pedimos observar os avisos luminosos de apertar cintos. Mantenham as poltronas na posição vertical para o pouso dentro de instantes. A temperatura local é de 28 graus."

Escobar respirou fundo. Sempre ouvira dizer que o perigo nas viagens aéreas era na hora de decolar e na de aterrizar. Do primeiro já se livrara. Agora era enfrentar o segundo. Fez uma oração às pressas. Olhou novamente para a poltrona onde o estranho "espírito descascado" estava sempre atento ao seu perseguido. Este fechara o livro e parecia tranquilo, não dando nenhuma mostra de perceber a inconveniente companhia.

CAPÍTULO II

A DECEPÇÃO DE NOÉLIA

Exausta, busco-me.
Labirinto que sou
perco-me em mim mesma.

Ígor, um amigo de Escobar, entregou uma carta a Noélia. Ela olhou o envelope branco e reconheceu a letra rabiscada e quase ilegível do namorado. Agradeceu ao mensageiro. Curiosa e com maus pressentimentos sentou-se para ler.

À medida que lia, a palidez tornava-se mais intensa. Soluços ameaçavam irromper e lágrimas incontidas desciam-lhe pelo rosto.

– Covarde! – murmurou a si mesma – Covarde...

A amiga Kírian aproximou-se.

– Noélia! O que foi? Você está pálida! De quem é essa carta? É alguma notícia ruim? Ah... meu Deus!

Kírian tirou alguns lenços de papel de uma caixa que estava sobre a mesa de Noélia e os ofereceu a ela.

– Veja você mesma. Ah... Os homens são todos iguais! E nós não aprendemos nunca! – disse, tentando reprimir o choro.

"Querida Noélia, acho que ainda não me encontro preparado para ser pai. Agora que me formei, que posso me divertir um pouco, não seria justo iniciar uma vida difícil. Depois... Tem a sua mãe. Você rejeitou a ideia de interná-la num asilo, então seremos, logo de cara, quatro! Também não aceitou a ideia do aborto, que seria uma solução razoável para sua gravidez. Pense nisso, que ainda está em tempo. Bem sei o quanto é difícil decidir, porém, mais tarde, se estivermos casados e com um emprego bom, poderemos ter outros filhos. Estou voltando a Salvador. Não fique triste, talvez eu volte... Não sei... Estou meio perdido."

Obs.: Não me odeie por isso.
Escobar.

Kírian devolveu a carta e pensou: *"Pobre amiga!"*
– Não acredito que Escobar, que parecia tão bom e sensato, tenha feito uma coisa dessas! Mas que canalha! Abandonar você em uma situação tão delicada... Francamente...
– Deus é grande – gemeu Noélia.
– E o que você pretende fazer, minha amiga?
– Ainda estou aturdida. Não tenho cabeça pra pensar em nada. A dor da decepção é a maior de todas. Eu confiava nele. Quase cinco anos juntos! Como ele está sendo mesquinho!
– Posso imaginar sua dor...
– Não pode, Kírian. Só quem passa por isso é que pode avaliar.
– De quanto tempo é a sua gravidez?
– Cinco ou seis semanas, conforme disse a ginecologista.
– Sua mãe já sabe?
– Não. Não tive coragem de lhe falar. Talvez nem conte... Pra quê?
– Mas ela vai perceber. Logo a barriga...
– Não sei não. Escobar voltou a falar em aborto; que talvez ele volte... Mas é tão constrangedor... *"Matar o próprio filho!"*
– Pelo Amor de Deus, Noélia! Nem pense mais nisso!
– Seria uma solução.

— Ao contrário. Seria um problema. Um problema de difícil solução espiritual, que pode, inclusive, acarretar sua morte. Tenha fé em Deus. Sempre há um jeito. Quando menos esperamos o socorro vem.

— Mas não tem solução. Um filho sem pai, minha mãe doente... Eu, que posso ser despedida quando descobrirem... — E os soluços voltavam incontidos.

— Noélia, você está muito nervosa. Não decida nada por enquanto. Não haja sob emoção, que poderá se arrepender mais tarde.

Noélia não mais tentava reter o pranto. Mãos nervosas amassaram a carta, porque esta, naquele momento, representava o traidor.

Kírian tirou-a da vista dos colegas curiosos que, espantados, olhavam-nas.

— Não acredita em Deus?

— Como acreditar em um Deus que permite tais coisas? Eu que sempre fui temente a Ele.

— Aí está o grande erro.

— *Pirô?* Como assim, erro?

— Ter medo Dele. Pode-se ter medo de alguém tão compassivo e justo? Devemos obedecê-Lo por amor e não por medo. Não devemos seguir os ensinamentos cristãos por temor. A criança que obedece aos pais, ou a quem quer que seja, por temor, quando cresce ou se libera, não mais será obediente, porque o móvel da obediência deixa de existir.

— Faz sentido — concordou Noélia, fungando.

— Muito sentido, amiga. Só a obediência por Amor a Deus, não por temor, ratifico, é que nos eleva a Alma, que identifica aquele que já enxergou a verdade.

— É fácil aconselhar e ser ponderada quando o problema não é nosso.

Kírian sentia-se envolvida por um halo de energia salutar e, longe de se ofender com a resposta da amiga, disse-lhe:

— Não vou levar em conta esse seu azedume. Tem motivo pra isso. Só não tem motivo para achar que Deus foi injusto.

— Acha então que eu mereço passar por tudo isso?!

— Eu não acho nada. Não sou seu juiz. Só sei que muitas vezes agimos por nós mesmos usando nosso livre-arbítrio para decidir; fazemo-nos surdos às advertências espirituais e depois colocamos a culpa em Deus. Muito conveniente!

Noélia ia protestar quando um Espírito de invulgar aparência aproximou-se dela. Vestia-se com um traje que lembrava a antiga toga romana. Tinha no braço direito uma cinta com o desenho de uma pluma prateada, que parecia mudar de cor conforme o ângulo em que era olhada. Símbolo, talvez, de alguma fraternidade do espaço. Calçava sandálias presas por cadarços que se cruzavam terminando perto do joelho. Ambas as mãos direcionadas para a cabeça de Noélia, que se aquietou. Ouvia a voz da amiga de forma imprecisa e distante. Todo o corpo se amolentou e ela se viu impossibilitada de falar.

Uma cena desenrolou-se-lhe aos olhos espirituais: dentro de um moisés, um bebê rosado chorava e esperneava, agitando nervosamente os bracinhos roliços enquanto ela ouvia uma voz indefinível:

"Noélia, veja seu filho. Ele chora. Tem medo de ser violentado no tépido ninho do seu útero. Ele sente sua rejeição como espinhos a dilacerar-lhe as carnes. Não o mate, minha Irmã. Não somos donos da vida, portanto, ela não nos pertence. Deixe-o viver. Confie".

Naquele estado catatônico – Noélia não podia mover-se nem falar –, em pensamento respondeu: *"Como poderei criá-lo sozinha? Com minha mãe doente? Mal tenho tempo para mim mesma. Escobar nos abandonou".* E ouviu: *"Bem sei, todavia, Deus não abandona seus filhos. Escobar se foi, mas não lhe faltarão recursos para criar seu filho".*

Tudo desapareceu tão de repente como começou. Não durou mais do que alguns segundos. Noélia voltou à consciência. Kírian nada percebeu e continuou falando ainda mais um pouco.

– E depois... Quem poderá garantir que Escobar não pensará melhor e retornará para assumir sua responsabilidade?

Noélia deu um sorriso de conformação. Ainda tremia de emoção. Pensou pela primeira vez com carinho naquele filho que carregava. As cenas que lhe foram mostradas pelo Espírito com trajes romanos se lhe decalcaram na mente. Passou a mão sobre o ventre. O instinto materno, supostamente presente em toda mulher, diminuiu-lhe a mágoa. Quase se alegrou com a ideia de ser mãe. Kírian tirou-a do devaneio:

— Vejo que você está melhor. Prometa que, por enquanto não fará nada. O bom capitão retarda a viagem ao sinal de tempestade.

— Prometo. — E as duas se abraçaram.

— Sabe, Noélia... muitas vezes não sabemos confiar e esperar. Dizemos que temos fé, que cremos em Deus, mas quando as provações chegam esquecemos depressa nosso alvitre. Então emburramos. Empacamos como animálias rebeldes. Exigimos deferências, proteção, todavia nada mais fizemos do que usar nossa vontade, ir pelo caminho que escolhemos fazendo-nos muitas vezes de surdos às orientações espirituais.

— Kírian, você sempre foi tão mística, tão sensata e boa, então... Para você é fácil passar pelas provações.

A amiga sentiu toda a amargura brotando do coração de Noélia.

— É, minha amiga. Você pensa como muitos. Supervaloriza seus próprios problemas e minimiza o quanto são terríveis os dos semelhantes. Sua dor é sempre maior. Seus problemas são muralhas gigantescas. Os dos outros? Simples elevação do terreno.

Noélia mostrou irritação pela observação. Eram, porém, justos tais conceitos, mas ela ainda não havia despertado para olhar dentro de si mesma e diagnosticar seus erros. Ademais, sua fé era apenas aparente; ou uma fé ainda não consubstanciada, ainda não fortalecida pelos reveses da vida. Uma fé vacilante.

— Desculpe-me, Noélia. Não quis ofender ou julgar. Não foi minha intenção magoá-la mais ainda. Sei que os conselhos, muitas vezes, são mal recebidos, porém... vou ousar fazer uma sugestão.

Olhou para a amiga que voltava a soluçar enquanto desamarrotava a carta.

— Qual?

— Procure sempre sintonizar o bem a fim de entrar em uma faixa vibratória positiva e ser receptiva às boas sugestões. Repudie todo pensamento negativo, maldoso, porque ele, primeiro causará danos a você mesma, uma vez que contamina o organismo material e perispiritual. Todo pensamento desarmônico deixa como consequência uma fuligem em quem o emite. Além disso, nos mantém presos ao terra a terra, e isso nos impede de vislumbrar o céu.

Noélia olhou-a com admiração. Parou de chorar, no entanto, estava ainda ressentida. Ouvia a amiga. Mas, longe de lhe seguir os conselhos, voltava-se, endurecida, para dentro de si mesma e se rebelava. Lembrava que nunca fizera mal a ninguém, que tudo o que ora lhe acontecia só podia ser uma grande injustiça. E agora se questionava sobre a falada justiça e misericórdia de Deus. Assim, sufocou os primeiros sentimentos maternos e se fez insensível a todo argumento justo.

Existem horas em que o bom senso é completamente neutralizado; que o eu inferior assume o leme e, embora correndo o risco de afundar o navio, não desvia sua rota.

— Haverá mesmo Justiça Divina? Olhe, eu nunca fiz mal a ninguém. Sempre procuro viver minha vida sem prejudicar quem quer que seja. Você sabe o quanto sofro com minha mãe doente. Minha própria família, tios, primos, me abandonaram com medo de ter de ajudar. Tenho sido resignada esse tempo todo. E o que ganho agora?

— O que sei, Noélia, é que a Justiça de Deus existe. Muitas vezes não a entendemos, porque, como disse Jesus, não temos ainda olhos de ver nem ouvidos de ouvir. Muitos se sentem injustiçados, porque não veem na vida atual motivo que justifique tal situação dolorosa, todavia, o motivo pode não estar nesta vida, e sim em vidas passadas...

Noélia cortou a dissertação da amiga.

— Mas que tenho eu agora com vidas passadas? É justo que eu pague por algo de que nem me lembro?

Paciente, Kírian lhe disse:

— Minha cara, pode-se mudar de casa, de cidade, de país, mas a dívida que temos permanece. Nós geramos as consequências que, cedo ou tarde, chegam até nós. Nossa vida é eterna e não sofre solução de continuidade pelos muitos renascimentos.

— Olha, Kírian...

Desta vez foi Kírian quem a interrompeu:

— Olhe você. Serei mais clara. Por exemplo, em existência passada você cometeu algum ato negativo; prejudicou alguém e continuou vivendo sua vida. Esqueceu os erros cometidos; aliás, somos especialistas em esquecê--los, mas os erros dos outros em relação a nós, esses, não esquecemos nunca. Mas, embora esquecidos por nós, não o foram por quem sofreu as doloridas consequências. Estes passam então a vibrar negativamente, envolvendo-nos em fluidos densos. Por mais que passe o tempo, a dívida cármica permanece. Se o próprio ofendido acaba perdoando, para felicidade dele, diga-se, ninguém virá cobrar, todavia, nossa própria consciência, um dia, sensibiliza-se e aflora, causando-nos arrependimentos e desejos de retificar; de compensar o mal praticado e livrar-nos das sombras pesadas do remorso; das acusações que nos atingem de modo implacável. E nos dispomos a reparar cada mal cometido. Entretanto, quando chega a hora do acerto, choramingamos e clamamos nossa inocência. Acusamos a justiça de injusta!

– Isso seria o "dente por dente, olho por olho" de Moisés, mas sempre ouvi dizer que quando Jesus aqui esteve substituiu este conceito por outro mais caridoso, ou seja, falou em perdoar, em amar nosso próximo como a nós mesmos.

– É verdade. Porém, o perdão, de nossa parte ou da outra, não libera o transgressor das consequências negativas que o atingirão um dia; não o exime da reparação, hoje ou manhã.

– Você pode ser mais clara? Sou tapada nesses assuntos.

– Tentarei. Fomos perdoados, mas a nódoa continua a manchar nossos registros siderais e terá de ser retirada um dia. Nós podemos perdoar nosso desafeto, não lhe desejar o mal, desligarmo-nos dele porque o perdoamos, porque desatamos o nó que nos unia, contudo ele sofrerá, cedo ou tarde, as consequências de seus atos negativos.

Noélia já parecia refeita. Esforçava-se para entender as explicações da amiga, que continuava sob forte inspiração:

– Não é necessário que nos transformemos em vingadores. A própria lei evolucionista tratará de chamar o transgressor à necessária reparação. Para habitar planos mais elevados de vida, mundos mais suaves, temos de adaptar nosso organismo perispiritual às condições de tais planetas, e só vamos conseguir livrando-o das máculas que o enfeiam e o tornam pesado; que são lastros desagradáveis a mostrar nossa condição espiritual inferior.

Noélia não imaginava que a amiga fosse tão versada em assuntos espirituais. Espantava-se com a coerência de seus argumentos e forçava seu raciocínio para acompanhar aquela dissertação oportuna. E Kírian continuou:

— Não podemos condenar ninguém por algo que nós também poderíamos ter feito ou que talvez já tenhamos feito em outras vidas.

— Mas... E o perdão do qual falou Jesus? Como entender?

— O perdão é a oportunidade de voltar e retificar. Consertar. É a oportunidade que o Pai Criador dá a Seus filhos a fim de que eles cresçam, aprendam, evoluam. Muitos confundem o perdão com desobrigatoriedade de acertos de contas. É bem verdade que muitas vezes nossos débitos ficam "em aberto" durante muito tempo até chegar o momento em que não conseguimos evoluir mais e...

— E...?

— Então vamos procurar as razões e encontramos nos nossos registros espirituais, que no ano "X" ou "Y" cometemos tremenda injustiça com nosso semelhante. Mas o tempo passou, o prejudicado nos esqueceu e fomos vivendo. Até que chega um ponto onde, para subirmos mais na escala espiritual, exige-se uma "ficha limpa" sem débitos a resgatar; sem nódoas. Daí, nós mesmos suplicamos a oportunidade de voltar e retificar. O "olho por olho, dente por dente" passa a ser o nosso desejo. Não podemos subir tendo às costas fardos pesados que nos dificultem o voo.

— Mas, se aquele a quem ofendemos nos perdoou, como podemos retificar nosso erro?

— Noélia, a Justiça Divina não é manca. É perfeita. Há muitas formas de ela se manifestar. Se aquele nos perdoou e está distanciado de nós, em planos superiores de vida, podemos sofrer o mesmo que ele sofreu por nossa causa, com outro qualquer que ainda esteja em um plano inferior de vida. Não importa. O importante é provarmos que, enfim, aprendemos a perdoar; a não fazer ao próximo aquilo que não queremos para nós.

— É coerente.

— Porém, pode-se também evoluir e sanar débitos por meio da vivência do amor. Lembra que o Apóstolo Pedro disse que "a caridade cobre a multidão de pecados?"

Noélia começava a identificar dentro de si mesma algo que lhe aflorava ao consciente. Como se, de repente, tivesse acionado algum comando do seu subconsciente, do seu "porão" mental, e sem que pudesse compreender, viu-se, de repente, na figura de um jovem bem posto na sociedade, filho de um senhor de engenho, no Estado da Paraíba, no século dezenove.

Aqueles *flashes* iam e vinham ininterruptamente. Ela já não conseguia mais prestar atenção ao que Kírian lhe dizia.

– Bem, minha amiga. Pense em tudo o que conversamos. Pense, acima de tudo, que às vezes os fatos desagradáveis que nos acontecem são benéficos para nos equilibrar com a Lei que talvez tenhamos um dia desrespeitado. Quanto ao fato de não nos lembrarmos de nada, agradeçamos a Deus por isso, caso contrário não teríamos condições de suportar a carga emocional. De viver. Enlouqueceríamos antes mesmo de iniciar a empreitada.

Em benefício da verdade devemos esclarecer que, segundo temos aprendido com a Doutrina, esse esquecimento não é total. Teremos acesso aos nossos "arquivos mentais" sempre que se fizer necessário. Ademais, figuradamente, dormir é morrer, e nesses momentos nos apossamos novamente das nossas faculdades espirituais. Vamos saber por que estamos sofrendo, receber conselhos, estímulos e esperanças. A justiça é inexorável, mas isso não quer dizer que não aja com amor.

CAPÍTULO III

PARA O IGNORANTE HÁ ATENUANTES

Filho crescido,
trabalho acrescido.
Deficitária educação.
Dor, purificação.
O viver de amor guarnecido,
Carma negativo ressarcido.

Escobar deixou a aeronave a passos rápidos. O passageiro que vinha acompanhado pelo estranho Espírito aproximou-se e puxou conversa. Ao olhá-lo mais de perto, Escobar impressionou-se com a serenidade do seu semblante, embora aquela presença espiritual desagradável.

Quando o homem chamou um táxi, quem primeiro nele se aboletou foi o Espírito de carantonha enfezada. Escobar, porque ficasse olhando a dupla e distraído de si mesmo, dirigiu-se ao mesmo táxi.

— Desculpe, eu já havia chamado primeiro — disse o homem.

— Ora, eu é que peço desculpas. Estava distraído, caminhando automaticamente e...

— Aonde você vai? Quem sabe não vamos para o mesmo lugar?

– Vou pra Pituba.
– Não quer ir junto? Também estou indo para lá.
Escobar sentiu vontade de aceitar. Impressionara-se favoravelmente com aquele homem de olhos tranquilos e modos educados. Não compreendia aquela tão estranha companhia que se chocava com a lógica espiritual que se dizia conhecedor.
– E então? – insistiu. – Meu nome é Felipe. – E estendeu-lhe a mão.
– Muito prazer, senhor Felipe. Eu sou Escobar. Agradeço-lhe o oferecimento, mas pode deixar. O que não falta aqui é táxi.
Na verdade, o que o impediu de aceitar o convite foi a presença do Espírito, que já se mostrava impaciente e que também se apresentou com ironia, dizendo: *"E eu sou Eleutério, o amaldiçoado"*.
Escobar não conseguiu ouvi-lo, mas pressentiu que se tratava, realmente, de um obsessor.
Os dois homens se despediram e seguiram cada qual o seu caminho.
Escobar desceu do táxi em frente à sua antiga casa, ou melhor, à casa de seus pais.
As demonstrações de carinho e saudade, principalmente de Elvira, sua mãe, foram pródigas. Por alguns minutos a figura de Noélia, do filho em gestação e das formas sinistras das nuvens foram completamente varridas do seu pensamento.
À hora do jantar, a mãe perguntou por Noélia, pois achava que o filho casar-se-ia em breve. Afinal, bastante tempo já durava aquele namoro.
– Noélia está bem, mãinha.
– E quando saem os doces, meu filho?
– Eu e Noélia terminamos.
– Sério? Que pena! Juro que cheguei até a pensar que em breve seria avó.
O coração de Escobar se agitou no peito.
– Mãinha... Pensou mesmo? Ou está só brincando?
– Sonhei que um neto estava a caminho.
– Ora, bobagem de sua mãe – disse Demerval Coriolano de Almeida, pai de Escobar.
– É... Bobagem minha... Talvez a saudade dos meus filhos quando eram pequenos.

Toda mãe quer ver o filho crescido e bem resolvido, mas quando isso acontece sente saudades da antiga dependência deles. Anseia por cercá-los novamente, mantê-los sob sua guarda, botá-los novamente no colo e niná-los. E Elvira não fugia à regra.

— O Escobar ainda é muito jovem, Elvira! Agora que está formado, é arranjar um bom emprego e gozar a vida. Tem tempo pra pensar em família — atalhou Demerval.

— Eu sei. É que... Ahn, eu cheguei a ver o rostinho rosado de uma criança.

— Mãinha, se quer um neto posso providenciar — dissimulou Escobar tentando parecer calmo.

— Não fale bobagem, menino! Quero um neto, sim, mas só depois do seu casamento. É pena que não deu certo. Noélia sempre me pareceu boa moça. Eu já via nela uma filha.

Escobar não estava à vontade com aquele assunto. O remorso voltou a espicaçar-lhe os miolos. A imagem da criança-nuvem, sorrindo e estendendo os bracinhos, voltou. Pensou no conselho que dera à Noélia, o de abortar, mas já agora isso lhe parecia um absurdo. Mas era também um absurdo casar-se agora. *"Não seria bom marido nem bom pai. Com o tempo tudo se ajeita."*

Elvira percebeu que o filho, de repente, ficou taciturno. Mudou de assunto. Ter o primogênito novamente ali, ao alcance dos seus cuidados e carinhos, era muito bom, e não queria que nada empanasse o brilho daquele retorno.

— Meu filho — disse Demerval —, pretende se fixar aqui em Salvador? Arrumar um serviço na sua profissão?

— Sim, painho. Se o senhor e a mãinha não se incomodarem posso ficar aqui?

— Mas é claro, filho! Nem sabe o quanto ansiamos por sua volta. Foi bom que não se casou. Família traz muita responsabilidade, preocupações...

— Ainda bem que o senhor me compreende.

Pai e filho ficaram até tarde conversando. À noite, amparado pela compreensão do pai, foi dormir mais tranquilo, mas quando foi orar — costume que nunca abandonara — sentiu enorme desconforto moral. Como se dirigir ao Pai Criador com tal peso na consciência? De que modo a sua prece haveria de ganhar altura, se seu coração, que seria o instrumento a levá-la, estava pesado, endurecido, impermeável aos bons sentimentos? Como idear um buquê de flores se em seu coração só havia espinhos? De que maneira ousar pedir para si mesmo, quando abandonara Noélia e seu filho à própria sorte?

Olhou novamente o oratório de madeira escura em cujo interior a imagem de Nossa Senhora Aparecida parecia indiferente aos seus problemas íntimos. Lembrou-se de que ganhara o oratório e a santa dos seus padrinhos de batismo. A mãe ainda o mantinha em seu quarto. As fitinhas coloridas, já desbotadas e empoeiradas, tradição da Bahia e dos devotos do Senhor do Bonfim, ainda caíam das laterais do oratório. *"Preciso trocar essas fitas."*

Na impossibilidade de orar, levantou-se. Retirou a santa de seu abrigo e pensou na educação que recebera. Ali estava uma imagem. Sabia que não passava de uma lembrança, mas era o seu elo entre o céu e a terra. Pena que crescera; que deixara de acreditar nos sonhos; nas premonições; nos santos – que agora sabia – existiam sim, mas não da forma como lhe fora ensinado. Sabia que nada vinha de graça e que a santidade era conquista do Espírito Eterno na sua ascese para Deus. Sabia que um dia todos nos tornaríamos santos, pois a evolução é uma lei da Natureza que a todos empurra, a tudo transforma. Inútil querer negar. Inútil se rebelar. Deus não consultou a ignorância de ninguém para fazer as Suas Leis justas, eternas, sábias e imutáveis.

Escobar devolveu a santa ao nicho. Questionou o porquê de suas atitudes atuais que iam de encontro aos seus conhecimentos espirituais. Então, se ele não ignorava que há vida após a morte física; que todos somos Espíritos Eternos; que estamos em busca de nossa evolução; de nosso religamento com o Criador; que colhemos sempre o que plantamos, então por que agia daquela forma? Por que tivera uma atitude tão covarde, tão desumana? Não soube responder e dormiu agitado e tenso.

Que bom seria se ao tomarmos conhecimento das verdades espirituais pudéssemos nos transformar imediatamente! Às vezes isso até pode acontecer, mas é raro. O mais normal é se reincidir nos erros, pois eles estão enraizados em nós de tal maneira, que se precisa de muita luta, muita dor, para as modificações necessárias. Vezes sem conta, já conscientizados da verdade, ainda caminhamos no erro por muito tempo, em decorrência do condicionamento psíquico. O vício, as mazelas da vida são como um câncer que espalha metástases e vai comprometendo o organismo todo. Resumindo: não basta só o conhecimento; há que ter a sabedoria. E o que é a sabedoria? Imaginamos que seja o conhecimento posto em prática.

Saber que somos Espíritos Eternos; que fomos criados simples e ignorantes, porém, com potencial para chegar à santidade; saber que temos de aprender a amar verdadeiramente, mas apenas saber sem vivenciar tal verdade, seremos, no mínimo, incoerentes. Achar que atos meramente exteriores são válidos não é viver o ensinamento. É só conhecê-lo. É querer safar-se; despender o menor esforço para haurir a maior recompensa. É ludibriar-se a si mesmo e à grandeza divina.

Escobar sabia muito bem de tudo isso. Então sua responsabilidade ainda era maior, pois para o ignorante existem as atenuantes negadas àqueles que sabem. Mais tarde ele haveria de muito lamentar a negligência com que conduziu sua vida, apesar de não ser um ignorante das questões espirituais.

CAPÍTULO IV

CONSCIÊNCIA PESADA

Mãe...
A melhor e maior
invenção de Deus.

Um vento forte começou a sibilar lá fora. A pesada janela do quarto de Escobar no andar superior de um sobrado antigo, mas bem conservado, começou a trepidar. A taramela, a cada movimento do vento, se movia um pouco, de forma que não demoraria muito para deixar de prender a pesada madeira.

Escobar, sem sono, sentou-se na cama. Acendeu a luz, mas, antes mesmo de se levantar, um trovão reboou e tudo ficou às escuras. *"Que droga!"*

Ouviu no andar de baixo sua mãe arrastar os chinelos. Após alguns minutos, a fraca luz de uma vela iluminou um pouco a escuridão. Escobar sabia que a mãe não ia sossegar enquanto não lhe levasse uma vela acesa e, temendo que ela caísse da escada, levantou-se rápido.

– Mãinha, não precisa subir. Fico bem no escuro.

– Mas, filho, a energia pode demorar. Aí vem chuva das graúdas. Você sempre teve medo do escuro.

– Ora, ora dona Elvira. Faça-me o favor! Eu cresci, virei homem barbado. Não tenho mais medo do escuro. Sossegue. Volte pra sua cama.

– Então, boa noite. Durma com Deus.
– Máinha também.

Escobar ouviu novamente o chape-chape dos chinelos da mãe. Acompanhou-os. Sabia o que a mãe faria a seguir: colocaria a vela acesa na capelinha branca de Santa Bárbara, à sua direita, perto da cabeceira da cama; empurraria delicadamente a vela para se certificar de que ela estava bem presa, sem perigo de cair e provocar um incêndio. Depois, sentar-se-ia na cama – a mãe sempre tivera problema de artrose nos joelhos e nunca se ajoelhava – Sentada na cama persignar-se-ia e rezaria à santa, que era a protetora nos casos de tempestade. A essa altura o pai já estaria roncando. Entre um pai-nosso e uma ave-maria ela daria um cutucão em Demerval, irritada pela insolente intromissão daqueles roncos em sua prece.

O rapaz cronometrava do seu quarto o provável desenrolar daquele ritual. Vira aquilo durante toda a sua infância. Agora sabia que a mãe se deitaria ao lado do pai e, amorosamente, puxaria sobre ambos o fino lençol, mais do que suficiente nas noites quentes de Salvador.

A chuva, enfim, desabou. Mais raios. Mais trovões. Escobar riu da tola preocupação da mãe com respeito a seus medos dos tempos de infância. *"Ela nunca vai mudar... Assim são as mães. Todas elaboradas com a mesma receita divina."*

Tateando, quis voltar para a cama. De repente, o medo de outrora voltou. Apavorante. Sabia-se de consciência culpada. Não agira corretamente e agora estava sem proteção. Inútil choramingar e pedir ajuda. Inútil correr para o quarto da mãe e proteger-se junto a ela como fazia nos anos verdes da infância.

O quarto pareceu-lhe uma prisão e ele intentou abrir a porta. Talvez a claridade da vela no quarto da mãe chegasse até lá, afugentando seus fantasmas. Mas, estranho, ele se perdia no próprio aposento. Não sabia onde estava a porta. Tateava como um cego; tropeçava nos tapetes; esbarrava nos móveis na inútil procura. Estava perdido dentro do próprio quarto! *"Não seja estúpido, Escobar. Você está dentro do seu quarto. Ele não é tão grande assim e você conhece toda sua geografia. Sente-se, vamos. Agora se aquiete e pense."*

Levantou os braços, girando-os em torno de si mesmo. Pronto. Tocou o oratório. Localizou-se. Achou a cama e se sentou. Sentiu-se sufocar enquanto o medo crescia... crescia... Quis gritar, chamar pela mãe. Mas não havia garantido a ela que já era homem feito? Que não tinha mais medo? E o orgulho foi mais forte do que o medo. Novamente um trovão. No mesmo instante a janela se escancarou deixando a chuva entrar. Embora lá fora também estivesse escuro, a pouca claridade foi como um farol para o navegante perdido. Pôde vislumbrar o ambiente onde se encontrava. Levantou-se rápido. Ao tentar fechar a janela foi violentamente ao chão sentindo-se agredido por todos os lados.

Ficou mudo de espanto e medo. A voz, por mais força que fizesse, não saía. E ele não podia, naquela semiescuridão, ver seu agressor. Mas ouvia de forma nebulosa os seus insultos. Percebia que, de alguma forma, havia aberto o portal das trevas e libertado todos os demônios. Noélia e o filho vinham-lhe à mente; acusadores; implacáveis; cobrando-lhe decência. Sonhava acordado? Produto do seu remorso? O tempo diria...

Por algum tempo o rapaz sentiu-se agredido com insultos e palavras de baixo calão. Não saberia dizer se era sua própria consciência ou se algum ente das trevas estava realmente ali. Finalmente pôde reagir. Pensou em Deus e, embora pouco à vontade por não se sentir merecedor de qualquer ajuda, orou e suplicou. Conseguiu gritar e, de repente, seus pais estavam ali, pálidos, luz bruxuleante às mãos, tentando saber o que se passava; porque o filho gritara como se estivesse sendo atacado.

– Escobar... Meu Deus! O que foi? O que está acontecendo?

– Meu filho, pelo Amor de Deus. O que se passa aqui?

Pai e mãe falavam ao mesmo tempo, e Escobar, meio zonzo, ainda não sabia muito bem o que tinha acontecido.

– Máinha... Painho... Acho que tive um pesadelo. Que coisa horrível!

– Vou preparar um chá de capim-santo. Você está trêmulo, meu filho.

Elvira saiu para preparar o chá. A energia elétrica não havia ainda voltado e ela tateava, procurando o bule e o capim-santo que sempre tinha guardado na geladeira.

Escobar, já consciente, estava envergonhadíssimo. Explicou como pôde ao pai. Depois tomou o chá e tentou dormir. Isso não seria tão fácil assim. *"Não! Não foi pesadelo. Eu nem sequer estava dormindo. Meu Deus, minha punição já começou? Aquele espírito disse que Noélia está sofrendo, que prometeu a ela me dar um corretivo. Amanhã vou contar tudo aos velhos e voltar para São Paulo. Vou assumir Noélia, sua mãe doente e meu filho. É o melhor que tenho a fazer. Seja o que Deus quiser."*

Tomada a boa resolução ficou mais calmo e conseguiu dormir, mas seu sono foi agitado, cheio de vozes acusadoras, de rostos sinistros, de fetos estiolados que, malgrado o deplorável estado, lhe estendiam mãos suplicantes implorando pela vida.

Na manhã seguinte, o sol apareceu radiante. Não havia mais tempestades; nem escuridão; nem espírito vingador. *"Nada como o brilho do sol. Afinal de contas acho que me deixei impressionar pela chuva, pelos raios e pela escuridão. Bobagem! Tudo bobagem; peça que a minha mente excitada me pregou. Bem sei que à noite sonhamos com o que nos preocupou durante o dia. Vamos lá, que hoje é outro dia."*

Durante o dia os fantasmas da noite adormecem.

Após o lauto café da manhã foi para a praia de Itapuã deliciar-se nas águas daquele mar esverdeado como os olhos de Noélia. Do acontecimento insólito da noite? Apenas uma lembrança desagradável. Já era passado.

CAPÍTULO V

CONFLITOS ÍNTIMOS

*Ouvir um desabafo é caridade.
Saber ouvir é desenvolver paciência.
Dizer as palavras certas na hora certa
é a manifestação da sabedoria.*

Após as palavras de Kírian – sugeridas pelo seu guia espiritual –, Noélia sentia-se mais encorajada para continuar vivendo. Embora tivesse perdido boa parte dos sábios esclarecimentos transmitidos pela amiga, sentia que nem tudo ainda estava perdido. Afinal, pensou, não era a primeira nem a última moça a ser enganada.

À tarde, voltou para casa. A mãe Edileuza a esperava triste como sempre. Era completamente dependente dela.

Noélia pensou em contar-lhe tudo após o banho. Sabia que a mãe haveria de censurá-la, que sofreria ainda mais por saber que era um peso, um fardo duro de carregar e que nada poderia fazer por ela.

– Minha filha, você me parece abatida e triste. O que foi? Aconteceu alguma coisa lá na faculdade?

– Não é nada, mãe. Não se preocupe. Só estou um pouco resfriada. Mas me diga, a dona Jacinta veio lhe trazer a marmitex? Estava boa a comida? *"Pobre mamãe! Com tantos problemas ainda lhe trago mais um."*

Noélia falava sem encarar a mãe doente. Não queria adiantar nada e buscava forças para contar-lhe que ela seria avó.

– Ela trouxe, sim. Boa mulher; ajudou-me a comer, a me levantar e ir ao banheiro. Ficou, como sempre, umas duas horas aqui comigo. Que Deus a recompense!

– Que ótimo! Às vezes os vizinhos têm mais valia do que os parentes.

Enquanto falava, Noélia preparava o banho da enferma. Gostava de cuidar da higiene da mãe assim que chegava do serviço. Depois preparava uma sopa leve para ambas. Só mais tarde, quando a acomodava na cama, limpa e alimentada, é que ia cuidar de si mesma. Agora estava tensa, pois pretendia lhe contar durante o banho.

Edileuza foi amorosamente colocada numa cadeira e despida. Fazia muito calor, mas ela sempre preferia um banho quente. Noélia postou-se atrás da cadeira, ensaboando primeiro as costas da mãe, porque assim teria mais coragem de falar com ela sobre sua gravidez. Quando ia começar, a mãe lhe disse:

– Minha filha, Escobar não veio hoje com você?

– Não, mãe.

– Nem ontem. Onde ele está?

– Ele...

– Sabe que já o tenho como filho? Bom moço. Você teve sorte, Noélia.

A moça começou a chorar. Aflita, Edileuza virou-se e a olhou assustada.

– O que foi, minha filha? Por que está chorando? Eu bem que percebi que você estava tensa.

– Mamãe... A senhora diz que eu tenho sorte... Que Escobar é um homem bom, mas ele não é, não! Ele é um crápula. Jamais imaginei que pudesse ser tão vil, tão... tão...

Noélia não conseguia falar com equilíbrio. Edileuza tentava consolá-la. Em vão, pois as lágrimas caíam aos borbotões, sacudindo-lhe o peito.

– Filha, meu Deus, vocês brigaram?

– Não. Não brigamos.

– Então...

– Ele foi embora, mãe. Voltou para Salvador. *"Ordinário!"*

– Como assim? Então vocês terminaram?!

— Mas o pior a senhora ainda não sabe.
— Deus meu! O que é pior do que isso?
— Eu estou grávida! Espero um filho daquele canalha!

Edileuza começou a chorar também. O que seria dela, da filha e daquela criança, agora? Confiava em Escobar, principalmente por serem da mesma terra. Gostava já dele como de um filho. Ansiava por vê-los unidos, pois sabia a falta que faz um homem em casa. Noélia era franzina, só a muito custo conseguia ajudá-la a sentar-se na cadeira de rodas; a acomodá-la na cama...

Quando se acalmou, disse à filha:

— O que vamos fazer agora? Minha filha, você não deveria... — Mas parou no meio da frase. Não tinha coragem de censurar a filha.

Noélia enxugou-a em silêncio. De vez em quando um suspiro fundo se lhe escapava do peito. Já esquecera os bons alvitres da amiga Kírian e a vida voltava a se tornar novamente amarga.

— Mãe, me desculpe. É que eu confiava nele.
— Bem sei, Noélia. O culpado foi ele. Abusou de sua inocência.
— Mãe, também não é bem assim. Não sou tão inocente, já tenho quase 23 anos e ele não me estuprou... Nós cedemos... Agora sei que fiz mal, porque ele, covarde, me abandonou à própria sorte.

Enquanto falava e nutria sentimentos negativos, Noélia envolvia-se em densos fluidos e, como se fosse um ímã, atraía para si Espíritos que também comungavam a dor, a revolta, o ódio, o desejo de vingança.

Quem visse a Noélia de quando chegou, com os pensamentos voltados para a genitora doente, não reconheceria a Noélia de agora. Transformava-se à medida que se revoltava; que desconfiava da Justiça de Deus; que blasfemava contra tudo e todos. O feto em seu útero sentia as vibrações pesadas. Negativas. De rejeição. E se contorcia. Sofria. O aborto diante daquela situação parecia inevitável. Um dos Espíritos, que ela atraíra com sua revolta, exercera quando encarnado a profissão – profissão? – de abortadeira. Imediatamente ficou ciente do que acontecia. Viu, aninhado no ventre de Noélia, o pequenino ser que lutava pela vida. Tentou envolvê-lo.

Edileuza estava confusa e chorava ainda, quando alguém bateu à porta. Noélia mostrou-se desagradada e, secando os olhos, foi abrir.

— Kírian, você aqui!

— Noélia, sei que não é hora de visitas. Estava em casa quando senti um forte desejo de vir até aqui.

Olhando para Noélia e a mãe, afirmou:

— Agora sei por quê. O ambiente aqui está péssimo. Você não devia entregar-se assim ao desespero e à falta de fé. Atrai, magneticamente, toda escória espiritual.

Noélia deu de ombros, mostrando que a visita àquela hora não fora uma boa ideia. Edileuza não ouviu o que Kírian disse.

— Kírian, foi Deus quem a enviou. Ajude Noélia. Você já sabe?

A moça afirmou com a cabeça enquanto segurava o braço de Noélia e a fazia deitar-se. Percebeu que a vida do bebê estava por um fio. Escuros fluidos, como ondas trevosas, envolviam o ventre da futura mãe.

— Deixe-me, Kírian. Gravidez não é doença. Não preciso de tanto mimo — resmungou, azeda.

— É que... Minha amiga, você pode ter um aborto a qualquer momento.

— Um aborto!?

— Sim, um aborto.

— Seria ótimo. Estaria resolvido o problema.

— E você teria contraído uma nova dívida cármica.

— Ora, mas teria sido um aborto espontâneo, eu nada fiz, não tomei nenhum remédio abortivo ou procurei um médico.

— Aí é que você se engana. Hoje, quando conversamos lá na faculdade, você estava bem.

— Eu não tenho culpa de ter piorado, oras!

— Olha, não quero discutir, mas acho que você deu abertura a essa situação... No íntimo está desejando o aborto e inconscientemente chamou as trevas que acudiram com presteza.

Noélia ia retrucar, mas uma forte dor, uma contração uterina que ela jamais sentira, fê-la silenciar e respirar fundo.

Kírian postou-se à sua frente, de mãos estendidas e orou:

— "Pai de misericórdia infinita, socorre-nos neste momento de dor. Derrame Suas bênçãos, Seu amor grandioso e restaurador sobre nossa Noélia. Não permita, ó Pai de Bondade, que esta vida que se inicia seja roubada pela incúria dos que não conhecem Seu Poder e Seu Amor. Afasta, meu Deus, esses pobres Espíritos que aqui estão no cultivo das trevas, no incentivo ao erro e ao crime. Mas também, porque é Pai, socorre-os igualmente no Seu Amor. Dê forças, meu Deus, para Noélia e Edileuza e que esse serzinho que ora se agita, angustiado, possa se acalmar. Que nenhuma sequela ocorra por causa das ondas deletérias do desamor. Assim seja. Pai nosso que estais no Céu..."

Edileuza, ainda em sua cadeira de rodas, emocionou-se com a sentida prece de Kírian.

Noélia, igualmente surpresa, mudava o rumo de suas vibrações. A lembrança da contração, recentemente experimentada, ajudava a vibrar positivamente para a saúde do filho. O equivocado Espírito da abortadeira foi arrebatado dali.

A prece, quando feita com amor e sinceridade, é o remédio da alma. Ela nos liga aos planos superiores de vida, às falanges do Bem, uma vez que por intermédio dela melhoramos a qualidade vibratória e rompemos a densa camada de fluidos grosseiros, que são pesos a nos manter atados ao solo. Tem, ainda, o poder de afastar os obsessores. O poder renovador dela é verdade incontestável, pois estabelece a sintonia e nos remete diretamente ao plano divino, unindo criatura e criador.

Jesus, o Cristo, era constantemente visto a orar a Deus, buscando forças para o Seu apostolado de amor.

André Luiz, esse Espírito de invulgar sabedoria, nos diz o seguinte em seu livro *Mecanismos da Mediunidade*, 7ª edição, capítulo XXV, página 179:

"Na floresta mental em que avança, o homem frequentemente se vê defrontado por vibrações subalternas que o golpeiam de rijo, compelindo-o à fadiga e à irritação, sejam elas provenientes de ondas enfermiças, partidas dos desencarnados em posição de angústia e que lhe partilham o clima psíquico, ou de oscilações desorientadas dos próprios companheiros terrestres desequilibrados a lhe respirarem o ambiente. Todavia, tão logo se envolva nas vibrações balsâmicas da prece, ergue-se-lhe o pensamento aos planos sublimados, de onde recolhe as ideias transformadoras dos Espíritos benevolentes e amigos, convertidos em vanguardeiros de seus passos, na evolução. Orar constitui a fórmula

básica da renovação íntima, pela qual divino entendimento desce do Coração da Vida para a vida do coração (...)"

Noélia havia orado com fé e notava a transformação que se operava no seu íntimo. Seu coração, antes agitado, sofrido, acalmava-se, e os movimentos de sístole e diástole eram sábios maestros a regerem a vida.

– Kírian, já estou me sentindo bem. Graças a você sinto-me bem mais serena.

– Graças a Deus. Graças a Jesus. Graças à Espiritualidade Superior, enfim, graças à Luz que dissipou as trevas.

– Como soube que eu estava precisando de ajuda?

– Você sabe... Sou médium e, por isso mesmo, procuro estar sempre tranquila, procurando manter as boas vibrações, para assim ficar em condições de ajudar quando necessário. Procuro manter a sintonia com meu guia espiritual. Foi assim que o ouvi mandar-me aqui. Para ajudar. Para impedir que todo um trabalho reencarnatório fosse por água abaixo.

– Estou tonta de surpresa! – disse Edileuza.

– Mas, Kírian, você viu alguma coisa ruim aqui em casa? Eu não sou médium, mas parece que aqui tinha uma chusma de espíritos trevosos; que um deles queria levar meu filho.

– Exatamente! Eles vieram aqui porque você, de certa forma, os atraiu.

– Eu? Eu não! Deus me livre!

– Conscientemente não, mas seus pensamentos de ódio, de vingança, seu próprio sofrimento inconformado foram o foco de atração. Os Espíritos ignorantes e sofredores vêm até nós quase que magneticamente, se assim posso dizer, conforme nosso tônus vibratório. Quando sintonizamos o Bem, a Luz, temos como resposta o Bem e a Luz. Quando sintonizamos o mal e as trevas, temos o mal e as trevas. Tudo justo. Tudo maravilhosamente perfeito no plano divino. Na verdade nós somos aquilo que pensamos. Estaremos sempre na companhia espiritual que atrairmos a nós.

Noélia e a mãe estavam admiradas com os conceitos ouvidos.

– Agora estou bem. Mas arrependida pelo desejo que tive de me livrar deste filho – e passou carinhosamente a mão pela barriga. *"Filho, perdoe-me novamente."*

— Venha, dona Edileuza. A senhora deve estar cansada. Eu a coloco na cama. Noélia deve permanecer deitada e não fazer nenhum esforço.

— Não sei o que seria de nós sem você – disse Noélia.

— Olhe, não vá trabalhar amanhã. Eu explico pro chefe. Convém que você repouse, pois o desgaste de hoje foi muito.

— Nem pensar em faltar. Agora mais do que nunca eu preciso do emprego.

— Noélia, se você não se importar, eu posso emprestar minha empregada por alguns dias. Até você melhorar e não correr nenhum risco.

— Obrigada. Se eu precisar aceito sim.

— Agora vou indo. Cuide-se.

— Vou me cuidar. Olha, acho que você vai ser a madrinha do meu filho. Aceita?

— Com o maior prazer – e voltou para dar um sonoro beijo na amiga.

No meio da noite, enquanto seu corpo repousava, Noélia foi levada por algumas entidades espirituais a uma região não muito distante dali. Confusa, não sabia muito bem o que estava acontecendo. Lembrou-se do Espírito que quisera levar seu filho e ia protestar quando uma das entidades lhe falou:

— *Calma, Noélia. Somos trabalhadores da Luz. Só queremos ajudar. Estamos zelando pela tua gravidez.*

— Mas... Estamos indo para onde?

— *Não tenhas medo. Estamos te levando para um lugar agradável. Vais acordar bem melhor amanhã. Acalma-te e confia.*

Embora fosse noite, o lugar estava claro como se iluminado por holofotes. Noélia, meio sonolenta, não totalmente consciente foi colocada em um leito de relva – assim lhe pareceu – verde brilhante. Do Céu, pontos luminosos desciam suavemente e se transformavam em criaturas etéreas; luminescentes. Um riacho cantava não longe dali e uma música suave chegava aos tímpanos espirituais da futura mãe. Em um ponto elevado do terreno, em meio a tufos de flores não conhecidas na Terra, que emitiam reflexos singulares e exalavam cheiro peculiar e agradável, sentaram-se alguns meninos e meninas (em corpo perispiritual) de mais ou menos 6 ou 7 anos. Um belo coral de vozes argênteas e infantis louvava o Doador da Vida numa prece cantada. Noélia pôs-se a chorar baixinho enquanto o pequenino embrião, bem como o Espírito reencarnante, eram objetos dos mais delicados tratamentos; procedimentos esses ainda desconhecidos por muitas gestantes quando a gravidez corre algum tipo de perigo. Também Noélia foi tratada com carinho e depois de algum tempo reconduzida ao lar.

No dia seguinte acordou calma e confiante. Do acontecido guardou a sensação de reconforto espiritual e físico. Isso lhe bastava. Tudo haveria de dar certo. Contava com a proteção dos numes tutelares; não estava sozinha naquela fase difícil de sua vida.

Antes de iniciar as lides do lar, ajoelhou-se e orou com devoção, agradecendo a intervenção benéfica daqueles mensageiros de Deus.

CAPÍTULO VI

O OBSESSOR ENCONTRA SEUS DESAFETOS

*Mesmo entre espinhos,
a rosa exala seu perfume.*

Felipe tomou o ônibus que o levaria do aeroporto de Guarulhos para o de Congonhas. Depois rumou, no seu carro, até a faculdade da qual ficara sócio recentemente e onde Noélia e Kírian trabalhavam.

Construía, ainda, outra unidade em Salvador, para onde ia regularmente.

O feio Espírito que sempre o acompanhava sentou-se ao seu lado. Tentou influenciá-lo com seus pensamentos impuros, mas a própria aura luminescente de Felipe o repudiou. Ao contrário do que intencionava, os fluidos nocivos foram naturalmente neutralizados. E porque Felipe sentisse nos refolhos da alma que alguém muito próximo sofria e desejava fazê-lo sofrer também, silenciou por alguns minutos pedindo com sinceridade que, fosse quem fosse, pudesse ser ajudado.

O Espírito retraiu-se. Olhou Felipe e por mais que quisesse penetrar sua aura e prejudicá-lo, nada conseguiu. Reparou as mãos delicadas dele. Mãos másculas e belas; dedos compridos, unhas bem aparadas. Depois observou as suas. Deformadas. Lembravam garras recurvadas. Seus braços tinham escoriações fétidas que a ele próprio nauseava. Triste, comparou sua figura com a daquele a quem vigiava. Pela primeira vez, desde que se dispusera a acompanhá-lo, pensou se valia a pena perder seu tempo na companhia de alguém que não demonstrava o menor sofrimento com sua presença. Afinal, de que adiantava vigiá-lo se não podia arrancar dele a informação de que carecia? Decidiu voltar para seu mundo umbralino e desistir do intento. Já ia saindo do carro quando os pensamentos de ódio recrudesceram. *"Não! Não vou deixá-lo. Não até que ele me revele onde se esconde aquele miserável. Bem sei que ele o protege. Que o esconde de mim, mas um dia ele se cansa da brincadeira e vai me dizer. Aí então..."*

Um ricto de ódio deformou ainda mais sua boca. Olhou para Felipe, que ainda orava pelos sofredores, e afirmou a si mesmo que nada faria que o prejudicasse desde que ele não se intrometesse na sua vingança.

Felipe tinha sido, há algum tempo e em outra existência, Ivan Maldonado d'Assunção, pai de Eleutério, o obsessor, embora nenhum nem outro soubesse. Fora também pai de Abelardo e pai adotivo de Helena, a mesma Noélia de hoje. Escobar, Eleutério, Noélia e Abelardo possuíam grandes dívidas cármicas.

Abelardo fora, naquela existência, moço voluntarioso e muito egoísta. Jamais renunciava o que quer que fosse em favor de alguém. Seu irmão Eleutério, três anos mais velho do que ele, também não primava pelas virtudes. Odiava o irmão desde seus primeiros anos de vida. Certa vez, quando já um rapazinho de 12 anos, na ausência dos pais, tentou sufocá-lo com o travesseiro, mas Helena, então com 8 anos de idade, impediu o crime, ralhando e se atracando com o irmão de criação.

Quando Ivan e a mulher Emerenciana retornaram, Helena contou o ocorrido. O pai, furioso, surrou Eleutério até machucá-lo seriamente. A mãe – que já quase não suportava aquele filho, fazia diferença na forma de tratamento, que sempre mimara Abelardo e Helena – derramou sobre ele toda a revolta de seu coração. Eleutério era constantemente hostilizado, o que não o ajudava em nada, muito ao contrário, tornava-o cada vez mais caviloso. Somente Ivan, que muito se arrependeu de sua agressão, passou a ter mais paciência e amor por ele e compreendeu seu conflito íntimo.

Helena crescia e fazia-se moça bonita, mas um tanto volúvel. Ambos os irmãos a idolatravam; não com o amor fraternal, mas com o amor-paixão próprio dos adolescentes.

Eleutério, quando tinha 18 anos pediu ao pai que lhe desse Helena por esposa. Ivan lhe concedeu a mão da filha adotiva, para desespero de Abelardo, que também a amava.

A moça aceitou se casar com Eleutério, mas inconsequente e volúvel, dava esperanças a Abelardo. Depois dos encontros com o noivo, ia se encontrar com ele às escondidas. O casamento se aproximava. Emerenciana descobriu o romance secreto dos dois, porém, em vez de fazer valer o bom senso, ajudou-os a arquitetar um plano de fuga. Assim, a um mês do casamento, facilitou a fuga de Helena e Abelardo.

Ivan tentou consolar o filho, mas este passou a nutrir um ódio profundo pelo irmão e por Helena. Se antes já tinha gana de matá-lo, essa ideia agora não lhe saía da cabeça. Enquanto crescia o ódio contra Abelardo, a saudade e o amor mesclado de revolta que sentia por Helena recrudesciam.

Depois de alguns meses saiu a procurar os fugitivos. Emerenciana lhe implorou que deixasse "as crianças" em paz, mas o coração de Eleutério tornara-se um árido deserto onde só o ódio e o desejo de vingança tinham ressonância.

Um dia encontrou o casal. Helena estava grávida de seu primeiro filho. Abelardo estava trabalhando em um engenho, não muito longe dali.

Eleutério, escondido no mato, esperou anoitecer. Não sabia, ainda, o que fazer. Pensava na melhor maneira de se vingar dos dois traidores. Nenhum plano era suficientemente bom para castigá-los, e agora, na iminência de lhes botar as mãos, de sua mente partiam raios de ira. Negros. Viscosos. Grotescos. E ele exultava na alegria do alucinado. E não se permitia pensar em mais nada. E revisava, de minuto a minuto, seu plano de ação.

Era já quase noite quando Abelardo voltou do engenho. Vinha cansado e sujo. Helena foi ao seu encontro. Sentaram-se sob uma árvore e se acariciaram. O pôr do sol mostrava seus últimos raios no poente. E o céu purpúreo, as aves bulhentas, o pequeno jardim circundando o singelo casebre, seriam testemunhas impotentes de um drama passional. Eleutério tremeu de ódio e ciúmes e teve ímpetos de esganar os dois ao ouvi-los tecer sonhos de ventura enquanto se dirigiam à casa.

Esperou um pouco a fim de se controlar. Só então saiu do seu esconderijo e entrou na casa. O casal estava à mesa, na última refeição do dia.

Ao avistá-lo, Abelardo e Helena se levantaram, rápidos. Ficaram paralisados de medo, pálidos e sem qualquer ação. Helena foi a primeira a falar, enquanto estendia as mãos para o cunhado.

– Eleutério, você aqui!? Sente-se...

O homem ignorou sua mão estendida e seu convite. Sacou do bolso uma pistola e disparou contra o irmão. Helena desmaiou e seu marido despencou, batendo os braços no prato de sopa, que entornou sobre ele.

Não satisfeito na sua fúria, aproximou-se do irmão e o chutou várias vezes. Só depois se lembrou de Helena, que continuava desmaiada.

Por um momento fez pontaria sobre ela. "Sua miserável traidora. Você agora vai pro inferno com seu preferido." Mas não! Era pouco morrer assim tão depressa, ela que o matava dia a dia – refletiu e guardou a arma.

Colocou Helena na cama. Olhou demoradamente sua barriga rotunda. Foi até a cozinha e pegou um litro de álcool, com o qual friccionou o rosto e o tórax dela até que ela voltasse à consciência. Depois a beijou. Emocionou-se. Como amava aquela mulher! E sua mente foi rejeitando os pensamentos assassinos, saneando um pouco seu psiquismo. Todo o amor reprimido veio à tona. Ele pensou que talvez não tivesse coragem suficiente para matá-la.

Na cozinha o corpo de Abelardo jazia encharcado de sopa e sangue.

Pouco a pouco a cor foi voltando às faces de Helena. Correu até onde estava o marido morto. Ajoelhou-se e chorou. Quando, cheia de revolta encarou o assassino, este lhe apontava a arma. Ela se levantou de um salto. Começou a chorar e a implorar que ele não a matasse; que respeitasse pelo menos o filho que estava por nascer, que era seu sobrinho e nenhuma culpa tinha do que eles fizeram. Pediu-lhe perdão e, na ânsia de salvar a própria vida e a do nascituro, disse que fora forçada a deixá-lo, mas que era a ele que sempre amara.

Eleutério não acreditou naquelas desculpas, mas se a matasse, ele próprio morreria com ela. Sua vida deixara de ter sentido desde o casamento frustrado. Vivera até ali com o único objetivo de se vingar. Então, pensou em poupar Helena. Faria dela sua mulher e criaria o filho do seu irmão. Helena aceitou de pronto o alvitre oferecido, mas já tinha em mente o plano de fugir na primeira oportunidade e denunciar o cunhado. Tinha pavor à morte e faria qualquer coisa para enganar a "dona da foice". Moravam ali isolados de todos. Enterrariam Abelardo e ninguém ficaria sabendo até ela fugir.

O tempo passou. Ninguém soube daquele crime, mas Helena e Eleutério não conseguiram ser felizes. À noite, a casa se povoava de fantasmas. Ele via o irmão levantar-se da tumba e caminhar até eles, ameaçando-os.

Eleutério pegava, então, a velha espingarda e atirava naquele que julgava ser o fantasma do irmão morto. Depois ria, conjurando-o a que voltasse ao inferno, de onde jamais deveria ter saído.

Helena passou a sofrer de um medo incontrolável que a fazia tremer e definhar a olhos vistos. Estava sendo difícil realizar a fuga. Somente o filho que esperava lhe dava motivo para continuar vivendo. Arrependeu-se de tudo o que fizera. Amaldiçoou-se. Amaldiçoou Eleutério. Compreendeu que sua volubilidade e falta de maturidade a tinham levado àquela vida. Passou a nutrir por Eleutério profunda aversão e medo. Tanto pensava na cena do crime, no infeliz Abelardo que não teve a ventura de ver o filho nascer, que em sua mente tudo ficou profundamente gravado. Tudo ficou como uma cena congelada. Tudo girava em torno daqueles clichês obsedantes. Tudo passou a ser somente trevas em sua vida. Há tempo de plantio... Há tempo de colheita...

Em uma noite clara de luar, as dores do parto chegaram. Eleutério saiu no meio da noite em busca da parteira.

Helena ficou só. Entre uma contração e outra, implorava piedade e ajuda. Tentava rezar, mas as palavras se lhe embaralhavam na cabeça e ela só conseguia ver Abelardo censurando-a, chamando-a de adúltera, de traidora, de leviana.

Num desses momentos ela o viu quase que materializado. Ele caminhava titubeante, mãos no peito onde se via uma grande chaga sanguinolenta.

— Abelardo, socorre-me, que morro!

— Agora clama por socorro? Ora a Deus? Não percebe que você... Que nós... Ó Deus do Céu! Nós não tínhamos o direito de fazer o que fizemos, Helena!

— Eleutério também não tinha o direito de matá-lo. Eu odeio seu irmão! Como o odeio! Não fosse ele estaríamos felizes. Abelardo... Em nome do nosso amor, ajude-me.

— Como posso eu ajudá-la? Não vê meu estado? Minha ruína moral? Veja como meu peito sangra sem parar. Pobre de mim. Pobre de você, Helena, pobre do nosso filho. Tantos planos fizemos para ele.

— Leva-me contigo, Abelardo. Já não tenho medo da morte. Não suporto mais viver ao lado do seu assassino!

Mas, ao pensar no filho que tentava viver, contradizia-se: *"Não! Não posso ir ainda. Não agora, senão o que será dele?"*

— *Helena, nunca deixe nosso bebê sozinho com Eleutério. Ele pretende matá-lo na primeira oportunidade. Prometeu a você criá-lo como a um filho, mas vejo claramente seus pensamentos malévolos. Assim que você ficar boa, fuja com a criança. Procure nossos pais e se coloque sob a proteção deles.*

— Sim, meu querido. É uma boa solução. Eu já deveria ter fugido, mas a gravidez...

— *Eu também, assim que tudo estiver bem, irei para um posto de pronto-socorro espiritual. Conheci um trabalhador da Fraternidade "Irmãos da Luz". Eles me garantiram que não vão desamparar você. Lá, vou ficar bem, vou tentar ser melhor, menos egoísta, mais fraterno... Vou tentar sublimar o amor que sinto por você, porque só assim seremos felizes um dia. Procuro eliminar o ódio no coração. Quero que você me desculpe por eu tê-la desviado do seu caminho... que era ao lado de Eleutério. Perdoe-me, Helena. Não odeie o meu assassino. Ele teve razões, justificáveis ou não, para isso. Também ele sofrerá as consequências de tudo. Ninguém consegue fugir de si mesmo por muito tempo.*

Helena, sozinha, julgava ver e conversar com o Espírito Abelardo. Fruto de sua esquizofrenia? De sua excitação nervosa?

Quando tudo desapareceu, quando tudo o que restava no quarto era o cheiro desagradável de sangue apodrecido e de carne deteriorada, ela julgou que finalmente havia enlouquecido.

No início da madrugada Eleutério chegou com a parteira. Helena se diluía em suores. Seu belo rosto parecia uma máscara mortuária. Suas forças já estavam no fim.

O parto foi muito difícil. Quando a criança chorou, quebrando o silêncio do dia que se iniciava, Abelardo-Espírito aproximou-se.

Contemplou uma menina rosada e forte. *"Minha filha... Minha menina querida..."* Lágrimas sentidas desceram-lhe pelo rosto. Todavia, não pôde se aproximar da recém-nascida. Seus fluidos eram grosseiros e causariam desconforto à pequenina.

O trabalhador da Fraternidade "Irmãos da Luz" reconfortou-o. Agora, finalmente, poderia acompanhá-lo ao posto assistencial onde a Misericórdia Divina lhe proporcionaria o refazimento necessário. Muito havia errado. Muito a espiar.

No segundo dia após o parto, Helena ardia em febre. Tinha delírios. Agitava-se. Lutava com fantasmas que só ela via e agarrava-se à filha, sem deixar que Eleutério tocasse nela nem sequer para higienizá-la.

Eleutério teve medo de perdê-la. Odiava aquele serzinho chorão, que não o deixava dormir à noite e que passava o dia agarrado aos seios de Helena.

A recém-nascida perdia gradativamente as forças para chorar. Estava enrolada nos mesmos panos há dois dias. Suja. Faminta. Mais morta do que viva. O leite de Helena não era suficiente. De vez em quando Eleutério lhe dava um chá através de um pedaço de pano que ela sugava na aflição da fome. Embora tivesse leite de cabra que, diluído em água, poderia alimentar a criança, ele não se animava a fazê-lo. No quarto dia de vida, o nenê recobrou alguma força e chorava sem parar. Eleutério só tinha olhos para a febril Helena. Também ela não se alimentava convenientemente; estava enfraquecida, mas seus braços não largavam a criança.

O choro dela acordou nele todo o sentimento de frustração. Aquela filha poderia ter sido dele. Mas não. Era do odiado irmão. Era o fruto azedo da traição. *"Que faço eu que não me vingo? Acaso perdi a fibra? A honra? Estou aqui como uma comadre... uma babá dessa criança espúria..."*

Helena dormia e afrouxou o braço ao redor da filha. Era aquele o momento. Levantou-se e tomou o nenê nos braços. Por instinto a criança procurou-lhe os seios. Eleutério afastou-a. O choro enrouquecido era quase inaudível. Então ele colocou sua mão direita sobre o nariz e a boca faminta do bebê. Dali a pouco o débil corpinho estremeceu e o choro cessou. Ele foi até onde estava enterrado o irmão. Cavou uma pequena sepultura e enterrou a criança ali mesmo, junto a Abelardo. Depois voltou para junto de Helena que, apesar do estado febril e quase inconsciente em que se achava, percebeu a ausência da filha.

— Onde está minha filhinha?

— Está morta, junto com o pai. Não pense mais nisso. Fique boa, minha Helena, e vamos ter nossos próprios filhos... Meus e seus... Sem a indesejável lembrança de Abelardo.

— Maldito! Mil vezes maldito! Você a matou! Bem que Abelardo me avisou!

Tentou sair da cama para atracar-se com ele, mas foi ao chão.

— Não posso mais continuar vivendo. Também vou para junto deles — dizia aos brados; alucinada de dor.

Eleutério recolocou-a na cama. Espantou-se com a sua febre. Ela entrou em convulsões, sempre a chamar pelo marido e pela filha mortos. A ele, amaldiçoava e não permitia que a tocasse.

— Infeliz! Animal! Você há de sofrer e pagar caro por isso! Duas mortes você terá na consciência. Que digo? Duas? Não! Três mortes, porque eu também morrerei. Ahnn... Sim. Quero morrer. Mas preste atenção: as mãos que mataram Abelardo e minha filhinha vão secar; você terá garras no lugar delas, para que todos vejam que animal selvagem você é. Para que todos fujam de você, seu rebotalho humano!

Depois disso nada mais falou que fosse coerente. De vez em quando a febre a sacudia e ela tremia.

No terceiro dia da febre intermitente Helena abandonava a vida. A parteira havia deixado dentro dela um pedaço da placenta, e isso provocou a infecção e sua morte.

Eleutério chorou toda sua dor. Banhou-a. Vestiu-a com seu melhor vestido e ficou com ela, velando-a até que as emanações pútridas denunciassem a decomposição. Só depois a sepultou bem longe de Abelardo. Nem na morte queria vê-los um ao lado do outro.

Corria o ano de 1728. Eleutério estava com 23 anos e já carregava sobre os ombros o peso de três mortes. Não suportou ficar mais um dia sequer ali. Sentia-se torturado pelas lembranças. Olhava constantemente suas mãos para ver se a praga de Helena se anunciava. Estendia os braços e mentalizava galhos secos e recurvados; mãos atrofiadas; dedos que lembravam garras. Morreu no ano de 1758 com 53 anos mal vividos. Sofreu por décadas nas regiões trevosas, todavia, o sofrimento não lhe dobrara a cerviz e quando ele conseguiu fugir jurou que haveria de encontrar Abelardo e Helena. Ainda não estava saciado na sua vingança. A lembrança da felicidade roubada ainda o revoltava.

Seu pai, Ivan, desencarnado muito tempo antes dele, continuava sua vida em uma colônia espiritual e sempre orava pelos filhos. Emerenciana sofrera muito por não ter sabido agir como mãe imparcial e justa. Helena e Abelardo foram recolhidos em uma colônia depois de muito sofrimento nas regiões umbralinas. Arrependeram-se do que fizeram contra Eleutério e prometeram ajudá-lo.

Depois de algumas décadas, Ivan voltou a reencarnar. Logo após seria a vez de Helena e bem depois, como filhos dela, deveriam vir Abelardo e Eleutério. Viveriam como mãe e filhos, numa vida difícil, na qual lutariam para apagar o ódio de Eleutério. O amor sensual de ambos seria sublimado no amor fraterno. Abelardo e Eleutério seriam os filhos educados com amor por aquela mesma mulher que os havia desgraçado no passado.

Ivan retornara à vida material para ajudá-los. Assim, ficou estabelecido que Eleutério, embora devesse esperar ainda um tempo até Helena poder recolhê-lo como filho, seria colocado ao lado dele, seu pai do passado, a fim de que começasse a sentir as boas vibrações de amor. Eleutério era inteligente e observador, assim o plano espiritual superior usou de um ardil, se assim podemos nos expressar, para mantê-lo ao lado do antigo pai. Pelo exemplo do amor que emanava deste, seu ódio e revolta transformar-se-iam gradativamente até a época da reencarnação. Ademais, esse alvitre o afastaria das companhias nocivas das regiões trevosas. Unir-se-ia, assim, o "útil ao agradável" e todos sairiam ganhando. Providenciou-se para que ele não reconhecesse, extemporaneamente, em Felipe, o pai de outrora.

No entanto, para o plano dar certo, os Espíritos de Luz que haviam colocado Eleutério ao lado de Ivan reencarnado, ou seja, de Felipe, convenceram-no a não se separar jamais de Ivan, porque só este o levaria até Helena e Abelardo. Ivan era o caminho, o elo. Cedo ou tarde, por intermédio dele entraria em contato com aqueles a quem ele procurava tão ansiosamente. Nada lhe contaram sobre a consanguinidade da existência passada. Com o tempo ele próprio descobriria.

Como a Espiritualidade Superior tem recursos extraordinários, e porque Eleutério não conseguiria ouvi-la ou confiar nela, tudo foi feito por via indireta, ou seja, colocou-se a sugestão na boca dos amigos de Eleutério, Espíritos do seu padrão e em quem ele confiava.

Isso posto, fica explicado o porquê de Felipe, embora vibrando sempre no bem e em sintonia com os planos superiores de vida, era sempre acompanhado por criatura tão sombria e revoltada quanto o era Eleutério. Nada por acaso. Ao impacto do ódio retribuído com compreensão e amor, o pobre errante do passado haveria de se modificar ainda antes de assumir nova reencarnação. Assim era esperado.

A Helena do passado é a Noélia de hoje. Sua mãe Edileuza é a mãe adotiva do passado, Emerenciana, que, por muito ter colaborado no desenrolar negativo dos fatos, recolhia agora os frutos do seu plantio. Justo.

O filho que Noélia esperava não era outro que não o antigo irmão adotivo com o qual ela havia fugido, traindo os compromissos assumidos com Eleutério e fazendo deste, indiretamente, um assassino. Por sua livre vontade transformara alguém que poderia ter-lhe sido querido ao coração em ferrenho inimigo e agora teria de voltar sobre os próprios passos para recomeçar, para consertar o que arruinara.

Se somos livres para decidir nosso caminho, se o tomamos erradamente e geramos carmas negativos, não devemos culpar a Deus.

Quanto a Eleutério, que seria seu segundo filho... Bem... tudo a seu tempo. Não vamos antecipar os acontecimentos.

Agora Eleutério seguia no carro de Felipe rumo à faculdade.

O Espírito infeliz olhou suas mãos que se assemelhavam a garras. Garras assassinas que um dia sufocara uma recém-nascida, matara um irmão e, indiretamente, a única mulher que ainda amava. A praga que ela lhe lançara, associada ao remorso, ao desejo inconsciente de se punir, havia plasmado na sensibilidade do perispírito (matéria moldável) "aquilo" no lugar das mãos.

Depois olhou para Felipe. Onde já o vira antes? Por que ele não conseguia romper aquela aura e comunicar-se? Perguntar-lhe diretamente onde estavam Helena e Abelardo? Por que, ao seu lado, era constantemente forçado a regredir, regredir numa época cheia de amarguras, de dores que queria esquecer? Por que continuava ali, como se imantado àquele homem de bons sentimentos, se percebia que sua fúria, seu desejo de vingança, ficavam cada vez mais amortecidos? Não estariam enganados os que lhe afirmavam ser Felipe o único caminho para encontrar aqueles a quem buscava? Há quanto tempo o seguia? Não soube dizer, mas percebia que o tempo passado ao lado daquele homem era-lhe quase agradável. Não fosse a lembrança que, como uma tenaz de ferro, lhe apertava a cabeça, ele poderia até sentir-se feliz. Pronto para mudar de vida. Capitular.

Felipe parou em um semáforo fechado. Eleutério, impaciente, buscou uma vez mais, sintonizar-se a ele. Com modos rudes fixou-o e perguntou sobre Helena e Abelardo. Um *flash* quase imperceptível trouxe-lhe Ivan Maldonado ao consciente e se esforçou para identificá-lo em sua vida. Mas foi tão instantâneo que já duvidava de sua realidade.

Muito tempo havia passado e as lembranças estavam esmaecidas. Somente uma ideia fixa, atordoante, doentia, permanecia no comando de sua mente: encontrar os traidores, os ladrões de sua felicidade. Encontrá-los e separá-los uma vez mais.

Felipe suspirou fundo. Também a ele não fora revelado que aquele pobre sofredor que às vezes pressentia ao seu lado, fora no passado distante o seu primogênito. Então, um sentimento de mágoa, dor, frustração, tomava-lhe a alma e ele sentia que, apesar de tudo, queria muito bem àquela entidade.

Com a reencarnação e pela Bondade de Deus, esquecemo-nos temporariamente de nossas existências pregressas. Se assim não fosse desequilibrar-nos-íamos a tal ponto que seria impossível continuar vivendo e consubstanciando o aprendizado, pois ainda estamos vinculados a fatos que jamais gostaríamos de recordar.

Felipe deixou o carro no estacionamento da faculdade e entrou. Eleutério atrás. Sócio recente daquele estabelecimento de ensino, não conhecia ainda todos os funcionários.

Apresentou-se. Teve uma palavra de carinho e incentivo a cada um. Ao apertar a mão de Noélia, os olhares se demoraram um no outro. E na linguagem muda das almas, sentiram-se velhos amigos.

Eleutério, ao olhar para Noélia, teve um sobressalto. A emoção quase o derrubou. Reconheceu a Helena de outros tempos. E todo passado tornou-se presente. E todo o amor frustrado de outrora o arrebatou. E, pela primeira vez naquele tempo todo, chorou.

Olhou para Felipe e o agradeceu. Finalmente ele o havia conduzido até Noélia Maria, ou a Helena do passado remoto.

Felipe não registrou, é claro, este agradecimento com os ouvidos da matéria, mas ficou um tanto apreensivo, sentindo que deveria estar atento em relação a Noélia. Mais uma página daquelas vidas entrelaçadas foi rapidamente aberta; o suficiente para não causar transtornos emocionais.

Eleutério contemplava a moça que era toda a razão do seu existir. Dizia-lhe, carinhoso, que dali em diante ninguém jamais haveria de separá-los.

O passado, como um bicho daninho, não permitiu que ele se abrandasse ao calor daquele sentimento. Contraditório por natureza, reacendeu sua revolta. *"Então é isto: Não a encontrava porque ela está reencarnada. Helena... Agora se chama Noélia, mas para mim continuará sendo a traidora, a infiel, Helena. Agora só falta localizar o desgraçado do Abelardo. Deve estar também reencarnado. Serei paciente. Sei que mais dia menos dia ele aparece; então terá o que merece. Agora já sei o caminho".*

A turvação mental ocasionada pelo reencontro foi tão forte, que Eleutério não percebeu que Helena, ou melhor, Noélia, tinha um feto aninhado no seu ventre e que outro não era senão o antigo irmão, o odiado Abelardo que, se tudo corresse conforme a programação adrede preparada, seria novamente seu irmão. Porém, nem sempre os delineamentos traçados em uma tela se transformam em obra completa. Mas não precipitemos a narrativa.

Felipe conversava alegremente com Noélia. Impressionou-se com seus olhos tristes e seu sorriso tímido.

— Sabe que seus olhos lembram o mar de Salvador? De quem a senhorita os herdou?

— Meu avô paterno era holandês.

— Não diga!

— Marzílio van Opstal. Grande homem! Tinha os olhos verdes e, segundo minha mãe, de um verde bem mais intenso do que os meus.

A moça já se acostumara com a surpresa agradável que seu biótipo sempre causava às pessoas.

— Também suas covinhas quando sorri.

Noélia estava sem jeito. Forçou um sorriso. O Espírito Eleutério, que até aquele momento se mantivera afastado, aproximou-se dela, ciciando em seus ouvidos, tentando desviar sua atenção. Ainda não se curara do ciúme doentio que o levara a perder. Todo seu passado desapareceu no turbilhão do tempo. Aquele interregno centenário nada representou para ele.

Noélia tremeu. Não ouviu como se ouve a um encarnado, porém, aquelas palavras repercutiram-lhe dolorosamente na alma. Os arquivos do inconsciente emergiram trazendo um alerta. Um alerta de perigo. Levou a mão ao peito e sentiu que as forças a abandonavam. O Espírito reencarnante que dormia placidamente ligado ao feto sentiu também o mesmo desconforto da mãe. Agitou-se, mas não chegou à consciência, pois fora submetido às operações magnéticas necessárias à sua nova existência.

Felipe, que conversava com outra funcionária, correu a ampará-la.

— O que está sentindo, senhorita?

— Não sei. Estava tão bem... De repente me senti tonta.

Kírian correu também para ajudar a colega e amiga. Com sua sensibilidade mediúnica percebeu a presença de Eleutério.

Felipe pediu que providenciassem uma xícara de chá. Depois saiu, preocupado. Também ele pressentiu que Noélia estava sendo influenciada por aquele Espírito que o acompanhava. *"Não o sinto mais me acompanhando... Estranho. Preciso ficar alerta."* — Dali para a frente poucas vezes Felipe sentiu a presença do obsessor junto a si.

— Kírian, vou pra minha sala. Qualquer coisa me chame. Parece que ela não está bem. — E dirigindo-se a Noélia sugeriu que ela fosse embora repousar um pouco.

Noélia, ainda trêmula, agradeceu.

– Vamos. É uma boa ideia. Eu levo você de carro. Pegue sua bolsa.

– Não. Eu não vou, Kírian. Que impressão o senhor Felipe vai ter de mim? Mal acaba de me conhecer... Vai pensar que sou doente e me despedir. Não se preocupe, já está passando.

Eleutério ficou feliz. Compreendeu que a moça, de alguma forma, o identificara no seu passado espiritual.

"Que se dane! Eu é que não vou ter pena... Não depois do que ela me fez."

A razão concordava com isso, mas o coração entristecia-se. Lembrou-se vagamente do último desencarne dela. Ele lhe havia assassinado a filhinha? Seria verdade? O mal que praticara, esquecera, mas o mal que sofrera, esse, ele avivava todos os dias.

Helena morrera amaldiçoando-o. Ou aquelas lembranças seriam frutos de seu desespero? Olhou novamente suas mãos e tornou a reforçar, com seu pensamento, a forma de garras que elas adquiriram ao longo do tempo.

– Não seja teimosa, Noélia! Pense nesse filho que está aí na sua barriga! Você é responsável pelo bem-estar dele – disse Kírian.

Eleutério, que acompanhava a cena, levou um choque. Sua mente, agora mais vivaz, retrocedeu... retrocedeu... 1728: O corpo do irmão Abelardo caído na cozinha. A mancha de sangue que crescia, crescia... O desespero de Helena que carregava um filho dele. A febre intermitente dela, sua impotência para salvá-la... O choro rouco de um bebê... A grande e rústica mão sobre o nariz e a boca da pequenina.

Depois... Silêncio. Dois cadáveres... Suas mãos: *"Maldito! Mil vezes maldito! Você matou meu bebê! Suas mãos, essas mãos que mataram meu marido e meu bebê hão de secar, de se transformar em garras, que melhor lhe assentarão..."*

O perturbado Eleutério gemeu. Sofria. Começava a perceber que também ele muito errara, mas, infelizmente, a disposição para encetar nova vida, resultava sempre infrutífera e ele voltava sempre ao mesmo ponto. Reacendia a fogueira que ameaçava extinguir-se; endurecia o coração; rebelava-se contra tudo e todos jurando que jamais se deixaria amolecer por lágrimas ou desmaios de mulher.

Uma vez mais olhou suas mãos. Fechou-as como quem vai soquear alguém: *"Canalhas! Os dois! Pensam que me esqueci daquela traição? Mas preciso descobrir que filho é esse que ela espera... Que infeliz que sou! Cada vez que a encontro ela espera um filho de alguém".* – E falou um palavrão, próprio de sua condição grosseira.

Depois saiu dali. Não demorou muito para que descobrisse que o filho de Noélia era Abelardo. Nem a pequenez daquele feto o sensibilizou, antes, mais o revoltou. Sentiu-se duplamente traído. E, desapontado, afirmou a si mesmo que aquelas garras que Helena lhe dera, serviriam, afinal, para alguma coisa: com elas haveria de arrancar o intruso Abelardo do ventre dela. Haveria de separá-los novamente.

Enquanto assim vibrava, ondas de fluidos escuros partiam dele e envolviam a futura mãe. O pequeno feto, porém, estava protegido por um halo de forças energéticas que o defendiam das vibrações negativas do exterior. Ao contrário, Noélia, porque registrasse na alma as acusações do Espírito infeliz, absorvia cada porção de fluido nocivo, de forma que o mal-estar não era só físico. Sentia, também, uma "dor do Espírito"; uma sensação de medo; de angústia; de remorso... Por mais que tentasse não conseguia dizer sequer uma oração. E o obsessor abraçava-a com ardor. Acariciava-a. Dizia-lhe palavras de amor misturadas às de ódio, num paradoxo crescente e alucinante.

Kírian assustou-se ao notar a palidez da amiga. Sentaram-se. Enquanto enxugava o abundante suor que escorria pela testa da obsidiada elevou o pensamento a Deus suplicando ajuda.

Eleutério, a contragosto, começou a se desprender. Não percebeu os jatos de luz que partiam da mente e do coração de Kírian e atingiam Noélia como um banho salutar. Ficou atordoado, mas reagiu imediatamente. Aproximou-se de Kírian e tentou, inutilmente, esbofeteá-la.

A moça, de alguma forma, sentiu aquela presença inamistosa, todavia, antes de retribuir no mesmo tom, enviou-lhe vibrações de amor, entendimento e paz. Ele, porém, estava impermeável.

"Ora, sua bruxa! Você me amarrou! Desta vez você venceu, mas ai de você se continuar a se intrometer em assuntos que não lhe dizem respeito!" – vituperou o avejão e voltou para perto de Noélia, não conseguindo,

entretanto, ligar-se a ela novamente. A prece da amiga havia lhe dado forças, e ela passou a reagir, orando ela própria e suplicando a ajuda dos Espíritos bondosos.

Os demais colegas da Secretaria aproximaram-se cercando Noélia e Kírian e crivando-as de perguntas. Com tal burburinho Felipe voltou. Eleutério olhou-o. Reconheceu, de forma nebulosa, o pai de antanho, o bondoso Ivan Maldonado D'Assumpção, agora, Felipe Emmanuel dos Santos Filho. Outro corpo, outro nome, porém, o mesmo Espírito em outra existência.

Noélia tentou se levantar e aparentar bem-estar, a fim de que cada um voltasse ao trabalho. Kírian obrigou-a a ficar sentada. Ainda estava pálida e trêmula.

— O que acontece por aqui? Noélia ainda não foi descansar? — perguntou Felipe.

— Ela não está bem...

— Kírian, por que você não a leva para casa? Vê-se que ela não está bem.

Antes que Kírian respondesse, Noélia antecipou-se:

— Eu é que não quis ir, seu Felipe. Tenho muito trabalho e...

— Qual trabalho qual nada, menina! Primeiro vamos cuidar da saúde, que o trabalho pode esperar. Vamos, levante-se. Eu mesmo a levo. Venha também, Kírian, para me ensinar o caminho. Vamos lá. Levante-se.

Vexada, Noélia aceitou. *"Justo no dia em que o novo patrão chega, eu tinha de dar esse espetáculo. Ele vai pensar que sou doente, que não presto pra nada."*

Felipe foi buscar o carro no estacionamento. Eleutério, por força do hábito, foi junto. Não desgostava daquele homem singular e um leve sentimento de amizade começava a uni-los. Porém, rechaçava tal sentimento. De forma nebulosa ainda se lembrava de que ele não quisera ir atrás dos fujões, na ocasião de sua desgraça. Esta lembrança fê-lo repudiar o sentimento bom que começava a florescer. Fez questão de pensar na vingança; de endurecer o coração. Sentir-se-ia inferiorizado se perdoasse; se não devolvesse ofensa por ofensa. Assim, quase se esforçou para direcionar a ele suas vibrações negativas, mas estas não conseguiram sequer se aproximar daquela aura ouroazulada, verdadeira muralha fluídica ao redor de

Felipe. Assim, aqueles fluidos nocivos, reforçados por outros semelhantes encontrados pelo caminho, retornaram ao emissor, deixando-o mais denso e pestilento.

O pobre obsessor, em vez de estar contente porque, finalmente, encontrara aqueles a quem vinha procurando há tanto tempo, quedava-se tristonho, amargurado, como alguém que encontra um tesouro, mas vê-se impossibilitado de lançar-lhe a mão. Sua Helena estava tão perto e tão distante! O antigo irmão consanguíneo bem protegido no ventre dela. Cresceu-lhe o ódio contra Abelardo. Sentiu-se injustiçado. Afinal, os dois não pareciam sofrer o quanto ele achava que devia. Por que a vida os estava poupando? Por que encontrou Helena encarnada, bonita, esperando um filho? E que situação esdrúxula! Antes foram comparsas numa traição covarde contra ele, agora... Agora eram mãe e filho. Continuariam juntos... E ele? Não fora ele a vítima? Por que Deus o abandonava assim, à própria sorte?

Eleutério não poderia saber que Deus jamais o esqueceria porque está integrado às Suas criaturas. Porque os fez vir ao mundo alentados de Sua própria essência, sem a qual não seriam Seus filhos. Estivera todo o tempo voltado para os próprios e mesquinhos interesses e ainda não se apercebera de que se ele estava ali, era justamente porque Deus o não esquecera. Ele também deveria reencarnar. Também ele seria filho de Noélia; que junto de Abelardo deveria sublimar aquele amor desequilibrado que o vinha infortunando há séculos. Infelizmente, o procedimento egoísta de Escobar modificaria os planos reencarnatórios. Na ocasião falaremos disso.

Felipe e Kírian conversavam durante o trajeto. Havia uma troca de fluidos benéficos, espontânea, entre eles. Eleutério, sentado atrás, junto a Noélia, tentava abraçá-la, mas a presença espiritual do irmão, embora inconsciente e de perispírito miniaturizado por necessidade reencarnatória, obstava suas pretensões, pois abraçaria também aquele a quem odiava.

CAPÍTULO VII

SALVANDO UMA CRIANÇA

*Os nobres atos da vida
são cochilos da alma
para manifestação de Deus.*

Escobar olhava as águas esverdeadas do mar de Itapuã. Aquelas águas que tanto lembravam os olhos de Noélia.

Quinze dias já haviam passado desde sua fuga. Vez ou outra pensava em voltar, mas reconhecia-se incapaz de assumir responsabilidades. Era jovem – dizia – nada tinha ainda aproveitado da vida. *"Espero que Noélia tenha bom senso e se livre daquela gravidez."* Depois se arrependia. Lembrava aquela noite de tempestade; o Espírito acusador que lhe surgira de forma nebulosa na mente. Em que momento de sua vida já o vira?

Um arrepio desagradável lhe percorreu o corpo. Aquele Espírito ainda rondava por ali, pois outras vezes o tinha visto de dedo em riste, como a recordá-lo do compromisso covardemente descumprido.

Um garoto ia e vinha carregando água no seu baldinho e tentando encher um buraco cavado na areia. Perto dele a mãe lia um livro: um olho no romance, outro na criança.

Escobar sensibilizou-se com a cena. *"Criança graciosa. Será que o meu filho é menina ou menino? Terá os olhos verdes de Noélia? Suas covinhas?"* Mas imediatamente repudiou tais pensamentos. – *"Patético! Simplesmente patético."*

Daquela vez o garoto não retornou com o baldinho de água. A mãe talvez houvesse atingido o clímax do romance e não percebeu que o filho não voltara. E a criança foi sendo tragada pelas ondas. Sua cabeça de cabelos encaracolados subia e descia... Subia e descia...

Escobar gritou para a mãe e saiu em disparada para resgatar o garoto. Nascido e crescido junto ao mar, sempre fora bom nadador e conhecia sobejamente aquelas águas.

A mãe largou o livro e saiu gritando, apavorada. Quis ela própria sair em busca da criança, mas Escobar gritou para que ela voltasse. Dentro de alguns minutos ele voltava com a criança. Alguém se aproximou dizendo-se médico e realizou os procedimentos de praxe. Graças a Escobar o menino não pereceu afogado. A lacrimosa mãe não sabia o que fazer para recompensá-lo. Doravante ela lhe seria eternamente devedora. E tanto insistiu que ele aceitou o convite para um jantar em sua casa. Gostaria que ele conhecesse toda a família.

Escobar, que aconselhara a namorada a abortar o próprio filho tirando a vida de uma criatura de Deus, acabava de salvar outra. Estava feliz pela boa ação praticada. Agradeceu ao Criador pelo desfecho feliz.

Aproveitando aqueles momentos de boa vontade e fé, seu anjo guardião, ou Espírito protetor, acercou-se dele:

"Belo gesto de amor, meu amigo! Salvaste uma vida e isso te engrandece diante do Pai Altíssimo. Mas, incoerentemente, queres matar o próprio filho! Pensa, Escobar. Ainda é tempo. Volta a São Paulo e ampara Noélia. Ela e teu filho precisam de ti".

Enquanto assim falava, de alma a alma, o guia espiritual projetava pensamentos de amor no seu pupilo tentando sensibilizá-lo para uma retificação de conduta. Sempre que Escobar "abria a porta" ele o exortava ao arrependimento; a dar novo direcionamento à sua vida, mas assim que o rapaz percebia tais pensamentos benevolentes "fechava-se" novamente, tornando-se surdo a qualquer sugestão. O guia, então, afastava-se. Todos têm direito ao livre-arbítrio, assim ninguém pode inculpar a vida, o destino, a Deus, pelas consequências do seu uso indevido.

Sozinho ali na praia, Escobar pressentia aquela presença espiritual. Ficou feliz com o elogio, mas repudiou os bons alvitres oferecidos. Sobre o elogio não teve dúvidas de que se tratava de comunicação mental com a espiritualidade; sobre a crítica e os conselhos achou que ouvira demais. Acomodação consciencial. Conveniência. Imaturidade.

Malgrado sua vontade, voltou pensativo para casa.

– Gostou da praia, hein, filho? – perguntou Elvira.

O rapaz tentou sorrir. Detestaria ter de explicar tudo para a mãe.

– Você está preocupado. Aconteceu alguma coisa?

– Comigo não, mas um garoto quase morreu afogado.

Ele até já havia esquecido o incidente. O que realmente o preocupava era a gravidez de Noélia. E isso ele não contaria a ninguém.

– Santo Deus! O que você está dizendo? Como foi?

Sintetizando o máximo possível, relatou à mãe o acontecido e subiu para seu quarto. Olhou o oratório com Nossa Senhora Aparecida dentro. Ajeitou as fitinhas do Senhor do Bonfim. *"Meu bom Senhor do Bonfim... Nossa Senhora Aparecida... Que faço?"*

O incansável anjo guardião não perdeu tempo e o incentivou novamente à reparação.

Escobar ouviu a voz espiritual, porém não reagiu tão precipitadamente como das outras vezes. Suspirou fundo e prometeu repensar o assunto.

CAPÍTULO VIII

O INTERESSE MATERIAL FALOU MAIS ALTO

Muito tempo ainda de trevas,
equívocos... dores
até nos rendermos às evidências.

O dia do jantar na casa dos pais do garoto que Escobar salvara de morrer afogado chegou. Ele se arrumou com esmero, pois se tratava de pessoas da alta sociedade local.

Era uma bela casa em Ondina. Ornada com um pequeno, mas muito bem cuidado jardim na frente e nas laterais.

Liliana, a dona da casa; o marido, doutor Firmino José, e os filhos Priscila Maria e Rafael José, o garoto salvo por Escobar, estavam reunidos na sala de estar.

Assim que Escobar entrou, o coração de Priscila Maria bateu forte. Impressionou-se com o porte altivo do rapaz. Não era muito alto, embora estivesse longe de ser considerado baixinho. Elegante, cabelo ligeiramente crespo, castanho-claro, mais curto do que a moda ditava, olhos puxados e expressivos. Bronzeado. Vestia uma calça de linho cor de ferrugem e uma camisa bege, fina. Nos pés, um confortável mocassim marrom.

Priscila Maria, após olhá-lo disfarçadamente por um bom tempo, ficou devaneando.

Aos 17 anos costuma-se sonhar com a chegada do príncipe encantado montado no seu cavalo branco. Aquele não tinha cavalo. Viera de táxi. Mas a emoção da moçoila não foi menor apesar desse detalhe.

Atrevida como toda mocinha que conhece "seus poderes", Priscila Maria não perdia a oportunidade de examiná-lo. Serviu, ela própria, os aperitivos. Durante o jantar não parou de falar. Escobar percebeu o interesse dela e, como todo dom-juan, não desestimulou o flerte.

— Escobar, você trabalha em quê? — perguntou a moça.

— Sou formado em Economia. Mas ainda não trabalho. Acabei a faculdade e já enviei alguns currículos.

Liliana, que não parava de endeusá-lo pelo salvamento do seu menino, mostrou enorme interesse em ajudá-lo.

— Firmino, querido, você não poderia dar uma força? Não poderia apresentar o Escobar lá na firma? — E dirigindo-se ao rapaz, disse: — Meu marido é um dos diretores de uma grande multinacional.

O doutor Firmino José, surpreendido assim à queima-roupa pela pergunta da esposa, pensou um pouco. Depois disse que o ajudaria com o maior prazer; que ainda era muito pouco para o salvador do seu filho. Lamentou não ser o dono da firma para nomeá-lo diretor adjunto.

— Muito grato! Muito grato mesmo! Prometo fazer tudo para não decepcioná-lo. Quero ser o mais dedicado dos funcionários.

— Ora, meu jovem, bem sei que assim será. Vamos torcer para que tudo dê certo.

Priscila Maria bateu palmas. Liliana e o marido trocaram entre eles um olhar malicioso, e, rindo, o doutor Firmino José disse:

— Acho que, afinal de contas, nossa Priscila Maria se apaixonou.

A mocinha ficou vermelha. Gaguejou e também riu meio encabulada.

— Veja, Escobar. Nada posso esconder desses dois detetives.

— Espero que eles não tenham se enganado... — disse o rapaz com um largo sorriso. — (Uma conquista eleva o ego de qualquer um).

Após o jantar foram para o jardim. A empregada levou-lhes um licor de jenipapo, muito do agrado de toda família e especialidade da avó do doutor Firmino José.

— Então, o que achou do licor? — perguntou Priscila.
— Porreta!
Riram.
— Pois saiba que minha bisavó até hoje toma seu gole após as refeições... Haja jenipapo!

Riram novamente. Não tanto porque achassem graça, mas é que os aperitivos da entrada, o vinho do jantar e agora o tal licor de jenipapo já se lhes alterara o humor. O rosto de ambos estava afogueado.

Na despedida, Priscila apertou a mão de Escobar. Não teve nenhuma pressa em soltá-las.

— Espero que tenha gostado da família. Foi muito bom conhecer você, Escobar.
— Gostei não só da família, mas também do licor de jenipapo.
— Então venha "vê-lo" mais vezes.
Risos.
— Pode estar certa de que virei.
— Amanhã?
— Na praia. Senão seu pai me bota pra correr.
— Então até amanhã. Na praia.
— Certo. Não tome todo o licor.
— Deixo um pouco pra você.

Escobar ficou um bom tempo conversando com Priscila Maria. Quando o doutor Firmino José apareceu no terraço, ele, finalmente, decidiu ir embora.

Na volta, ele se censurava. Pensava em Noélia, no filho... *"Justo agora que eu tinha decidido voltar, assumir meu filho e Noélia... Deus meu! Como é complicado viver! Mas devo reconhecer que tenho mais futuro com Priscila Maria... Ela ficou caidinha... O doutor Firmino gostou de mim. É agradecido porque lhe salvei o garoto."*

Naquela noite sonhou que Noélia trazia o filho morto e o colocava em seus braços, dizendo, chorosa: *"Aí está ele. Morto! Eu o matei, ou melhor, você o matou! Assassino! Assassino! Covarde..."* Ele sentia o frio daquele corpinho e se perguntava de que cor aqueles olhos seriam. Levantou a pálpebra do olho direito. Verdes! Eram verdes os olhos do filho morto... Eram os olhos de Noélia, agora sem vida, sem calor, sem lágrimas... *"Ahn, Noélia, por que você deu ouvidos à minha ordem? Eu, realmente, não queria que você o matasse! Meu filho... Vamos... Acorde. Abra os olhos... sou seu pai, viva para mim, não permita que eu carregue para o resto da vida o peso de sua morte."*

    Escobar acordou com as tristes impressões do sonho. Sentiu que seus braços estavam frios, como se ainda carregassem aquela massa amorfa e sanguinolenta na qual o filho se tornara.

    Passou o dia taciturno. Orou diante do oratório de madeira escura de Nossa Senhora Aparecida, no entanto, quando olhava a santa, esta parecia censurá-lo.

    Elvira sabia que alguma coisa torturava o rapaz, mas, sempre que tentava descobrir, ele se tornava arredio.

    Na semana seguinte, ele foi chamado para a entrevista na firma onde o doutor Firmino José era Diretor. No mês seguinte já estava empregado e ganhando um bom salário. Chegou a pensar em trazer Noélia e a mãe dela para Salvador. Casar-se-iam e poderiam ser felizes. Mas já agora havia Priscila Maria. Sabia-se amado por ela. E agora o pai dela lhe arranjara aquele emprego vantajoso... Não convinha magoá-lo, magoando-lhe a filha. Mas e ele? – perguntou-se. Amava a menina Priscila Maria a ponto de pensar em casar-se? Consultou honestamente seu coração. Os olhos verdes de Noélia lá estavam como que impressos, fixos nele, desvendando-lhe todos os segredos. Por que aquela dúvida, aquele medo, aquela desconfiança? Se a amava, por que relutava em entregar-se a ela? Por que algo doloroso se interpunha entre ambos toda vez que ele estava perto dela? Este paroxismo o enlouquecia. Julgava-se um desassisado. E, no entanto, a amava. Compreendeu que nenhuma outra mulher poderia ocupar o lugar dela no seu coração. Nunca!

    Mesmo sentindo que todo seu ser clamava por Noélia e o filho, o senso prático do qual se orgulhava foi mais forte. Os interesses materiais sobrepujaram as razões da alma. Decidiu não pensar mais em Noélia nem no filho. Passaria uma esponja no passado, pois o presente lhe sorria prometendo um futuro cheio de belezas e facilidades. Firmou compromisso com Priscila Maria e passou a frequentar a alta roda da sociedade baiana.

CAPÍTULO IX

"ONDE ESTIVER O DEVEDOR, AÍ TAMBÉM ESTARÁ O CREDOR."

*Cada qual se guia
segundo seu coração.
Se a treva é agonia,
a luz é redenção.*

Felipe e Kírian deixaram Noélia em casa e retornaram à faculdade. O Espírito Eleutério, que enfim havia encontrado sua "Helena" (Noélia) e o irmão odiado de outrora, ficou junto deles a fim de se vingar da afronta do passado. Era esse ódio – que ele fazia questão de vivificar a cada dia – que lhe dava forças para seguir adiante. Ao encontrar "Helena" percebeu que, por mais que desejasse, não conseguiria manter acesa a chama da revolta. Não com ela... Ela sempre fora tudo de bom que a vida lhe dera, apesar do pouco tempo que pudera desfrutar aquela convivência. Relembrou sua infância; a pequena a procurá-lo na brincadeira de esconde-esconde; o rostinho afogueado, o riso espontâneo... a confiança com que se atirava em seus braços... Então transferiu todo o sentimento trevoso ao filho que ela esperava, ou seja, ao irmão de priscas eras que sempre considerara um infame intruso.

O reencarnante sentiu as vibrações pesadas do irmão do passado. Leve estremecimento, como se de repente fosse tocado por mãos invisíveis que o quisessem estraçalhar. Somente não houve sequelas graças aos Espíritos reencarnacionistas que zelavam pelo bom termo daquela gestação.

Eleutério não podia ver tais entidades, mas sentiu com grande revolta que não seria empreitada fácil realizar seu desejo. Percebeu, confuso, que ao atacar "o intruso", pouco ou nenhum mal lhe fazia, todavia, Noélia sentia-se extremamente desconfortável, funcionando como se fora um aparador de choques; um *sparing*.

No seu quarto, repousando, Noélia pensava em Escobar. Pedia a Deus que trouxesse de volta o pai de seu filho. *"Meu Deus! Como ter essa criança? Como cuidar dela se preciso trabalhar? E mamãe? O que será dela se eu perder o emprego?"*

E tentava orar. Tentava confiar na Providência Divina, porém o pessimismo sobressaía e ela voltava ao pranto. Seu protetor espiritual tentava estabelecer uma ligação fluídica, mas a futura mãe, entregando-se ao desespero e à dúvida, se lhe impunha uma barreira vibratória difícil de ser rompida.

Imprescindível é a sintonia espiritual para se colher as Benesses Divinas. Ninguém que compactue com as forças destruidoras do desânimo, da falta de fé, do pessimismo, enfim, de toda negatividade, abrirá as portas do coração ao alvitre divino. Permanecerá fechado em si mesmo, alimentando sua desdita até o momento em que perceber que está andando em círculo; ferindo-se nos espinhos dos quais não consegue se desviar.

O obsessor a via sofrer e mais odiava o filho que ela esperava. Ele também sofria, pois no seu egocentrismo a amava. Naquele estágio decadente em que vivia, ignorava, é claro, que o amor verdadeiro não visa à vingança nem à recompensa, mas que sempre almeja a felicidade da criatura amada. Seu amor – amor? – era fragmentado. Obstinado. Tingido com as cores fortes da loucura e da alienação.

Cismarento e acocorado num canto do quarto ele tentava estabelecer um contato mental com Noélia, quando o protetor desta se aproximou. Condoeu-se sinceramente e pediu a Deus também por ele.

"Meu Pai de Amor e Bondade. Sabemos que Suas leis são justas; que ninguém que tenha plantado trigo colherá ervas daninhas. Sabemos que as lições que nos propicia visa ao nosso aperfeiçoamento e que só sofremos quando nos afastamos do Seu Amor, todavia, Pai, ouso pedir, conhecedor que sou de Sua Bondade e magnitude, auxilie também esse Seu filho que se acumpliciou com o mal; que já perdeu toda noção do amor verdadeiro. Permita, meu Deus, possa também ele receber o seu quinhão de paz, de amor e de entendimento. Pai Nosso, que estais no Céu..."

O obsessor pareceu se acalmar sob o influxo daquela prece sincera. Mas a crosta grosseira que o revestia não permitiu que ele usufruísse inteiramente o benefício. Todavia, foi como um forte esfregão na sujeira; como um banho restaurador. E o infeliz deixou que as lágrimas aliviassem a sua dor.

Noélia, em corpo perispiritual, foi saindo devagarzinho enquanto o outro corpo mais denso ficava adormecido sobre a cama. Mais senhora de si, percebeu o pequenino corpo perispiritual de Abelardo, aninhado no seu ventre, inconsciente, ligado ao feto como que por uma extensão de si mesmo. Ainda chorosa, perguntou o que seria de ambos.

Eleutério, que a aguardava, segurou-a pelo braço. Tentou lhe falar, mas ela, apavorada, voltou imediatamente ao corpo, frustrando seu desejo.

Acordou assustada. Tremia. Ainda parecia ver o espectro ameaçador.

Tentou lembrar onde já vira aquela criatura de braços retorcidos como galhos secos e de olhos estranhamente entristecidos. A misericórdia divina, porém, eclipsou as lembranças amargas. Era necessário esquecer o passado para prosseguir no presente. Um dia saberia. Um dia se encontrariam. Todos. Um dia...

Noélia levou seu colchão para o quarto da mãe. Dormiria ali naquela noite. Ali, perto da mãe doente, o fantasma não a perturbaria.

Edileuza estranhou aquele procedimento. A filha nunca tivera medo de nada. Agora estava trêmula, dizendo que seu quarto estava mal-assombrado.

— Noélia, você não está bem. Ah, meu Deus! Se eu pudesse ao menos lhe fazer um chá...

— Não se preocupe, mãe. Não quero chá. Estou nervosa, preocupada. Ainda há pouco parece que alguém... Alguém que voltou do túmulo quis me agarrar. Estou com medo de dormir... Sei que ele está me esperando.

— Noélia, você acredita em Espíritos?

— Não sei se acredito ou não... Escobar acreditava. Chegou a frequentar um centro espírita. Levou-me lá várias vezes. Era um lugar muito bom. Tranquilo, com muita paz. Eu... Às vezes acredito, outras vezes fico na dúvida.

A personalidade de Noélia sempre fora dual. De uma hora de fé e esperança, passava à outra de incredulidade e desânimo. A dicotomia Espírito/corpo nunca lhe merecera profunda meditação.

Eleutério a havia seguido até o quarto da mãe. Olhava-as, curioso e infeliz. Na verdade, a prece daquele protetor o havia tornado mais humano. A crosta grosseira da animalidade começava a se dissolver? "A Natureza não dá saltos", assim, a pobre entidade tratou de repudiar aqueles sentimentos que a seu ver eram de pura fraqueza; de covardia; de retrocesso. *"Os amigos do Cordeiro não desistem nunca."* — Em seguida fixou a mente em Edileuza. Lá no passado longínquo da sua eterna vida, localizou-a na qualidade de sua mãe Emerenciana. Viu-se em seu colo. Relembrou-a como o anjo bom que vigiara seus primeiros passos vacilantes. Sentiu que o coração novamente tentava por tudo a perder. Não! Não podia se deixar amolecer assim, afinal —, relembrou em tempo —, ela nunca lhe dera apoio em relação à Helena, antes a ajudara a fugir com seu preferido, o segundo filho, Abelardo. *"Um trio de descarados! Como posso pensar como um maricas?"*

Conforme seu desejo, o sentimento bom que começava a aflorar cedeu lugar à revolta. Engoliu as lágrimas prestes a cair e trancafiou o coração. Era necessário fazê-lo calar-se. Voltou a encarar Edileuza, mas desta vez com prevenção, acusando-a, colocando-se na condição de vítima com direito à desforra.

Edileuza, que já havia se arrependido sinceramente dos equívocos do seu passado; que colhia as urzes então plantadas, estava em preces, muito preocupada com a saúde da filha. Mentalizava, enquanto orava, a passagem evangélica que sempre a emocionara: Jesus com as mãos estendidas sobre uma criança doente. A mãe desta, olhos súplices, olhava o Mestre dos mestres como se Nele depositasse toda a confiança do mundo. E o olhar sereno de Jesus, naquele momento, envolvia a ambas.

Tão frequentes eram tais pensamentos que acabaram por sedimentar-se; cristalizar-se; criar vida aparente, num quadro ectoplásmico que possuía cor e até movimento.

Pequena minoria conhece o poder do pensamento aliado à vontade, estudado muito no passado por grandes cientistas como Ernesto Bozzano, Camille Flammarion, Léon Denis, Kardec e outros tantos.

Razões não faltaram, pois, a Jesus quando afirmou que ao pensar no mal já o mal está feito. Razões não faltam ao Espiritismo quando afirma que o Céu ou o inferno podemos trazer dentro de nós mesmos. São as edificações que nós construímos com matéria mental e que persistem enquanto as alimentamos.

Assim, aqueles pensamentos elevados, centrados no amor ao próximo, repudiaram os maus que partiam em turbilhões trevosos da mente de Eleutério. Vendo a inutilidade do seu gesto, recolheu-se taciturno a um canto do quarto. Tudo se foi aquietando. Ouviu os gemidos de Edileuza ao tentar se levantar. Noélia, que ainda não conciliara o sono, a ajudava a se sentar na cadeira de rodas.

– Sou uma inútil! Nem para me sentar sozinha, presto.

– Tenha paciência, mãe. Vamos! Eu ajudo você. Quer ir ao banheiro, não é? Então, vamos lá.

– Sou mesmo uma velha resmungona. Não ligue pros meus gemidos. Não faça tanta força, filha! Lembre-se do seu nenê.

– Como posso esquecer? Ele está muito bem, não se preocupe.

Com algum sacrifício, Noélia consegue sentar a mãe na cadeira de rodas e conduzi-la ao banheiro.

Eleutério sorri com desdém: *"Está também pagando um pouco da sua dívida, 'mamãe'. Afinal, Deus não é tão ausente assim"*. E, como um redemoinho, ia recolhendo dentro de si todas as amargas lembranças, dando forças a elas, fortalecendo suas raízes com o combustível do ódio. Era como se cultivasse uma planta: embora às vezes dela se esquecesse, periodicamente a adubava a fim de torná-la revivê-la.

Ao voltarem para o quarto, Edileuza pressentiu a presença dele.

– Noélia, parece que, afinal, o seu fantasma também veio pra cá. Sinto uma influência negativa aqui.

– Mãe... Pelo Amor de Deus! Eu já estava com medo, agora estou apavorada! O que vamos fazer?

O Espírito aproveitou-se daquele momento de medo e indecisão para aproximar-se de ambas. O medo nos torna vulneráveis.

"Bem se diz que nada, no Céu ou na Terra, permanece oculto por muito tempo. Agora vamos ajustar as nossas contas" – ameaçou o infeliz obsessor.

– Contudo não conseguia odiar o quanto pretendia. O mal começava a se mostrar solapado em suas bases.

Ainda antes de renascer para a atual existência, Edileuza havia compreendido seu desempenho desastroso como mãe e educadora na vida anterior. Muito se arrependeu de ter sido parcial com os filhos e se propôs a retificar sua conduta, granjeando, assim, a assistência de um Espírito amigo de muitas jornadas. Mesmo assim muito sofreu e muito procurou Eleutério pelo umbral, na esperança de poder remediar o mal. Infelizmente, o pobre filho, curtido em ódio, não foi localizado, ficando a dívida em aberto e esperando o momento propício para os acertos.

O ódio, o desamor, o desejo de vingança, os erros cometidos, são lastros pesadíssimos que nos mantêm presos aos charcos da vida espiritual. Ainda aí, a coerência da Justiça Divina: cada qual vive no ambiente mental que lhe é próprio. Inútil querer privilégios após o desencarne. O Espírito endividado sempre se arrastará junto ao solo, nutrindo-se de vibrações pesadas e maléficas. Inútil oferecer-lhe o Céu. No monoideísmo em que se debate a mente espiritual, onde quer que se encontre estará sempre se defrontando consigo mesma. Céu ou inferno. Somos livres na escolha.

Eleutério preferiu o caminho mais difícil. Não perdoou. Agasalhou o ódio no coração com desvelos de mãe. Enquanto perseguia seus desafetos não encontrava tempo para olhar para dentro de si mesmo e reconsiderar.

Agora que os localizara não haveria porque perder tempo. Iria logo aos finalmentes, dando a cada um o corretivo que, segundo ele, era justo.

O amigo espiritual que Edileuza fizera por merecer e que zelava também por Noélia aproximou-se. Olhou paternalmente para Eleutério que não lhe percebeu a presença, mas que se sentiu como que amarrado; barrado nos seus propósitos bélicos.

"*O que está acontecendo? Por que artes de satanás me vejo sempre impossibilitado de exercer a minha vingança? Onde está a justiça? Não sabem todos que o credor aqui sou eu? Que venho cobrar uma dívida antiga?*" – gritava o obsessor.

O Espírito alvinitente, então, tornou-se visível. Escondeu a sua luz para não humilhar Eleutério nas suas trevas. No desejo sincero de ajudá-lo, estendeu as diáfanas mãos em direção a ele.

"*Então é isso? Temos aqui um guardião? Olha... Com todo o respeito que devo ao Cordeiro, não vou desistir dos meus propósitos. Estas duas aqui e mais o intruso que quer renascer são culpados pela minha desgraça. Eu já consultei os juízes das trevas e eles me afirmaram que devo fazer justiça. Até se ofereceram para ajudar, mas sou muito capaz de resolver meus problemas. Dessa forma pode voltar que o resto é cá comigo e com a justiça.*"

O bom Espírito deixou-o falar até que se acalmasse. Envolvia-o em vibrações de amor e compreensão enquanto ouvia tais dislates.

"*Se já conheces o Cordeiro por que ages como o lobo? Não sabes que o único que tem o direito de julgar é Deus-Pai? Que só Ele nos conhece o suficiente para poder julgar? Por que ainda trazes tanto ódio no coração, amigo? Não sabes que o ódio é ácido que queima e requeima, enquanto que o amor, o perdão são refrigérios, são raios de luz que nos curam e nos trazem felicidade? Que saneiam a treva que nos perturba? Tuas noções de justiça são equivocadas. Perdoa, irmão meu. Perdoa e já sentirás os efeitos desse gesto de bondade e sabedoria. O primeiro beneficiado será tu mesmo. Verás.*"

Por uma fração de segundo, Eleutério sentiu-se predisposto ao perdão. Estava desanimado e entediado; porém, logo reagiu e respondeu agressivo e arrogante:

— *Bem que me advertiram de que eu ia encontrar os trabalhadores do Cordeiro e que não ia ser fácil livrar-me de suas falácias, mas estou atento. Deixe de tanta lenga-lenga, que já estou vacinado e nenhum palavrório vai me fazer desistir. Se esse seu Jesus, esse Cordeiro de Deus, é tão bom assim, que venha até aqui Ele próprio me fazer desistir de cobrar o que me é devido. Afinal, não foi Ele quem impediu, no caminho de Damasco, que Saulo de Tarso matasse aquele cristão... Um tal de Ananias? Então? Juro que se Ele vier até mim, eu desisto. Desisto e, como Saulo, serei um grande propagador de Sua doutrina* – falava aos borbotões e ria, debochando.

O benfeitor percebeu, condoído, que ainda não era tempo para as boas colheitas. Nada objetou. Respeitou a ignorância do outro. Depois se dirigiu a Noélia e à sua mãe que, alheias ao que se passava no plano espiritual, conversavam.

– Caras amigas. É bom estarem prevenidas com Eleutério. Não o julguem, porém. Tampouco lhe retribuam o mal, o ódio, pois ele está aqui na qualidade de credor, todos sabemos. Lembremo-nos de que o Cristo disse que "onde estiver o devedor, aí estará também o credor". Você, Edileuza, lhe deve muito e prometeu ajudá-lo. Não só pelos erros cometidos na sua anterior existência, onde não soube ser mãe imparcial, mas por outros ainda mais graves. Também você, Noélia, muito o fez sofrer, embora tivesse prometido tudo fazer para a felicidade dele.

O Espírito falava com a doçura e o equilíbrio próprios dos da sua estirpe. As duas não registraram a advertência com os ouvidos materiais, mas por intuição, que é uma mediunidade naturalmente conquistada.

– Mãe... Ainda há pouco eu tive medo e raiva daquele Espírito... Quer dizer... Acho que realmente era um Espírito sofredor que quer se vingar de alguma coisa, mas agora, não sei por que, me sinto propensa a ajudá-lo; quero transformar aquele ódio que senti em amor fraterno.

– Engraçado, eu também senti a mesma coisa. De repente, um remorso de alguma coisa que eu teria feito a esse fant... quer dizer, a esse Espírito vingador.

O amigo espiritual estendeu as mãos sobre Noélia e Edileuza, sugerindo a ambas que fizessem uma prece.

– Mãe, vamos orar?
– Vamos, minha filha.

Elevaram o pensamento a Deus. Eleutério, resmungando, foi para o outro quarto. *"Rezem. Rezem à vontade. Pensam que isso me amolece? Pois vão esperando."*

Mãe e filha sentaram-se sobre a cama.

– Espere. Vou buscar um copo d'água para ser fluidificada por algum amigo espiritual que porventura esteja por aqui.

— Bem lembrado, minha filha.

O amigo aludido aproximou-se de Noélia e lhe estendeu as mãos de luz. Forte emoção apoderou-se dela:

"Deus, Pai de Amor e de Infinita Bondade. Jesus, Mestre de todos os tempos, ajudem-nos nesses momentos difíceis que ora atravessamos. Volve Teu olhar, Jesus, a nós, pecadores reincidentes, almas ainda endurecidas nas lutas expiatórias, mas que reconhecem que o Seu amor é o único caminho de que dispomos; que só ele poderá nos tirar o lodo que vimos acumulando durante séculos e séculos à margem de Sua doutrina. Sabemos, oh Mestre, que depende de nós mesmos abreviar nossas dores; que Sua Divina Presença acalentará nossas almas rebeldes e recalcitrantes; que, finalmente, nós é que temos de abrir a porta do nosso coração para que Sua Presença se faça. Querido Jesus, fortaleça-nos a fim de que possamos ajudar esse irmão infeliz que está junto a nós e que, por algum motivo que ignoramos, nos odeia. Derrame também sobre ele a Sua Bendita Luz e o Seu inigualável Amor. Assim seja. Pai Nosso, que estais no Céu..."

Após a prece feita de coração, tomaram a água fluidificada pelo amigo espiritual. Já não havia mais medos ou revoltas. Abelardo, o reencarnante, aquietou-se na quentura do seu "lar" provisório. Noélia e a mãe sentiram-se revigoradas e mais otimistas.

Eleutério, que havia saído quando a prece começou, voltou e ficou à espreita. *"Se eu não conseguir fazer o serviço sozinho, vou chamar o chefe. Ele já se dispôs a me ajudar; conhece algumas técnicas que ainda desconheço. Se elas pensam que vão me comover com suas lamúrias estão enganadas."*

CAPÍTULO X

O ENCONTRO NA PRAIA

*Para os nós desatar
e com esperanças viver,
visitemos vez ou outra
o departamento nebuloso
do nosso subconsciente.*

Antes de iniciar este capítulo, tive vontade de refletir sobre tudo o que até aqui escrevi – ou deveria dizer, escrevemos? O enredo me empolga de tal maneira, os dramas vividos pelos personagens me são tão autênticos, me emocionam tanto, que me pergunto se, de alguma forma, estive envolvida naquelas vidas; se tive acesso a algum registro etérico no qual me foi permitido ler anotações ali contidas. E me convenço, uma vez mais, de que nosso inconsciente está repleto de nós mesmos; que trazemos gravadas nele, da mais insignificante à mais significativa ação por nós cometida. Assim, as existências vão passando por nós, ou melhor, nós vamos passando pelas diversas existências, somando experiências, algumas vezes estacionando na rebeldia, noutras evoluindo, compreendendo, aprendendo a amar o amor desinteressado e fraternal.

Percebo que quanto mais "ausente" me encontro desta vida, quanto mais tranquila e integrada na espiritualidade, mais facilmente me aflora ao consciente o drama que revelo. Haverá algum Espírito desencarnado por trás disso? E se não houver? A obra estará prejudicada apenas por esse detalhe? Tudo que um desencarnado faz merece crédito somente por estar ele desencarnado? E o encarnado? O que ele faz merece descrédito ou rejeição também porque ele está encarnado? O que é mais importante: a mensagem em si mesma ou o portador da mensagem? Os conceitos elucidativos ou a condição provisória de quem as referencia?

Sabemos que todos nós, encarnados ou desencarnados, somos Espíritos Eternos, cumprindo (pelo menos assim se espera) a sua missão; tendo cada qual a bagagem conquistada nas lides da vida.

Agora os personagens, que esperaram pacientemente, invadem-me... Estão prontos para continuar os depoimentos... Mergulho novamente dentro de mim mesma e abro o livro dos eventuais assentamentos espirituais. Sou alma passiva a dar continuidade aos dramas passados.

Naquela noite, quando mãe e filha adormeceram, Eleutério estava como que "amarrado" e nada pôde fazer para aproximar-se e influenciá-las.

Noélia, assim que se desligou do corpo por meio do sono físico, foi amparada pelo Espírito de toga romana. Não estava completamente lúcida, mas sentia-se quase feliz. Sabia que algo de bom estava prestes a acontecer e quedava-se calma e confiante.

Sempre amparada, ganhou altura. Atravessou campos e matas densas, chegando ao mar. Volitavam, agora, quase rente às águas. Noélia percorreu com olhar indagador a extensa massa líquida que a seus pés bramia. Podia sentir os respingos, o vento sibilante que levantava as ondas, que as elevava para depois golpeá-las com força de encontro às areias da praia.

Ao longe, como gigantesco totem a zelar pela cidade, o Farol da Barra. Imponente. Histórico.

Noélia, fortalecida pelas benesses da Natureza, mostrava a cada instante maior interação com o quanto se passava.

— *Aquele é o Farol da Barra?*

— *Sim, minha amiga. Lembra-se dele?*

— *Vagamente. Agora que o contemplo, algumas lembranças esparsas me voltam. Sinto uma nostalgia estranha... Como se devesse curvar-me e agradecer.*

– É que você já viveu aqui em Salvador. Nasceu não muito longe daqui.

– Então... estou em Salvador, mesmo?

– Sim. Viajamos bem rápido. Você está bem?

– Sinto-me um pouco confusa. Posso saber o que viemos fazer aqui?

– Aguarde. Você logo saberá.

Noélia e o Espírito caminhavam pela praia já deserta em decorrência do adiantado da hora.

No firmamento, as estrelas inatingíveis, qual enorme acolchoado, tremulavam no silêncio da noite.

De repente, Noélia lembrou-se de Eleutério e ficou trêmula. Achou que aquela entidade que irradiava suave luz poderia ajudá-la com alguns esclarecimentos.

– Bom amigo, aquele Espírito que está lá na minha casa, que me assusta... Ele me odeia? Por quê?

– Não vamos falar nisso agora. Acalme-se.

– Mas eu preciso saber!

– *Eleutério é um pobre Irmão nosso que parou no tempo. Vive mergulhado no passado, num monoideísmo de fazer pena.*

– Mas que tenho eu com ele? Por que ele me odeia tanto e eu a ele?

– *Ele quer odiá-la, Noélia. Mascara o amor frustrado de outros tempos. É um infeliz que desencarnou, mas não acordou para a realidade do Espírito. O desejo dele, a princípio, era se vingar, mas ao encontrá-la... o amor que ele esconde na forma de ódio foi mais forte. Agora ele pretende se vingar apenas dos demais envolvidos naquilo que ele chama sua desgraça.*

– E eu posso saber qual foi a minha ligação com ele?

– *É uma ligação muito antiga. De outras existências. É um acerto de contas que, mais dia menos dia, você teria de enfrentar.*

O Espírito não queria contar a verdade total, pois a gravidez dela poderia ser prejudicada. Mas Noélia insistia:

– Meu Deus! Como posso me inteirar de tudo?

– *No momento é bom que você nada saiba. Tudo tem seu tempo certo. Deus permite nosso esquecimento temporário porque, do contrário, poderíamos nos desequilibrar e pôr tudo a perder. Fique tranquila. Você está fazendo a sua parte. O restante, só o tempo solucionará.*

Falavam e caminhavam, pisando a areia ainda morna da praia.

– *Fique aqui, por favor. É só um instante. Não tenha medo. Eu já volto.*

E acomodou-a o melhor possível, desaparecendo em seguida.

Sozinha, ela pensou em Escobar. Sabia que ele estava morando com os pais ali por perto, num daqueles casarões antigos. Imensa saudade do rapaz invadiu seu coração. Não pôde reprimir as lágrimas trazidas por tantas lembranças.

Foi quando sentiu um beijo cálido em seu rosto e julgou ouvir um arfar de asas, como se um anjo invisível estivesse ali, zelando por ela.

Noélia era católica e, portanto, acreditava que todo anjo tivesse asas, como sempre vira nas esculturas e nos desenhos. Como acreditasse verdadeiramente nisso, sentiu o ser alado junto de si. Na realidade, era um Espírito benfeitor, um anjo, realmente, na nossa concepção. Todavia, ela não podia vê-lo distintamente em virtude da diferença vibracional entre ambos.

O superior pode ver e analisar o inferior, mas a recíproca não é verdadeira, ou seja, o inferior sempre ficará limitado às faixas vibratórias a que pertence. Só vê o superior se este assim o desejar. Tudo maravilhosamente harmônico na Obra Divina!

Aquele ser que se acercara dela sem ser distintamente identificado, era-lhe grande benfeitor de outras épocas.

Enquanto isso, Escobar acabava de se deitar quando foi inspirado a se levantar e a fazer suas preces diante do oratório, onde estava a imagem de Nossa Senhora Aparecida. Suave claridade, que ele não podia ver, irradiava-se do pequeno nicho, pois que sempre para lá eram dirigidas as boas vibrações, as preces de Escobar e de outros moradores da casa.

O rapaz estava agitado e sem sono. Havia firmado compromisso com Priscila Maria. Não a amava, mas reconhecia ser ela um bom partido. Já conseguira um bom emprego graças ao futuro sogro. "*Não. Não posso mais pensar no passado. Noélia talvez já tenha feito o aborto. É boa moça e bonita... Logo, logo já me esquece e arranja outro namorado*" – pensava enquanto se levantava para rezar.

O Espírito que havia deixado Noélia na praia envolveu-o e fê-lo continuar pensando na ex-namorada e futura mãe de seu filho. Escobar tentou lutar contra aqueles pensamentos, porém mais e mais ia retornando ao passado. Mais e mais pensava em Noélia, no filho que ela esperava, em como tudo poderia ser diferente. E os olhos de Noélia, enevoados de pranto, o perseguiam sem tréguas. As lembranças dos bons momentos que desfrutaram juntos surgiam em *flashes* constantes. Depois as dúvidas. O medo de que um dia Noélia o ferisse de morte. Era o longínquo passado que voltava, pois, se a história era outra, os personagens, todavia, eram os mesmos.

O benfeitor espiritual, aproveitando as preces confusas do jovem, aplicou-lhe passes magnéticos. Ele sentiu um profundo sono. Cambaleando voltou para a cama e logo adormeceu. Acordou em Espírito, junto àquele protetor que o tomou pelos braços. Ele se deixou conduzir sem receios. Graças à sua mediunidade conseguiu entender o que se passava.

— *Vamos para algum lugar?*
— *Para a praia. Tem uma pessoa lá esperando por você.*
— *Uma pessoa?!*
— *Não imagina quem seja?*
— *Eu... Quer dizer... Será Noélia?*
— *Sim. Ela precisa de você, Escobar.*

Escobar quis então fugir. Sabia que estava em falta com a moça. Sentia vergonha e forcejava por voltar, mas estava submetido a uma vontade maior e prosseguiu malgrado seu desejo.

— *Noélia... talvez não mais me queira.*
— *Vocês dois vão conversar. Espero, para o bem de todos, que você assuma suas obrigações. Você não se lembra, mas fez promessas antes de reencarnar.*
— *Promessas?*
— *Sim. Promessas, meu caro. Creio que você as esqueceu completamente; que deixou os interesses materiais falarem mais alto.*
— *Agora me recordo de alguma coisa, todavia, quando acordado, no dia a dia, não me lembro.*
— *Perante sua consciência e a mim você pode se justificar. Não, porém, à Justiça Divina, lembre-se disso. É bem verdade que não nos lembramos de tudo, detalhadamente, mas temos nossa intuição, a racionalidade, a consciência que nos permite analisar o certo e o errado. Você principalmente que é médium sabe muito bem disso.*

Escobar sabia. Pressentia. Sempre amara Noélia e agora, incoerentemente, estava fugindo dela. É que lá no fundo da alma alguma coisa o alertava contra ela. O que seria? Por que razão aquele amor lhe vinha mesclado de receio, com ressentimentos, dúvidas, angústias?

Em vendo que ele se esforçava por desvendar aquele mistério, em forçar a memória, o Espírito benfeitor condoeu-se.

— Calma, Escobar. Tudo no seu tempo. No momento é imperioso que você e Noélia se encontrem.

Alguns transeuntes notívagos passavam por eles. Alguns em boa companhia espiritual; outros envolvidos por Espíritos trevosos, de cujas mentes saíam filamentos viscosos, numa troca incessante de fluidos. Uma jovem caminhava rápido, sempre olhando ao seu redor como se estivesse com medo de alguma coisa. Sua aura mostrava que era uma criatura diferenciada. Seguia-lhe os passos um Espírito em forma feminina que emitia uma cor azulada muito suave. Vez ou outra estendia as mãos sobre a fronte da moça incutindo-lhe ânimo e fé. Nesses momentos, a moça respirava fundo e elevava ainda mais os pensamentos cristãos. Sentia que a proteção não lhe faltava. Julgava ser a mãe desencarnada quem assim a auxiliava e dizia mentalmente: *"Ó mãe querida. Não me abandone, nem ao papai. Permita que eu encontre uma farmácia aberta. Ele precisa do remédio... eu tenho tanto medo... já é tão tarde..."*

Escobar Espírito quase se chocou com ela. O Espírito que o acompanhava saudou a acompanhante espiritual da moça que já agora estava em preces.

A alguns metros dali um grupo de rapazes bêbados conversava. Todos riam e falavam palavrões grosseiros.

Os dois Espíritos benfazejos perceberam o risco que a moça corria e sugestionaram-na a mudar de calçada. Mas já era tarde. Foi vista pelos rapazes, que também atravessaram a rua com a nítida intenção de abordá-la.

A moça intensificava suas preces. Apenas alguns metros a separava dos arruaceiros, quando, para seu alívio, um policial saiu não se sabe de onde. A moça correu na direção dele, perdendo de vista os rapazes que, confusos por aquela repentina aparição, rapidamente se dispersaram.

Escobar a tudo presenciou. Quando o Espírito retornou, ele disse:

— *Que sorte teve aquela moça! Não fosse surgir aquele guarda e a coitada estaria em maus lençóis.*

— *É o poder da prece, meu amigo. Do acompanhamento espiritual.*

Escobar fez um gesto positivo.

— *Na verdade, não há como improvisar uma realidade espiritual benéfica. Tudo é questão de sintonia, de merecimento, de se favorecer uma atuação positiva para que o bem se sobreponha ao mal. Vibrasse o encarnado sempre em harmonia com seu guia espiritual muitas desgraças seriam evitadas. Vemos, todavia, que o mais frequente é o encarnado vibrar contra, dificultando a ajuda.*

— *É verdade.*

— *Veja o caso daquela moça. Ela estava em preces; estava ligada ao plano espiritual, ao seu guia protetor, e foi relativamente fácil agir em seu favor.*

Escobar pensou que talvez o Espírito estivesse equivocado. Era certo. Ele não duvidava de que a prece ajuda sempre, porém, naquele caso fora pura sorte. Sorte de o policial aparecer naquele exato momento, frustrando as intenções dos beberrões.

O Espírito leu seus pensamentos. Sorriu e lhe disse:

— *Não havia guarda algum, ali.*

— *Como não? Ora essa! Eu vi perfeitamente.*

— *Tem certeza sobre o que viu?*

— *Tenho. Vi um policial com a mão já no coldre. Pronto para intervir, se precisasse.*

— *Certo e errado.*

— *Certo e errado?!*

— *O que você viu não foi exatamente uma pessoa; um policial de carne e osso.*

— *Então... Eu não estou entendendo mais nada. Ora essa...*

— *Aquilo era uma forma-pensamento. Uma materialização fluídica grosseira, improvisada por mim e pela protetora da jovem, com a finalidade de protegê-la contra os inconsequentes rapazes.*

— *Forma-pensamento? Agora me lembro de já ter lido alguma coisa a respeito. Mas foi fantástico! Coisa, literalmente, do outro mundo!*

O benfeitor não pôde deixar de rir.

— *Foi relativamente fácil. Dois, dos três rapazes eram excelentes doadores de ectoplasma.*

Vendo que Escobar nada entendia, explicou que o ectoplasma é um fluido necessário à materialização. Uma substância que certos médiuns (de efeitos físicos) possuem. No caso em tela havia grande quantidade desse material e foi usado para plasmar o guarda. Ainda houve a sugestão mental feita aos beberrões por um Espírito ainda bem materializado, mas que trabalha no bem. Este entrou, a meu pedido, na faixa mental deles. Fez-se a sintonia e eles fugiram apavorados.

Enquanto caminhavam em direção à praia iam conversando.

— *Agora me lembro de ter assistido, uma ocasião, a uma sessão de materialização de Espíritos desencarnados...*

— *Recomendo-lhe que leia Ernesto Bozzano. No seu livro* Pensamento e Vontade, *ele aborda com grande propriedade essa questão.*

— *Mas... o guarda parecia tão real!*

— *Era esta a intenção. Ficamos a manter-lhe mentalmente a forma e até os movimentos. Saiba que o pensamento é para o Espírito desencarnado como as mãos são para os encarnados.*

— *Se voltarmos lá ainda o veremos?*

— *Pode ser. Talvez um pouco mais esmaecido, uma vez que paramos de lhe dar sustentação mental e o ectoplasma se dilui facilmente.*

Escobar pensou em como é grandioso o Amor do Pai Criador, que muitas vezes, apesar de não merecermos, nos manda o socorro por intermédio de seus benfeitores.

— *Veja. Lá está Noélia* — apontou o protetor.

O coração de Escobar bateu forte. Ficou parado por alguns instantes contemplando-a sem que ela o visse. Depois, aproximou-se.

— *Noélia!*

A jovem virou-se repentinamente. Não conseguiu falar, tal a emoção daquele reencontro. Abraçaram-se. Não puderam conter o pranto. Depois ela se afastou dele, melindrada, questionando-o sobre seu deplorável procedimento, falando-lhe do filho que esperava; do quanto precisava do seu apoio; do quanto ele estava sendo mesquinho.

A princípio, Escobar se comoveu. Olhou-a nos olhos. Aqueles olhos verdes que ele tanto amava. E que temia. E que lhe acordavam visões assustadoras. Lembranças que jaziam escondidas nas profundezas da alma.

Então... a contradição manifestou-se.

– *Noélia, eu não posso!*

– *Mas você prometeu! Não se acovarde agora.*

– *Noélia... Minha Noélia... É mais forte do que eu... Não sei o que lhe dizer.*

O Espírito, que havia se afastado para não ser indiscreto, orava em silêncio. Noélia sentou-se. Pegando um punhado de areia, disse-lhe:

– *Você não vale um grama desta areia. Covarde! Canastrão!*

Noélia era toda revolta e dor. O Espírito os observava de longe. Sentiu que as coisas não saíam conforme o esperado. Porém, não devia intrometer-se. Não podia retirar-lhes o livre-arbítrio. O mérito ou o demérito pertenceria a cada um. Todos responderemos por nossas atitudes. "A cada um segundo seus atos" – relembrou o ensinamento. Cada qual colherá a sementeira que plantou: flores ou espinhos. Água cristalina ou amargo fel. Luzes ou trevas. É da Lei, quer queiramos ou não; quer entendamos ou não.

Escobar estava desassossegado. Não sabia mais o que era certo ou errado; o que deveria fazer tal a barafunda mental em que se viu envolvido. Por fim cobrou ânimo e lhe disse que estava envolvido com outra moça, que devia a esta e à família algum favor e que não via outra saída senão casar-se.

Disse tudo aos supetões. Contrariado. Sem encará-la. Paradoxalmente, sentiu grande alívio por poder se desabafar e explicar-se com a ex-namorada. Ainda de cabeça baixa e sustando o choro, disse-lhe que ainda a amava; que a sorte madrasta os afastara, mas que seu coração seria sempre dela.

Noélia olhou-o, cheia de rancor.

– *E você tem coragem de dizer isso a mim? Levante a cabeça, pôxa! Não seja tão covarde! Agora vejo que você é pior do que eu pensava. É um cínico, um interesseiro, um vil dom-juan...*

– *Noélia, por favor... Nosso filho...*

– *Ora, tenha paciência! Farei um bem a ele livrando-o de sua presença. Miserável traidor.* – E saiu correndo, deixando Escobar cheio de remorsos, dúvidas e vergonha.

O Espírito protetor alcançou Noélia e a envolveu em um terno abraço.

Ela chorava. O bom amigo espiritual aplicou-lhe recursos magnéticos e, deixando-a em companhia de outra entidade espiritual amiga, voltou para junto de Escobar.

– Pobre amigo! Você teve a sua oportunidade. Teve a chance de retroceder e salvar sua reencarnação. Mas não soube aproveitar; não teve fé e discernimento suficientes. Apesar de antes de renascer ter pedido o dom da mediunidade, a fim de contar com mais uma arma para vencer e se reequilibrar, deixou-a estagnada. E mediunidade estagnada é qual pântano. É porta aberta a sofrimentos e a loucuras. Adeus. Até um dia.

Quando há necessidade de um entendimento entre os encarnados, ou simplesmente para se visitarem, assessorados ou não, é possível esse intercâmbio enquanto o corpo físico estiver em repouso. Muitas realizações materiais são acertadas desse modo. Fica-se a decisão alinhavada. Durante o dia, acordada, a criatura a costura em definitivo ou não.

Reforçamos essa assertiva com uma transcrição de *O Livro dos Espíritos*, de Allan Kardec:

Capítulo VIII – "Emancipação da Alma".

II – Visitas Espíritas entre vivos.

414. Duas pessoas que se conhecem podem visitar-se durante o sono?

– Sim, e muitas outras, que pensam não se conhecerem, se encontram e conversam. Podes ter, sem que o suspeites, amigos em outro país. O fato de visitardes durante o sono, amigos, parentes, conhecidos, pessoas que vos podem ser úteis, é tão frequente que o realizais quase todas as noites.

CAPÍTULO XI

REALIDADE POR MEIO DE UM SONHO

> *Em sonhos quiméricos dormindo*
> *ou na realidade da vida sonhando,*
> *pode ser um sinal vermelho*
> *Pare; repense o ato.*

Escobar agitou-se e acordou no corpo físico. Sentia-se péssimo. Seu primeiro pensamento foi para Noélia. Recordou-se do sonho. *"Coisa estranha... gostaria de ter certeza..."*

Olhou o relógio. Três horas e vinte minutos. O sono se fora deixando em seu lugar uma sensação de fracasso; de tédio. *"Covarde! Canastrão."* E aqueles olhos verdes, agora de mar em fúria prenunciando tempestade, o incriminavam mais do que nunca. Todo seu ser estava repleto de Noélia; da revolta de Noélia.

"Preciso dar um jeito nisso. Será minha consciência pesada que me fez sonhar? Escobar, Escobar, você tem entendimento suficiente para saber que não foi um sonho simplesmente causado pelo remorso. Ande, seja homem! Conte tudo a Priscila Maria e volte a São Paulo. Assuma seus compromissos. Amanhã à tarde esclareço tudo. Isso já está indo longe demais" – falava Escobar consigo mesmo.

Na rua, os primeiros ruídos do dia começavam e o rapaz não conseguia dormir. Toda vez que estava prestes a fazê-lo, acordava sobressaltado com as acusações ouvidas e com dois olhos verdes em fúria.

"*Será que Noélia fez o aborto? Meu Deus! Será que ela matou nosso filho? É melhor não saber... Mas essa dúvida... O melhor que faço é mesmo ir procurá--la. Tomara que ela não tenha abortado... Podemos nos casar...*"

Tal decisão era vaga. Oriunda das recentes emoções e – por que não dizer? – do medo. Desde menino que ele vinha sendo testemunha da realidade espiritual. Ao conhecer Noélia gostou imediatamente dela, só que, paradoxalmente, não se sentia muito à vontade com ela. Mas tinha certeza de que a amava, de que era ela a mulher da sua vida. Chegou até a consultar um psicanalista, achando que pudesse ser alguma neurose, algum desequilíbrio psíquico. Pensou, ainda, que talvez fosse interferência espiritual de alguém que não queria vê-lo feliz. Macumba. Coisa feita.

O psicanalista levou-o à conclusão de que o problema não era Noélia. Noélia era um símbolo, o real motivo daquilo tudo ele deveria descobrir.

Escobar chegou ao escritório com cara de noite maldormida.

– O que foi, Escobar? Você está com cara de segunda-feira.

– Não chateie, Roberto. Dormi mal e já vou avisando que estou de péssimo humor! Pronto pra chutar o pau da barraca.

– Hummm... Que neura, cara!

– Se você tivesse tido os sonhos que tive... Sonhos, não! Pesadelos!

– Pesadelo é sinal de consciência culpada, cara! O que andou fazendo?

– Roberto, você entende de sonho? Outro dia ouvi você falando umas coisas...

– Não sou nenhum catedrático, mas dou minhas tacadas. O que quer saber? Aproveite hoje que o preço é promocional – brincou o colega.

– É sério. Pare de gozação. Vamos conversar antes que o chefe chegue.

– Ou... Antes que a Priscila Maria alugue você. Acho bom pedir pro pai dela um telefone exclusivo... Uma linha direta...

– Ô cotovelo! Mas isso não é da sua conta. Anda, senta aí que eu vou contar tudo.

Roberto ouviu com paciência todo o relato de Escobar. Depois ficou pensativo. Escobar continuou:

— Acho que a Noélia, em Espírito, veio tomar satisfações. Você, o que acha?

— Olha, Escobar, não sou ninguém para lhe dar lições de moral, mas que foi uma sujeirada o que você fez com essa moça, isso lá foi. Cara! Não é você que se diz espírita? Médium, ou não sei lá o quê?

— Roberto, eu sou médium. Não sou espírita, pois não sigo os postulados da Doutrina, muito embora acredite em suas verdades.

— Quer dizer que ser médium não é ser espírita?

— Claro que não. Muitas pessoas são médiuns e nem conhecem o Espiritismo! Uma coisa independe da outra.

Infelizmente faz-se uma confusão muito grande em ser médium e espírita. Todavia, há grande diferença entre as duas situações. Espírita é quem segue a Doutrina dos Espíritos independente de ser ou não médium. Espírita é aquele que procura viver de conformidade com o Espiritismo, que nada mais é do que o cristianismo puro, adaptado à realidade contemporânea. Espírita consciente é quem já compreendeu que não basta o rótulo religioso, as exterioridades, o parecer ser. O espírita pode ou não ser médium plenamente ativo, ou seja, ter mediunidade ostensiva. Sabemos que todos nós, num grau maior ou menor, somos médiuns, pois todos temos possibilidades de receber inspirações e entrar em contato com a espiritualidade. Para isso não há, necessariamente, de ser espírita. Às vezes, o médium nunca frequentou nenhum centro espírita e até hostiliza a Doutrina e, no entanto, é médium. Médiuns sempre existiram. Em todas as épocas. Em todo lugar. No Centro Espírita, na Umbanda, no Candomblé, na Quimbanda etc., porém médium espírita na acepção da palavra é, ratificamos, somente aquele que segue os postulados do Espiritismo. Não se deve confundir a religião com o fenômeno mediúnico ou paranormal como querem outros. O fenômeno mediúnico existe desde a mais remota antiguidade. Na Grécia, as chamadas pitonisas dos templos pagãos, nada mais eram do que médiuns. O Velho Testamento está repleto de manifestações mediúnicas e, no entanto, o Espiritismo ainda não existia.

Escobar era um médium. Não um espírita. Chegou a frequentar o Espiritismo por algum tempo, mas desistiu, alegando que precisava viver a vida, que sempre haveria tempo mais tarde para reiniciar. E deixava sua mediunidade estagnada. Enferrujando. E estava, agora, prestes a cair numa terrível obsessão. A mediunidade negligenciada é porta aberta às perturbações.

Roberto, para o qual expunha seu sonho e seus pontos de vista, admirava-se com as incoerências do colega.

– Mesmo que você não seja espírita, conforme está me dizendo, o fato de acreditar, de compreender, não o impede de cometer tanta injustiça?

– Vem cá, Roberto. O de que menos preciso agora é de um puxão de orelha, muito embora você esteja certo. É. Eu sou mesmo um jumento. E o pior é que amo Noélia...

– Mas está pronto a se casar com Priscila Maria. Francamente... Pensei que você fosse normal!

– Você sabe alguma coisa sobre sonhos ou vai ficar o tempo todo escandalizado com minha vida devassa?! Se soubesse que você era tão santarrão e tão pudico não teria aberto o jogo.

– Tá bom, seu dom-juan vigarista! Vamos lá. O que sei sobre sonhos foi o que li em algum livro espírita.

– Ué... Não sabia...

– ... que eu sou espírita? Não posso dizer que sou. Digamos que eu seja simpatizante. Um curioso das coisas transcendentais. Vou algumas vezes ouvir palestras. Conheço o Divaldo Pereira Franco, esse orador internacionalmente conhecido e respeitado. As palestras dele são objetivas, claras, lógicas e comoventes. Já o ouvi um punhado de vezes e em todas me emociono.

– Sei quem é, embora nunca tenha assistido às suas palestras. Mas vamos falar dos sonhos. O que você leu?

Roberto abriu a gaveta da mesa e retirou um livro.

– Aqui está. *Mediunidade*, de Edgard Armond. Leia o capítulo dez, páginas 68, 69 e 70.

O SONHO:

As teorias científicas sobre o sonho são também diversas. Para Freud, os sonhos se originam de desejos reprimidos: não podendo o homem satisfazê-los na vida normal, se esforça para vivê-los quando dorme.

Para Mauri, os sonhos resultam de automatismos psicológicos; de cerebrações inconscientes ou de associação de ideias que, como é natural, originam imagens mentais. (...) Conan Doyle admite somente duas espécies de sonhos: os resultantes de experiências feitas pelo Espírito livre e as provenientes da ação confusa das faculdades inferiores, que permanecem no corpo quando o Espírito se ausenta.

(...) Podemos, entretanto classificar os sonhos em duas categorias: sonhos do **subconsciente** *e sonhos* **reais.**

SONHOS DO SUBCONSCIENTE:

São reproduções de pensamentos, ideias e impressões que afetam nossa mente na vigília; fatos comuns da vida normal (...).

(...) Nesses sonhos do subconsciente, entram também outros fatores, como sejam o temperamento imaginativo ou emocional do indivíduo, seus recalques, mormente os de natureza sexual (...).

(...) tais sonhos são unicamente autoproduto mentais inferiores.

(...) o que os define e caracteriza, além de seu aspecto confuso e nebuloso, é a incoerência, a falta de nitidez, de luz, de colorido.

SONHOS REAIS

Enquanto o corpo físico repousa, o Espírito passa a agir no plano espiritual, no qual terá maior ou menor liberdade de ação, segundo sua própria condição evolutiva (...).

Pois, justamente aquilo que vê, ouve ou sente, os contatos que faz com pessoas ou coisas desses lugares ou esferas de ação, é que constituem os sonhos reais, que, como bem se compreende, não são elaborações da mente subconsciente individual, mas, sim, perfeitas visões, diretas e objetivas, desses mundos; verdadeiros desdobramentos, exteriorizações involuntárias do Espírito (...).

(...) Costumam, também, conduzir o adormecido a regiões ou instituições do espaço, proporcionando-lhe contatos e experiências necessárias ao seu aprendizado espiritual, dos quais a recordação, pelo referido processo, sempre de alguma forma permanece.

Escobar leu rapidamente o capítulo sugerido por Roberto. Ficou pensativo com o livro na mão.

— Tem muita lógica, não tem?

— Muita! Agora tenho certeza de que meu sonho foi uma vivência como Espírito, durante meu repouso. Um sonho real. Bem me lembro que alguém veio me buscar e me levou até a praia onde Noélia estava.

— É isto! Os amigos espirituais dela e também os seus, imagino, estão tentando ajudar. Claro, almejam também um final feliz.

— Final feliz! Nem sei se Noélia fez o aborto ou não. De qualquer forma...

— De qualquer forma... De qualquer forma o quê?

— Ora, deixa pra lá, Roberto.

— Deixo pra lá, não! Se não queria falar que não começasse!

— É que... É difícil explicar. Entender é pior ainda!

— Fale de uma vez, cara! Olha que o chefe já deve estar *pintando no pedaço*.

— Roberto, eu gosto da Noélia; creio mesmo que a amo, mas alguma coisa me afasta dela.

— Iiii, sempre o achei complicado. Que história é essa?

— Sei lá. Quando estou longe dela, como agora, por exemplo, sei que gosto dela. Gosto pra valer. Amo-a de paixão, mas quando estou perto tenho uma sensação estranha.

— Quando está perto deixa de gostar dela?

— Não! Não é isso. Continuo gostando, só que tenho medo... Não consigo confiar nela. Olho seus olhos verdes e vejo traição. Acha que não *bato bem*? Que estou de *miolo mole*?

Roberto riu.

— Você só pode estar zoando comigo, cara! Acho que você está é muito confuso. Isso tudo é muito incoerente, embora deva ter alguma explicação plausível.

— Talvez seja coisa de vidas passadas, sei lá.

— E com a Priscila Maria? Afinal... Gosta dela?

— Ela é uma boa moça.

— Não perguntei sobre o caráter dela.

— Acho que gosto sim. Não como amo Noélia... A Priscila é meio *pirada!* Divertida. Valoriza-me mais do que mereço. Sinto-me bem ao lado dela. Ela massageia o meu ego...

— Ahn... Assim fica difícil. Não vai poder se casar com as duas. Não é nenhum sultão bilionário... Não tem nenhuma empresa petrolífera e no Brasil a poligamia dá cadeia.

— Não fique *tirando uma* com a minha cara!

— É que você me deixa *abestado*, meu irmão!

— Apesar de me sentir bem com a Priscila, não a amo. Acho que amar, amar, ama-se apenas uma vez. De outras vezes nos deixamos amar.

— Então, case-se com o seu amor. Com Noélia Maria. Deixe a coisa rolar...

— Hoje vou falar com a Priscila. Acho mesmo que o mais correto é assumir a responsabilidade com Noélia. Noélia... Estava tão linda, lá na praia... Seus olhos verdes cintilavam à luz do luar como duas lâmpadas sagradas... Eu a fiz chorar. Que cachorro que eu sou!

— Agora falou direito. Enfim, a decência venceu. Aleluia!

— Obrigado, Roberto. Valeu.

Os colegas foram chegando, fazendo barulho. E a conversa parou por ali. Escobar começou a escrever uma carta para Noélia, mas deixou-a na gaveta, sem coragem de postá-la. O telefone tocou. Era Priscila Maria. Agora toda a certeza do que deveria fazer empalideceu como um fim de tarde.

CAPÍTULO XII

O OBSESSOR ESTIMULA NOÉLIA A FAZER O ABORTO

*Não tomar nenhuma decisão
sob o impacto da emoção,
Muitas vezes, o problema
é que traz a solução.*

Noélia acordou agitada e de mau humor. A lembrança da entrevista que tivera com Escobar durante o sono ainda latejava em sua mente. Aquele sonho real – ela não duvidava – havia tirado toda a sua esperança pelo retorno dele. Ela estava só. E grávida. E desesperançada.

"Infame! Você não perde por esperar! Então... Que rápido arrumou outra. Canalha!"

Havia tanta revolta em seu coração, que as palavras partiam de sua mente como raios, em tom que variava do vermelho ao negro. Eleutério a estimulava contra ele, e porque ela se rebaixasse em vibrações grosseiras, entrou a sintonizá-lo, assimilando suas ideias anticristãs. Em vão seu anjo guardião tentou acalmá-la. Sua mente era um vulcão lançando fogo. Seu coração, um deserto ressequido. E todos seus órgãos físicos eram afetados por esse estado de alma.

Edileuza percebeu que ela não estava bem.

– Algo errado, Lia?

– Tudo, mãe! Está tudo errado! Que mundo este! Não se pode confiar em ninguém...

– Não quer me contar o que houve? Ontem você me parecia bem.

– Nem sei o que aconteceu... Ou melhor, sei sim. Foi um sonho mau.

– E você está tão agitada só por causa de um sonho?

– Mãe, não foi um sonho comum. Sei que não. Foi real. Eu estive com Escobar. Falamo-nos. Ele me disse na maior cara de pau que não vai voltar, mãe! Falou até que já está comprometido com outra.

– Minha filha... foi apenas um sonho!

– Sabia que a senhora ia dizer isso! Mas eu cá comigo bem sei. Ele... – Não conseguiu falar mais nada, sufocada que estava pelos soluços incontidos.

– Ora, Lia... Faça-me o favor! Você sonhou porque está apreensiva, achando que ele não vai voltar. O ciúme e a desconfiança costumam nos pregar peças, filha. Rebata esses pensamentos negativos, você sabe muito bem o que eles fazem.

A moça sentou-se e tentou se acalmar. Sabia que nesses momentos o melhor seria não se desesperar. Confiar. Orar e suplicar ajuda espiritual. Mas não teve a serenidade e a fé. Achou, por antecipação, que de nada valeria.

A mãe a olhava com carinho. Se fosse possível tiraria toda dor e mágoa da filha, transferindo-as para si mesma. Eleutério continuava ali, insuflando revolta e ao mesmo tempo lamentando a dor de Noélia. *"Livre-se desse incômodo sua tola. Quem você pensa que vai ajudá-la? Deus está muito longe, nós é que temos de decidir... Vamos, seja corajosa..."*

A mãe tentava levantar-lhe o ânimo.

– Chore, Lia. Chore. É bom pra desabafar.

– Mãe, não tem jeito. Vou fazer o aborto. Que Deus me perdoe!

Eleutério aproximou-se mais. Embora casmurro, estava satisfeito porque Noélia absorvia integralmente suas ideias. Edileuza não sabia o que dizer. Gostaria de poder embalar nos braços um netinho, de ser chamada de vovó, mas como haveriam de criar essa criança? Ela era uma inválida. Só dava preocupações, trabalho e despesas. A filha... Sozinha no governo da casa e com um salário apenas razoável. Mesmo assim disse:

– Lia..., não acha que devemos confiar? Não acha que Deus nos mandará algum auxílio? Depois, filha... tenho tanto medo. O aborto é muito mais perigoso do que o parto em si. Já vi moças morrerem ao fazê-lo. Esse sonho pode não se concretizar. Quem poderá afirmar que não foi só uma preocupação quem fez você sonhar? Ou arte de algum Espírito maldoso?

Noélia, porém, estava longe; como que hipnotizada pelas vibrações de Eleutério. Ela era a tomada. Ele, o plugue. Então a corrente fluía, incessante. A mãe falava às paredes.

O obsessor aplaudia.

"Isso mesmo! Faça o aborto. O sonho foi real, sim. Ele não pretende mesmo voltar; já está comprometido com outra. Faça o aborto. Livre-se desse bastardo. Vamos, Helena... Depois eu ajudo você."

O guia espiritual da moça e os Espíritos encarregados da reencarnação de Abelardo tentaram cortar a corrente envolvendo Noélia, porém, ela estava sintonizada com o mal. E o bem foi repudiado. Não encontrou porta de acesso.

"Bem, fizemos o possível. Vamos continuar tentando mais um pouco, mas se ela continuar obstinada, sintonizada com o pobre Eleutério, nada poderemos fazer. Temos de respeitar-lhe o livre-arbítrio. Em ocasiões tais a dor é ferramenta retificadora e eficaz" – disse o Espírito protetor.

Quando Noélia saiu para o trabalho, Eleutério foi junto: *"Agora que ela está predisposta é a minha chance. Não vou desgrudar dela. O maldito traidor será despejado".*

* * *

– Kírian, depois precisamos conversar.
– Quando você quiser, Noélia.

Só então Kírian percebeu o abatimento da amiga. A companhia de Eleutério fazia-a hostil, amarga, triste.

— Nossa, menina! Que bicho a mordeu? Está com cara de velório!

— Não estou nada bem. Tive uma noite horrível. Sinto-me, ainda, indisposta, com vontade de agredir todo mundo, de chorar, de fugir, de ir atrás daquele canalha e fazê-lo assumir a responsabilidade.

— Isso é sério, minha amiga. Mas o que aconteceu de novo?

— Você vai achar que é bobagem, mas...

— Bobagem ou não, diga logo.

— Tive um sonho esquisito com Escobar, no qual ele me dizia que não voltaria; que já estava até de namoro com outra moça.

— Francamente, Noélia. Sonho pode ter muitos significados. Sua preocupação... Seu estado, que a deixa mais sensível, o medo de enfrentar tudo sozinha...

— Sei disso. Sei que sonho é sonho, mas o dessa noite... Sei que não foi sonho, simplesmente. Não dizem que, quando dormimos, o Espírito pode ir se encontrar com pessoas? Com encarnados ou desencarnados?

Kírian abraçou a amiga. Sentia por ela um carinho fraterno.

— Acalme-se. Olha... Eu não pretendia lhe contar, mas diante disso, da coincidência do sonho...

— Contar o quê? O que você sabe e está me escondendo?

— Sente-se aqui e se acalme. Só conto se você prometer não ficar nervosa, que isso pode prejudicar a criança.

Noélia suspirou profundamente. Procurou, pelo menos, aparentar calma.

— Estou calma.

Kírian titubeava em falar. Estava com receio de prejudicar a amiga e o filho que ela esperava. Por fim achou melhor que Noélia se inteirasse de tudo, pois assim, talvez ainda houvesse tempo de ir atrás de Escobar e fazê-lo remediar a situação; obrigá-lo, pelo menos, a registrar a criança e ajudar financeiramente Noélia.

— Por favor, Kírian! Não me deixe tão ansiosa. O que é?

— Você se lembra daquele amigo do Escobar, o Ígor?

— Ígor... Ígor... Aquele rapaz de barba espessa?

— Ele mesmo. Até desconfio de que *arraste uma asa* pra você. Quantas vezes o tenho surpreendido com o olhar perdido em sua direção...

Noélia, impaciente, cortou os comentários da amiga.

— Poupe-me, Kírian! Vamos logo ao que interessa. Eu sei quem é o Ígor. Foi ele quem me trouxe a carta de Escobar, quando ele fugiu para Salvador. Agora conte de uma vez!

— Ô afobação! Calma, senão seu filho já vai nascer estressado! O Ígor é também muito meu amigo. Achou, por bem, me mostrar uma carta que recebeu, recentemente, de Escobar.

Noélia arregalou os olhos. O coração disparou.

— Ele escreveu ao Ígor dizendo que estava muito bem lá. Mora perto da praia, com os pais. Já arrumou serviço em uma grande multinacional. Quem arrumou o emprego dele foi o pai da nova namorada, uma tal de Priscila Maria.

Noélia tremia de ódio e indignação. Kírian arrependeu-se de lhe contar, embora o fizesse pelo bem dela.

— Sim, e que mais?

— Escobar contou detalhadamente como conhecera Priscila Maria e sua família. Disse que um dia estava na praia. Perto dele a mãe de Priscila Maria com o filho pequeno. De repente, o menino começou a se afogar e Escobar o salvou. Com isso ganhou a gratidão da família. Foi convidado para um jantar. A mãe do garoto apresentou-o ao marido, um dos diretores da multinacional. Priscila Maria, pouco mais que uma criança, apaixonou-se por ele. Parece que os pais dela fazem gosto na união dos dois.

À medida que ouvia o relato, Noélia ia recordando com mais detalhes o sonho que a descontrolara.

Eleutério, embora feliz, porque assim teria mais um motivo para fazer abortar "o outro traidor", decidiu que tão logo pudesse se ausentar aplicaria um bom corretivo no miserável enganador de donzelas. Vingaria, assim, sua pobre "Helena". *"Quem sabe se ela ainda não vai agradecer os meus serviços? De minha parte, mesmo sem a autorização dela, vou fazer uma visitinha ao safado. Faz tempo que não me divirto um pouco"* – pensava o obsessor, sem, contudo, se esquecer de envolver Noélia com pensamentos de revolta e vingança.

— Então eu estava certa. Não foi um simples sonho causado pelas preocupações. Eu e ele nos encontramos realmente. Mas por que não consigo odiá-lo tanto quanto desejo?

— Graças a Deus! O ódio é tão corrosivo que haveria de lhe trazer dissabores. Noélia, não se deixe abater. Toque sua vida pra frente. Às vezes, quando tudo parece perdido, vem a solução. Confie em Deus. Tenha fé. Por mais devastadora seja a tempestade, uma hora vem a bonança.

— Tenha fé... Oh, é tão fácil falar quando a agressão não nos atinge... Quando o raio da tempestade cai em outra casa...

— Desculpe, amiga. Talvez eu não devesse ter-lhe contado.

— Se ficasse calada não seria minha amiga.

Noélia destilava fel enquanto falava. Eleutério, quase abraçado a ela, regozijava-se com suas palavras repletas de ironia e desdém.

Kírian estava assustada e arrependia-se sinceramente de ter falado sobre a carta.

— Noélia, por favor! Esta sua agitação não vai fazer bem ao bebê...

Ela passou a mão pela barriga e, inspirada por Eleutério, disse:

— O bebê... Este intrometido! Pois saiba que já não o quero! Foi por causa dele que Escobar me abandonou. Por causa dele estou nessa enrascada!

O Espírito Eleutério lhe sussurrou ao ouvido:

"Sim. Por causa dele o Escobar vai se casar com outra. Ele é um intruso... Será sempre um tropeço na sua vida. Vamos, ainda está em tempo. Repudie-o. Repudie-o".

Noélia captou cada palavra dita.

— Agora que já sei ter perdido Escobar, não vou carregar por mais tempo este... este filho que não pedi. Vou hoje mesmo procurar uma solução. Amanhã, talvez já esteja livre desse embaraço.

Kírian estava trêmula e tudo fazia para convencer a amiga a não fazer nada do qual pudesse se arrepender mais tarde.

— Pelo Amor de Deus, Noélia! Não se torne uma criminosa! Criminosa do seu próprio filho, que não tem culpa do que aconteceu entre você e Escobar... que é um ser indefeso, dependente do seu amor e cuidados.

"Meu Deus, por que fui contar?"

No ardor de sua emoção, falou alto e despertou a atenção dos outros funcionários que chegavam. Todos os olhares se convergiram para as duas.

– Depois falaremos, Noélia. Agora você está muito nervosa.

Felipe acabava de entrar na Secretaria.

– Bom dia.

– Bom dia – responderam todos sem muita alegria. Tensos, ainda, pelo clima de ainda há pouco.

– Mas que bom dia mais desanimado! Não pensem que me convenceram.

Depois olhou para Kírian e desta para Noélia.

– O que aconteceu?

– Felipe, podemos conversar na sua sala?

– Claro. Vamos também, Noélia.

– Desculpe. Estou com o serviço atrasado.

– Ora, o serviço pode esperar um pouco. Vamos.

E seguiu na frente, abrindo a porta de sua sala e convidando as moças para entrarem primeiro.

– Sentem-se. O que houve? Por que Noélia está tão abatida?

– Não tenho nada. Estou ótima. Kírian é muito exagerada – e olhou para a amiga como a adverti-la sobre nada falar.

– É que ela teve um sonho ruim... Está muito tensa.

– Quer falar sobre o sonho, Noélia?

– Não! É bobagem minha. Sonho é sonho...

– Mas tem sonhos e sonhos. Alguns sonhos podem ser frutos de nossas preocupações, algo que estamos querendo sufocar, que nos inquieta, mas também há sonhos que são vivências espirituais.

– Nesse caso acho que foi mesmo real... Quer dizer... – disse Kírian.

Noélia fulminou a amiga com os olhos.

– Seu Felipe, não dê ouvidos a Kírian – e se levantou – Muito obrigada pela atenção. Vou indo.

– Está bem. Se não quer desabafar saberei entender. Kírian fique mais um pouco. Precisamos conversar.

A sós, Felipe disse-lhe:

– Sei que alguma coisa séria está acontecendo com essa moça.

— Desculpe, senhor, mas não estou autorizada a falar. O senhor sabe...

— Claro. Não quero e nem devo forçá-la a revelar o segredo de sua colega, mas espero que confie em mim.

— Senhor Felipe... *"Mas que charme tem esse homem..."*

— Por favor, sem essa de senhor. Chame-me apenas de Felipe – e a olhou nos olhos. Insistentemente.

Kírian gaguejou. A voz desapareceu. O sangue subiu-lhe às faces. Ela sempre admirara o chefe, mas nunca disse a ninguém, nem mesmo a Noélia, que era sua melhor amiga e confidente.

Felipe tomou suas mãos entre as dele.

— Kírian, vamos deixar o caso Noélia por enquanto. Quer ir comigo ao cinema, hoje? Está passando um filme muito bom.

Ia aceitar quando se lembrou de Noélia. Pretendia ir a casa dela após o expediente, para conversar sobre o futuro daquele bebê. Sentir-se-ia culpada se Noélia fizesse o aborto.

— Senhor Felipe...

— Senhor? De novo?! *"Será que ela me acha velho?"*

— Desculpe-me. É o hábito. Mas... Eu adoraria ir ao cinema com o senh... com você, mas preciso visitar Noélia à noite. Preciso muito conversar com ela, que está realmente desnorteada.

— Talvez eu não devesse dizer, mas ela está sob a influência de um obsessor ferrenho. Coitadinha...

— Ah, meu Deus! – e surpresa lhe perguntou:

— Como você sabe? É espírita? Médium?

— Ambos. Eu trabalho em um centro espírita há oito anos. Seria muito bom se Noélia fosse lá.

— Seria ótimo! Meu Deus, como é bom saber que o senhor, quer dizer... que você se preocupa com seus funcionários.

— Não poderia ser diferente. Não somos todos uma grande família?

— É verdade. Um só criador... Uma só família universal. O Espiritismo...

Felipe interrompeu-a, delicadamente, para dizer:

— Kírian, o importante não é o rótulo religioso. Essas divisões todas, espíritas, católicos, evangélicos, muçulmanos etc. etc., mais separam do que unem. A pessoa acaba achando que o rótulo já é suficiente; que só ele ajuda alguma coisa. O importante é viver os ensinamentos elevados, seja de que bandeira for. Não concorda?

— Sim, até porque conheço pessoas que se dizem pertencer a esta ou àquela religião e, no entanto... Deus do Céu! Têm o coração duro qual pedra!

— Isso é real, todavia, devemos compreender que a evolução não é homogênea em todas as criaturas. Cada religião, ao seu modo, tem a sua verdade. Quanto ao Espiritismo sabemos que, por ser evolucionista, a verdade está sendo revelada à medida que evoluímos. Kardec, seu codificador, foi assessorado pelos Espíritos, mas estes não puderam dizer tudo, porque àquela época seria extemporâneo. O que fizeram em muitos assuntos, foi simplesmente levantar uma ponta do véu, superficialmente. Depois André Luiz e outros trouxeram informações mais detalhadas, de forma que, suponho, nem tudo nos tenha ainda sido revelado.

Kírian ouvia com enlevo a dissertação de Felipe. Cresceu ainda mais sua admiração por ele.

"E o cinema? Será que ele vai me convidar numa outra oportunidade? Será que não vai achar que eu o estou esnobando?"

— A Noélia... Se não tiver ajuda, se não se ajudar, arranjará grandes complicações — continuou Felipe.

"Mas e o nosso cinema? Espero que não tenha já esquecido..."

— Você viu alguma coisa com ela?

— Ver... ver... não vi não. Senti que ela está perturbada. Estranho... Parece que... Não! Acho que estou divagando... Não tem nada a ver... — falava Felipe mais a si mesmo.

— O que é estranho? O que não tem nada a ver?

— Por muito tempo, anos a fio, um Espírito sofredor andou comigo. Aonde quer que eu fosse ele ia junto. Nunca me fez nenhum mal. Parece que apenas me vigiava. Eu às vezes chegava a vê-lo e compadecia-me dele. Quase sempre orava por ele, por sua paz.

— Que estranho, mas o que tem isso a ver com a Noélia? Por que ele seguia você, afinal? Era algum inimigo seu do passado? Agora ele foi embora?

— Calma, menina! Uma coisa de cada vez.

Kírian ficou ruborizada. O que acontecia com ela? *"Se ele não me convidar mais para sair vou me culpar pelo resto da vida..."*

— Você aguçou, realmente, minha curiosidade – disse, por fim.

— Fiquei sabendo, lá no centro espírita, que em um passado distante fizemos parte da mesma família consanguínea, mas nunca fomos inimigos, muito ao contrário.

— Então, por que razão ele lhe vigiava os passos?

— Disseram-me que era um pobre e infeliz sofredor, e que tivera permissão para ficar do meu lado a fim de aprender a perdoar. Também por isso que eu sempre procuro agir direito, honestamente. Sei que os desencarnados, bem como os encarnados, podem ser influenciados pelo nosso exemplo.

— Entendo. Mas ele não está mais com você? Por que você o ligou ao caso de Noélia? O que ela tem a ver com tudo isso?

— Já faz algum tempo que não o sinto mais perto de mim. Ele se foi definitivamente, como se estivesse cansado ou...

— Ou?

— Ou encontrado quem realmente queria encontrar. Noélia, talvez. Tenho quase certeza de que eu fui o elo. Ele, de alguma forma, devia esperar que mais dia menos dia eu o levasse até Noélia.

— Estranhos caminhos... O que será que já fomos um para o outro?

— Eu nunca lhe disse, mas o fato é que desde o primeiro dia que vi Noélia, senti um carinho muito grande por ela.

Kírian sentiu que o sangue lhe subia às faces. Já estava construindo castelos, sonhos, onde Felipe era o principal personagem. Agora ele lhe confessava francamente que gostava de sua amiga... *"Adeus, cinema..."*

Felipe olhou-a nos olhos. Estavam marejados de lágrimas. Ela, involuntariamente, baixou a cabeça. Felipe percebeu o equívoco e se apressou em esclarecer:

— Não é o tipo de amor que você está pensando — e levantou delicadamente seu queixo. — É um amor fraternal, como de irmão mais velho, ou mesmo de pai. Foi como se recuperasse alguém muito caro ao meu coração. Compreende?

Kírian, embora envergonhada, sorriu. Estava aliviada. Felizmente estava errada. Felipe podia continuar a fazer parte dos seus sonhos. *"E o cinema?"*

— É... Nossas vidas... Que entrelaçamentos incríveis, não? Nada por acaso, como se costuma dizer — falou a moça.

— É. Nada por acaso. A vida tem recursos dos quais nem cogitamos. A orquestra divina não desafina nunca! Mesmo quando não compreendemos ou não aceitamos, o maestro prossegue regendo. Firme. Seguro. Sem hesitações.

— E tudo chega aonde tem de chegar.

— Pressinto que o pobre Espírito ligou-se a Noélia; que por isso esperou todo esse tempo. Temos de ajudá-la. E também a ele.

— Será que esse Espírito é algum inimigo da Noélia?

— Ainda não sei ao certo. Vou me orientar com nossos amigos espirituais. Se for permitido, eles nos esclarecerão. Sempre nos esclarecem quando o objetivo é ajudar e não xeretar a vida alheia.

Kírian levantou-se. Admirou-se com o adiantado da hora. Nem vira o tempo passar, tão entretida estava na conversa. E no flerte. O flerte é o prólogo do namoro. É o tempo em que tudo é róseo; que nossa imaginação não conhece limites; nosso coração se enche de ternura e achamos tudo perfeito.

— Nossa! Quase dez horas! O tempo voou! — Ela queria voltar a falar do cinema, mas não teve coragem. Felipe, porém, não havia esquecido.

— Nosso cinema fica, então, adiado. Vá mesmo falar com a Noélia.

"Que alívio! Ele não esqueceu."

— Noutra ocasião iremos.

Kírian estava vermelha quando voltou à Secretaria. Noélia olhou-a e lhe perguntou, com os olhos, o motivo de tanta demora. Receava que a amiga tivesse contado seu segredo ao patrão. Discretamente, Kírian lhe disse.

— Sossegue. Nada falei do seu problema. Não confia em mim? Logo mais à noite vou à sua casa. Fique calma.

Noélia estava muito longe de ficar calma. O envolvimento com o Espírito Eleutério dava-lhe um ar carregado. Agressivo. Sisudo. Revoltado. Por sugestão do obsessor, respondeu que estava muito bem; não havia necessidade nenhuma de tal visita.

— Mesmo assim precisamos conversar.

Diante da resposta da amiga que, feliz pelo flerte com Felipe, era só candura, Noélia replicou:

— Já disse que não há necessidade, mesmo porque pretendo sair hoje à noite. Você não vai querer atrapalhar, vai?

— Ahn... Você está inventando. Não tem a intenção de sair... Seja honesta.

— Tenho sim. Acabo de ligar para a Débora e combinamos sair logo mais, depois do expediente.

— A Débora?! Ora a Débora não é aquela que vinha convidando você para a brincadeira do copo?[2]

— É. É ela sim. E se você quer saber, eu mesma lhe pedi que fizesse hoje a tal sessão do copo. Tenho algumas perguntas a fazer.

— Pelo Amor de Deus, Noélia! Esta brincadeira é muito perigosa! Não vá. Os Espíritos desencarnados que se submetem a isso são ignorantes, podem trazer sérias perturbações. Já conheci gente que foi parar no hospício por causa disso. Os desencarnados sem esclarecimento se valem dos incautos, dos imprudentes e curiosos, para fins obsessivos. Prometa que não vai, vamos, prometa.

Noélia estava quase desistindo da ideia. Comovia-se com a amizade que a amiga lhe demonstrava. E também ela não simpatizava muito com Débora e sempre fugira de suas sessões. Ia abrir a boca para falar que não iria, quando Eleutério a envolveu.

"Vai deixar que essa abelhuda lhe dê ordens? Ora, não seja boba! Procure seus interesses. Escobar não procurou os dele? Não lhe contou, ele próprio, que já está com outra moça? Então, você é que vai ter de arcar com a responsabilidade, com as canseiras, de um filho? Francamente... Pensei que você fosse mais esperta!"

De repente, Noélia transmudou-se. Encarou a amiga com certo rancor, com inveja.

---

[2] Comunicação com os desencarnados na qual se coloca um copo, o alfabeto e números sobre uma mesa. Faz-se uma corrente com os presentes e perguntas são feitas. Um Espírito vai dirigindo o copo para as letras e/ou números e formando as respostas. Não recomendável em hipótese alguma. Pode trazer sérias perturbações.

– Kírian, quer parar de se meter na minha vida? Ora essa! Meta-se com as suas coisas. Sou maior de idade, faço o que me der na telha! – E enfezada saiu da sala, deixando Kírian perplexa.

CAPÍTULO XIII

A ILUSÃO DAS POSSES MATERIAIS

*Fé, sem ação no bem,
é enxada sem serviço,
fogão sem lume,
corpo sem alma.*

Passada a penosa impressão que o sonho com Noélia lhe causara, Escobar voltava novamente os pensamentos para aquilo que chamava de realidade prática e objetiva. Afirmou a si mesmo que tudo não passara de um produto de sua consciência pesada, todavia, por mais que fugisse, os olhos verdes da ex-namorada perseguiam-no sem tréguas. E ele não os repudiava; antes, perdia-se neles com prazer e angústia, sonho e pesadelo, conflito e paz, num emaranhado de emoções paradoxais e nebulosas.

No seu quarto olhou novamente o pequeno oratório de madeira escurecida que, de alguma forma, o fazia sentir-se mais humano. Persignou-se. A santa estava lá a olhá-lo também. E os olhos dela se transmudaram: de castanhos para verdes... E era Noélia quem lá estava. Censurando-o. Amaldiçoando-o. Ele queria, então, voltar, pedir-lhe perdão, criar o filho que Deus lhes mandava. Mas tudo lhe era superior às forças. O medo. A desconfiança. A sensação de estar sendo apunhalado pelas costas. A dor. O sangue lhe empapando a camisa. O prolongado desmaio. A morte... E Noélia! Sua Noélia, ora rindo, ora chorando...

Jogou-se sobre a cama. Sentia-se indisposto. Doente. Irritado. Fechou os olhos e viu, com maior nitidez, aqueles olhos verdes que já o não acusavam, mas se fechavam lentamente, extravasando lágrimas. Lágrimas que inundavam seu quarto, subindo... subindo... alcançando-o na cama, de onde não podia se levantar. E seu corpo, afogado naquele mar de lágrimas, iluminado por dois faróis verdes que brilhavam, ia boiando enquanto ele repetia: Noélia, perdão. Noélia, eu também te perdoo, Noélia, perdão... para nós dois.

Escobar pulou da cama. Estava assustado. Sentia-se encharcado pelas lágrimas de Noélia. Por suas próprias lágrimas. Teria sonhado acordado? "Meu Deus! Isso não pode continuar! Vou acabar enlouquecendo. Será que devo voltar para o Espiritismo? Não será tudo isso um chamamento? Uma advertência? Afinal, sou médium. Minhas janelas estão abertas."

Ajoelhou-se diante do oratório, sem, contudo, olhar a imagem da santa. Receava ver novamente os olhos de Noélia e tudo recomeçar.

Fez uma prece sincera. As orientações espirituais falaram-lhe à alma: *"Não deixes que as ilusões da matéria te iludam; entorpeçam-te a alma. Lembra-te de que prometeste antes desta reencarnação que ajudaria Noélia, ajudando-te a ti mesmo. Sabes que todo bem que fizermos a outrem é a nós mesmos que o fazemos. Teu medo é compreensível, porém, cada reencarnação é sempre diferente uma da outra. Noélia está muito mudada. Ela confiou em ti e a decepcionaste. Agora está a ponto de cometer uma loucura. Uma loucura que será debitada na conta dos dois. Ambos arcarão com as consequências negativas daquilo que ela planeja fazer. Eleutério também, porque ama desequilibradamente Noélia, tomou as dores dela, então, mais dia menos dia, tu também o terás na forma de obsessor. Meu amigo! Como poderia ser diferente a tua vida se retificasses teus atos! Volta ao Centro, Escobar, de onde jamais deverias ter saído. Volta à tua mediunidade, coloque-a a serviço da caridade, porque ferramenta sem uso enferruja".*

Elvira, preocupada com a demora do filho, entrou no quarto. A ligação telepática com seu guia espiritual foi cortada. Ele chorava, ajoelhado diante do oratório.

— Meu filho... O que aconteceu? Você está tão estranho!

— Ahnn... Não foi nada, máinha. Eu, que não faço nada direito. Não se preocupe, vai passar – e levantou-se, enxugando as lágrimas.

O amigo espiritual envolveu também Elvira, estimulando-a a continuar falando, sugerindo-lhe conselhos que deveria dar ao filho.

— Escobar, eu bem tenho pressentido que, apesar dos seus risos, você está infeliz; perturbado; diferente. Aquela moça, a Noélia... Você ainda gosta dela, não gosta? Foi você ou ela quem rompeu o namoro? Desabafe meu filho.

— Eu rompi, mas ainda gosto dela. Gosto, mas não posso me casar com ela.

— Ora essa! E por que não pode? O que o impede? Ela, por acaso não é digna? Não ama você?

— Ela é muito digna, máinha. Ela me ama. Nós nos amamos, mas...

— Mas?

— Não é fácil entender. Às vezes nem eu entendo.

A alma humana é complexa e se deixa infelicitar por questões, às vezes, até banais. Naquela primeira prova ele titubeava sem saber qual seria o melhor caminho a tomar. No fundo sabia que teria de arcar com as consequências que elas gerassem. Afinal, somos criaturas racionais e fomos contemplados com o direito de decisão, sem o qual teríamos de admitir um determinismo incompatível com a Justiça Divina. Elvira não era letrada, mas possuía o amor e a sensibilidade necessários para ajudar o filho, ainda que tais conceitos lhe fossem sugeridos por uma entidade espiritual, cabia-lhe o mérito de estar receptiva para recebê-los.

— Experimente – ela disse – não tenho lá muito estudo, mas burra sei que não sou.

— De jeito nenhum, máinha! É que... Não sei como lhe explicar.

— Eu sei, filho. Você se engraçou com aquela menina, a Priscila Maria. Porque são ricos. Porque o pai dela lhe arranjou um bom serviço, porque lhe querem bem, o que não é pra menos, você salvou o pequeno Rafael José. Não é isso?

— Máinha, a senhora sabe... A Noélia tem uma mãe inválida e completamente dependente dela. O que ela ganha naquela faculdade mal dá pra se manterem. Não posso me casar levando já uma sogra inválida de contrapeso! E se, de repente, eu perder o emprego? O que será de todos nós?

Elvira chocou-se com o que o filho dizia. Não fora aquela a educação que ela e o marido sempre lhe deram. Jamais o ensinaram a ser egoísta, a ignorar a dor alheia.

O guia continuava com as mãos estendidas sobre sua cabeça.

— Meu filho, não acha tudo isso uma tremenda crueldade? Falta de fé? E se fosse eu a inválida e não a mãe dela? Como você se sentiria se ela o repudiasse por minha causa?

— Máinha, eu...

Inspirada, a mãe continuou:

— Acha mesmo que Deus abandona Suas criaturas? Abandona, não! Aliás, filho, quem abandonou Deus, quem abandonou uma mediunidade tão maravilhosa, quem abandonou os mentores espirituais foi você.

— Ora, se eu tenho uma boa mediunidade por que eles, os Espíritos, deixaram que eu a abandonasse? Por que nada fizeram para que eu compreendesse?

— Filho! Como pode raciocinar assim?! Então você está querendo privilégios?! Favoritismo? Pois olha, não espere isso do Plano Espiritual Superior. Os Espíritos Superiores são bondosos, mas não paparicam ninguém, não! Ninguém é insubstituível. Nós é que precisamos deles, bem mais do que eles de nós. Não seja tão ingênuo, Escobar! O interesse é todo seu. Quem lucra com a mediunidade é quem a possui, pois que é ela própria testemunha da continuidade da vida. Quer motivação maior?

Escobar admirava-se com a prolixidade da mãe. Não conseguia falar, presos àquelas palavras.

E ela continuou. Sentia-se fortalecida.

— Deus não está em bancarrota, não, criatura! Precisa não dos nossos limitados préstimos. Nós, sim, precisamos dos Dele. Aceita de bom grado nossa colaboração em favor de nós mesmos. E tem mais. Você sabe melhor do que eu que temos o nosso livre-arbítrio. Por que razão os Espíritos deveriam decidir no seu lugar, se o problema é seu? Você gostaria de estar sempre usando muletas? De ser sempre um incapaz para resolver seus próprios problemas? Assim, como censurar alguém? Como ter nossos méritos ou deméritos? Eles, os Espíritos, podem sugerir; ajudar, mas a última palavra, a decisão final, é nossa.

— Máinha! Estou surpreso! De onde a máinha tirou tudo isso?

— Dos livros que você trazia pra casa e nunca lia. Também das reuniões semanais na casa de Idalina.

— Que tipo de reuniões?! Sempre achei que a senhora fosse lá pra jogar cartas. Pelo menos era o que o painho dizia.

— Eu...

— Máinha ficou vexada, de repente.

— É que eu... Infelizmente era obrigada a mentir. Seu pai é preconceituoso.

— Mentir? Como assim? Pra quê? Meu pai nunca iria proibir...

— Ele nunca gostou do Espiritismo. Tinha uma aversão gratuita. No fundo sempre foi um acomodado. Tinha, talvez, receio de ter de mudar sua filosofia de vida. Mais de uma vez censurou sua mediunidade. Ele ficou feliz quando você abandonou o centro espírita.

— Painho é boa gente; incapaz de fazer mal a quem quer que seja, mas não vê com bons olhos os assuntos espirituais. Diz sempre que é objetivo e prático.

— Infelizmente passou isso pra você.

— Não exagere, "Dona Elvira".

O Espírito ouvia, agora, Elvira. Ela tinha lhe servido admiravelmente como intérprete. Ele estava satisfeito.

Elvira não se considerava espírita, mas simplesmente cristã. Todo cristão, espírita ou não, ou não cristão, porém que viva honestamente, que creia em Deus, que se submete às Suas Leis, está dentro dos parâmetros necessários aprovados por Ele. Desnecessário dizer que nem todos conseguimos ser cristãos 24 horas por dia, porém, sempre caindo e levantando, vamos nos religando ao Criador. Vários são os caminhos. Uma só a meta. Um só Deus.

Escobar surpreendeu-se porque jamais vira sua mãe falar com tanta propriedade em um assunto que julgava ser desconhecido dela.

— Máinha... Se a senhora não é espírita, de onde tirou tudo que me disse?

— Quer saber? Até eu fiquei surpresa. De repente parece que alguém me ditava... que loucura! Não sou espírita porque sempre fui de família católica, mas isso não quer dizer que não leia sobre o Espiritismo, ou que não o admire. Quer saber? Vou desafiar seu pai e frequentar um bom centro. Também leio sobre outras religiões: a muçulmana, a judaica e muitas outras. Sou, acima de qualquer rótulo, uma curiosa. Todas as religiões têm a sua cartilha, mas o essencial é viver de conformidade com as Leis Divinas. Isso é o que realmente importa, seja qualquer nome que lhes dermos.

O amigo espiritual bateu palmas. Acercou-se dela e lhe deu um beijo na face.

— Máinha, vou pensar em tudo o que está acontecendo; pensar em voltar à casa espírita; trabalhar... Bem sei que minha fé é improdutiva.

— Ótimo, meu filho. Que bom que não estive a falar com paredes. Sinto tanto não ter sido uma mãe mais presente em sua vida...

— Não se culpe, máinha. A senhora sempre tentou me ajudar. Ora, ora... é até autodidata em matéria religiosa... — beijou a mãe e saiu.

Fazia uma bela tarde de domingo. Escobar vestiu uma bermuda e foi para a praia. Precisava pensar, e nada melhor do que ter o mar e o céu por cenário.

Priscila Maria foi até sua casa. Ao saber que ele estava na praia, para lá se dirigiu. Ultimamente não desgrudava dele.

Escobar estava sentado em uma pedra. Olhos perdidos na imensidão líquida. Meditava. Ruminava as palavras da mãe.

Priscila Maria chegou devagarzinho, por trás, tapando seus olhos com as mãos. Deu uma risada escandalosa quando ele, assustando-se, deu um grito. Não ficou satisfeito com a repentina presença da namorada. Queria ficar só. Pensar no seu futuro.

— Parece que assustei você, querido. Perdoe-me... Não tive a intenção... — disse ainda sem poder conter o riso.

— É que eu estava tão longe daqui... Levei um choque horrível. Não faça mais isso. Nunca mais!

— Nossa! Foi tão ruim assim? — falou já arrependida da travessura.

Escobar estava sério.

— Pensava em quê? Espero que em mim.

— Priscila, precisamos conversar. Coisa séria. Espero que você saiba agir como uma pessoa adulta — reclamou ainda carrancudo.

A moça empalideceu. Seu instinto de mulher lhe advertiu que o namorado estava lhe escapando. Carinhosamente pôs os dedos sobre seus lábios. Abraçou-o. Beijou-o entre sussurros de amor. Depois se deitaram na areia morna, longe dos olhares curiosos, sentindo o ardor dos corpos que se tocavam.

— Escobar, sabe que o papai está batalhando por uma promoção pra você? Eu pedi a ele, disse-lhe que se saísse a promoção poderíamos nos casar em breve. Ele falou que nos dará, de presente de casamento, uma excursão para a Grécia. — E o beijou com paixão.

Estranhamente, todo mau humor do rapaz desapareceu. Ficou feliz. A prometida promoção, o amor de Priscila Maria, a viagem de núpcias à Grécia foram razões mais do que suficientes para fazê-lo esquecer os propósitos anteriores. A perspectiva da riqueza facilitada, o conforto material, a realização profissional em um tempo de "vacas magras" mandaram embora seus escrúpulos e boas intenções.

Ao ver o sorriso descontraído que se estampou no rosto de Escobar, Priscila se fez ainda mais carinhosa. Quando sentiu que o perigo havia passado, perguntou:

— Mas em que você estava tão concentrado? E qual o assunto sério que tinha pra me falar?

O rapaz abraçou-a mais. Beijou-a.

— Nada não, Pri. Esquisitice minha. Já passou.

Priscila Maria riu interiormente. Havia vencido. Não perderia o seu amor. Agora teria de convencer o pai a conseguir-lhe uma promoção. Isso não seria difícil, pois o pai tinha muito prestígio na firma. *"Tive uma ideia genial! Sabia que Escobar não resistiria. No fundo é um interesseiro. Fala das coisas espirituais, no entanto agarra-se às materiais com unhas e dentes. Sinto que me casar com ele será um erro. Mas o amo, tanto!"*

CAPÍTULO XIV

INTERVENÇÃO DO PLANO ESPIRITUAL

*A muda linguagem da alma
que envolve o penitente
supera o sermão eloquente
que a angústia não acalma.*

Felipe e Kírian eram bem mais que amigos. Desde a hora que conversaram sozinhos na sala dele, alguma coisa havia mudado; ou despertado. Nada diziam, mas os olhares enternecidos de um para o outro sugeriam um sentimento mais profundo.

– Kírian...

– Felipe, você já está indo?

– Vou sair um pouco mais cedo hoje. Tenho uns assuntos importantes a resolver. Não quer vir comigo?

– Eu bem que gostaria, mas tenho muito serviço. *"Espero que ele insista."*

– Ora, deixe para amanhã. Afinal são quase cinco horas, o expediente está no fim. Uma hora a mais, uma a menos, não vai fazer grande diferença.

Kírian estava louca para aceitar. Queria conversar com ele a respeito de Noélia. Estava preocupada, pois a amiga iria novamente à sessão da brincadeira do copo.

– Felipe, eu gostaria muito, pois precisamos conversar, mas você vai sair a negócios e eu não quero atrapalhar.

Felipe pensou um pouco.

– Você quer conversar? Sobre quê?

Falando o mais baixo possível, respondeu:

– É ainda sobre a Noélia. – *"E pra ser sincera, é porque gostaria de ficar mais tempo com você"* – ficou vermelha só de pensar que ele pudesse ler esses pensamentos.

– Façamos o seguinte: Você hoje vai jantar comigo. Conheço um lugar adorável onde poderemos conversar à vontade. Certo? *"Por favor, aceite."*

Nos olhos dele liam-se mil venturas as quais o coração dela recepcionava com ardor. Eram almas lendo uma na outra.

– Certo. Está combinado.

– Agora vou cuidar dos meus negócios. Lá pelas 21 horas passo na sua casa. Não se atrase. – E apertou a ponta do nariz dela.

– Não me atrasarei. Onde é o restaurante?

– Curiosa... É surpresa. Na hora você saberá. Tchau.

Kírian olhou-o até perdê-lo de vista. Não podia negar. Gostava dele e sentia que era plenamente correspondida. Depois se entristeceu ao lembrar Noélia. Estava com um pressentimento ruim.

Eram quase 18 horas. Apanhou o ônibus e foi para a casa de Noélia. Não pretendia se demorar por causa do compromisso com Felipe.

– Kírian, entre.

– Noélia, você não foi trabalhar hoje. Fiquei preocupada.

– Desculpe não ter ligado. É que hoje precisei levar a mamãe ao médico. Falei com o chefe, ele não lhe falou?

– Falou... Mas é que você sempre que liga pra lá dá uma palavrinha comigo. Ainda está zangada? Não é mais a minha amiga-irmã?

Noélia abraçou-a.

– Não fique constrangida. Eu bem sei a barra que você está segurando.

— Kírian, não mereço uma amiga como você... Desculpe pelo outro dia. Nem sei o que deu em mim. De repente vi tudo negro e...

— Não precisa se desculpar, minha amiga. Eu compreendo muito bem. E depois... o seu estado justifica o aumento da sensibilidade.

Kírian queria perguntar sobre a sessão na casa de Débora, mas receou aborrecê-la.

— Sua mãe está melhor?

— Do mesmo jeito. O que mais judia são as escaras nas costas. Tenho tanta pena dela... Estou providenciando um colchão mais apropriado.

— Admiro um bocado a dona Edileuza. Sofre tanto e não reclama. Aceita de boa vontade seu carma. Pouquíssimas pessoas entendem a dor.

— Às vezes não a compreendo. Com tanto sofrimento e é tão resignada. Outro dia, quando eu me lamentava, sabe o que ela me disse?

"Minha filha, precisamos é agradecer a Deus pela oportunidade que temos de redimir nossos erros."

"Que erros? Nada fizemos que justifique esta vida sofrida." — Ela então riu com serenidade:

"É que nós esquecemos com facilidade quando ofendemos. Quando nos ofendem, aí sim, não esquecemos jamais."

"Bem... Eu não me lembro."

"Nesta vida nós nada fizemos que justifique, mas... você crê em Deus?"

"Claro."

"Então devia saber que Ele sempre age com justiça. Se agora estamos inocentes nem sempre foi assim. Um dia saberemos."

— Já viu, Kírian, alguém que sofre tanto dizer isso?

— Não sabia que sua mãe é assim tão sensata. Isso mostra que ela está progredindo muito em Espírito; que está aproveitando muito bem esta reencarnação.

Noélia deu um sorriso triste.

— Ultimamente ela tem lido muito. Costuma conversar com nossa vizinha, uma boa mulher que sempre lhe faz companhia. Sei que conversam muito, e minha mãe parece resignada com a sorte.

— É o que sempre lhe falo. Tenhamos fé, que nada acontece por acaso. Todas as nossas provações têm uma justificativa. Mesmo que tenhamos esquecido os motivos da dor atual, porque estamos em nova existência, o motivo dela ainda está conosco. Ficará em aberto até que saldemos as nossas contas.

O Espírito Eleutério não via com bons olhos a amizade das duas. Tinha um ciúme doentio de Noélia. Somado à intuição de que Kírian talvez lhe viesse frustrar os planos de vingança contra Abelardo, fazia-se inimigo dela também.

Lembrou-se de Felipe e disse a si mesmo que era necessário tirar os dois do caminho dele. *"Aposto que outro dia, quando íamos até a casa de Débora, eles, de alguma forma, interferiram. Edileuza estava boa. Repentinamente ficou mal e Noélia não pôde ir. Só pode ser."*

Intencionalmente, chegou mais perto de Noélia e a envolveu em um abraço. Aquela presença espiritual a tornava irritadiça, revoltada e confusa. Ela, imediatamente, mudou as vibrações em relação à Kírian. Percebeu a onda de pessimismo que a tomou, como se de repente mergulhasse em um nevoeiro. Poderia ter lutado contra; se refugiado na prece, mas era-lhe mais cômodo entregar-se sem luta.

– Noélia, espero que você não volte mais à casa de Débora. Sabe, é uma brincadeira perigosíssima e...

Antes que ela terminasse, Eleutério soprou nos ouvidos de Noélia: *"Essa bruxa! O que tem ela a ver com isso? Ela quer mais é que você se dane! Com uma mãe paralítica, um empreguinho ordinário e um intruso na barriga! Noélia, não vê? Não percebe que ela não é sua amiga de verdade? Se fosse ia lhe ajudar a se livrar do incômodo, isso sim".*

A moça absorveu, passivamente, todo o sentimento de revolta do obsessor. Olhou Kírian com desdém:

– Aonde eu vou ou deixo de ir é problema meu, Kírian. Que droga! Quantas vezes eu já lhe disse pra não se meter em minha vida? Olha... se veio aqui pra ficar se intrometendo com o que não é de sua conta, melhor seria que não viesse.

Edileuza ouviu as palavras alteradas da filha.

– Noélia, por favor, venha até aqui. *"O que deu nessa menina?"*

– Já vou! Não precisa gritar que não sou surda. Que mania!

– Minha filha, não a reconheço, mais! Isso são modos de tratar sua amiga? Uma pessoa tão boa, que veio aqui por preocupação. Vamos, peça desculpas a ela. Que coisa feia...

— Olha aqui, mãe, fique na sua, tá? Você não sai dessa cama, é dependente como um bebê e ainda não agradece o que eu faço? Nunca fica do meu lado? Sempre me dando ordens? Criticando? Ahn, meu Deus! Qualquer dia...

A mãe assustou-se. Nunca vira a filha reagir daquela maneira. Ficou em silêncio olhando-a, consternada.

Kírian, de onde estava, ouviu o desabafo de Noélia. Ficou chocada no primeiro momento, mas depois compreendeu o que se passava. Sabia que ela estava sendo obsidiada por aquela entidade espiritual; que por ela mesma jamais agiria daquele modo.

Ao voltar para a sala, Noélia a encontrou serena, contrastando claramente com ela. Eleutério, ácido e irônico, disse, referindo-se a Kírian: *"Olha aí a santinha do pau oco. Só veio trazer desarmonia. Fique na sua, ô abelhuda"*.

— Kírian, é bom você ir embora. Estou péssima. De repente...

— Noélia, não se aflija. Você sempre terá em mim uma amiga. Vou indo, mas antes posso dar uma olhada em dona Edileuza?

— Claro.

Kírian conversou um pouco com a enferma, que chorava pela atitude da filha.

— Por favor, Kírian, desculpe a Noélia. Ela não está bem. Já pedi tanto a Deus...

— Acalme-se, dona Edileuza. Eu compreendo. Não se preocupe comigo. Procure ser ainda mais carinhosa com Noélia. Ela está atravessando uma fase difícil. Mas, com a graça de Deus, tudo vai dar certo.

E voltando para onde estava Noélia, lhe disse, numa última tentativa:

— Minha amiga, não faça nada do qual venha a se arrepender mais tarde. Um filho...

— Não me lembre desse filho que não pedi e que está transtornando a minha vida! – cortou ríspida o comentário – Parecia se aborrecer grandemente com a superioridade moral da amiga.

— Bem, já vou indo. Cuide-se.

Voltou rápida. Precisava se aprontar para esperar Felipe. Teria uma bela noite pela frente e, embora surpresa pelas palavras ásperas de Noélia, sentia-se privilegiada em jantar com um homem tão charmoso quanto bom caráter, qual era Felipe. Na companhia dele, logo a mágoa se apagaria.

Depois que Kírian se retirou, Noélia foi conversar com a mãe. Havia se arrependido do que lhe dissera e, chorando, pediu desculpas. A mãe convidou-a a orar com ela.

Assim que ela se dispôs a mudar as vibrações e orar sinceramente, Eleutério foi como que sugado dali. Noélia abriu campo para a assistência espiritual. O feto, não mais sentindo o desconforto pela rejeição da mãe, aquietou-se. Mãe e filha suplicaram a Deus uma solução para aquela situação. Esgotada pelas emoções, Noélia adormeceu com a cabeça no colo materno.

Eleutério, toda vez que tentava se aproximar de Noélia, sentia um choque que o afastava. Era a luta do bem contra o mal. Enquanto Noélia se dispusesse a ficar do lado do Cristo Jesus, estava a salvo do obsessor.

"Juro pelas forças do mal que Escobar vai pagar caro por isso que fez com 'Helena'. Com Kírian vou me entender já" – deblaterou o Espírito obsessor.

Kírian se preparava para sair com Felipe, quando sua gata, arrepiando-se até quase dobrar de tamanho, pulou janela afora com um lamentoso miado.

Era o Espírito Eleutério que acabava de adentrar o quarto da moça. Seus trajes estavam ainda mais rotos, a barba mais emaranhada, o cabelo pastoso cobria-lhe quase todo o rosto. Porém, não tinha mais o ar petulante de outrora. Parece mesmo que algo estava mudando dentro dele. Transmitia mais dor e ansiedade do que maldade. Talvez a companhia constante de Noélia fosse a responsável.

Kírian não o viu, mas o pressentiu, bem como toda revolta e amargura que o possuía. Seu coração bateu descompassado. Mentalizou Jesus, rezou pelo infortunado. Por mais que ele tentasse se aproximar dela, sentia-se tolhido. Preso. Conseguiu apenas dizer: *"Não se meta com Noélia, senão vai se ver comigo. Pare de rezar por ela. Pare de tentar confundi-la. A vida é dela. Você não tem nada a ver com isso. Afaste-se enquanto é tempo".*

Apesar de toda fé que possuía, Kírian tremeu de medo. Ouviu as advertências do obsessor no imo da alma. O pote de creme que segurava caiu. Ela própria teria caído não fosse o amparo espiritual do Espírito amigo que a acompanhava sempre no seu Evangelho no Lar, realizado ali uma vez por semana.

Eleutério tentou fugir, mas o Espírito obstou-lhe os passos.

– Quem é você, meu irmão?

Eleutério não via quem assim lhe falava à alma entorpecida. O Espírito protetor carecia tornar-se visível, e para tanto baixou seu padrão vibratório, com sacrifício de si mesmo. Aproximou-se mais, já agora como uma lamparina apagada. Novamente fez a pergunta. O obsessor dessa vez o viu. Emocionou-se com aquela presença que, em relação a ele, era qual um anjo chegado do paraíso. – Mas estava alerta; carecia se proteger das "armadilhas da luz!"

– *Não interessa. E não sou seu irmão. Nem o conheço...* – disse agressivo.

– *Está bem, mas não tem o direito de ir invadindo assim uma casa, principalmente as que estão protegidas pelo Evangelho de Nosso Senhor Jesus Cristo; uma casa onde todos se respeitam e se amam.*

– *E quem é você para me falar sobre direito? Acaso sabe do meu passado? Sabe o quanto tenho padecido nesses anos todos? Só o desejo de vingança tem-me alimentado. Não vou permitir que ninguém atrapalhe os meus planos.*

O obsessor já tinha gravado seu discurso e o repetia sem mesmo querer; como a fala decorada dos atores numa peça teatral. Não se esquecia nem da ênfase necessária à melhor compreensão do ouvinte.

– *Caro irmão...*

– *Já disse que não sou seu irmão, pôxa!*

– *É verdade. Você disse mesmo. Desculpe-me. Qual é o seu nome?*

– *Eleutério.*

– *Eleutério, o que tem contra nossa Kírian? Por que a assustou tanto?*

– *Porque ela é uma intrometida. Está metendo o bedelho onde não é da conta dela. É uma enxerida como nunca vi igual! Arre!*

– *Não quer ir até o jardim? Lá poderemos conversar melhor. Vamos...*

A entidade protetora tinha a forma feminina. Era de estatura mediana, cabelos e olhos escuros e dona de uma voz suave, doce, que mais parecia uma melodia nostálgica; uma canção de ninar que entrava por todo corpo perispiritual de Eleutério. Usava nos cabelos pequena tiara com o emblema de sua fraternidade.

Eleutério, malgrado sua vontade, sentiu-se sem jeito. Em toda sua vida admirara a mulher santificada pelo amor. Reconhecia-se mau e vingativo, todavia, diante daquele Espírito que lhe irradiava amor e compreensão ficou completamente desarmado. As forças destruidoras enfraqueciam-se àquele contato. Era como a terra ressequida que recebe a bênção da chuva. Deixou-se guiar mansamente até o jardim.

— *Eu o convido a uma prece, amigo Eleutério. Sabe orar?*

Ele não respondeu. Olhou as mãos delicadas daquele Espírito-mulher. Depois olhou as suas. Garras retorcidas, sujas, feias... E seu pensamento voltou no tempo: *"Helena! Helena! Você e meu próprio irmão Abelardo hão de me pagar por aquela afronta! Traidores!" "Eleutério, desgraçado, você matou minha filha! Matou uma inocente! Maldito seja para sempre! As mãos que mataram Abelardo e meu bebê hão de secar. Você terá garras no lugar delas, para que todos vejam que animal selvagem você é".*

Eleutério saiu em desabalada carreira, deixando o Espírito protetor e voltando para junto de Noélia. *"Não posso esquecer minha vingança. Estava quase amolecendo. Esses trabalhadores do Cordeiro sabem manipular nossa vontade. Mas comigo, não! Agora que localizei os dois miseráveis não vou desistir. Irei até o fim. Nenhuma lamúria vai me deixar frouxo. Não mesmo!"*

CAPÍTULO XV

PLANOS DE AJUDA A NOÉLIA E AO OBSESSOR

Obsessor é também necessitado
de amor e compreensão.
Socorrer somente o obsidiado
é faltar com o amor cristão.

Já recomposta do mal-estar causado pela presença de Eleutério, Kírian espera por Felipe. Está feliz. Sente certo remorso por estar tão bem enquanto a amiga está tão mal. Durante o jantar, fala sobre ela, mas nada lhe diz sobre a gravidez.

– Kírian... A Noélia está grávida, não está?
– Não queria falar sobre esse assunto, Felipe...
– É que eu já sei.
– Sabe? Quem contou?
– Ninguém. Só que não nasci ontem. Outro dia ela enjoou. Vi quando passou a mão pela barriga e falou com você sobre o desconforto de uma gravidez.
– Felipe, espero que você entenda que se nada lhe falei foi porque Noélia me proibiu. Ela disse que na hora certa ela mesma contaria. Está com

muita vergonha. Ela confiava em Escobar; achava que ele seria incapaz de abandoná-la.

— Eu compreendo, Kírian. Não precisa dizer nada a ela. Continuarei fingindo que nada sei. Mas ela precisa de ajuda. Pobre menina!

Desde que conhecera Noélia, Felipe lhe dispensava um carinho todo especial. Resquícios do passado? Com certeza.

— É bom que você saiba que Noélia está premeditando fazer aborto. Nem sei como ainda não fez. Acho que só está esperando o pagamento. Felipe... estou tão preocupada!

— O aborto é a pior coisa que ela poderia fazer. De quanto tempo é a gestação?

— Mais ou menos oito semanas. Ela acha que sendo a gravidez tão recente não há nenhum mal em abortar.

— Ledo engano! Claro que há mal. A vida já existe. O Espírito já está ligado desde os primeiros momentos da concepção.

— É eu sei. Muitas mulheres se equivocam, achando que, quando a gravidez é de poucas semanas, não é crime praticar o aborto. Assim aquietam a consciência, mas se soubessem do agravamento espiritual que isso acarreta deixariam de praticá-lo.

— Noélia vive só com a mãe doente?

— Sim. A luta dela é hercúlea! Nem eu suportaria a vida que ela leva.

— Ela tem alguma fé, alguma coisa que lhe dê forças?

— Noélia é ótima pessoa. De vez em quando vai ao centro comigo. Até onde eu sei, ela é meio desligada das questões religiosas. Não se firma em nenhuma. Parece-me meio perdida. Acho que se vai, não é por convicção, mas como quem cumpre uma obrigação.

— Ir por ir, para cumprir uma obrigação, para garantir um pedacinho do Céu, de nada vale. Muitos se iludem com isso. Subestimam a inteligência e a justiça do Criador.

— Também penso assim. É bem verdade que existem religiões que nada fazem para esclarecer seus fiéis, para induzi-los à busca da verdade, para fazê-los raciocinar pela própria cabeça, mas que, ao contrário, mantêm--nos presos a conceitos preconcebidos, à simbologia bíblica, sem ensiná-los a buscar a essência, a mensagem desses símbolos, dessas alegorias. Ficam presos à palavra. E foi o próprio Jesus quem ensinou que a palavra mata e o Espírito vivifica.

— Realmente. Mas cabe a cada um observar e tirar suas conclusões. Não achar que é falta de fé questionar e ir aceitando tudo por mais estapafúrdio que seja. Lembrar sempre que somos seres racionais, inteligentes e é nossa obrigação até procurar a coerência e a verdade.

Conversaram por um bom tempo, não sentindo o passar das horas. Decidiram iniciar um tratamento desobsessivo para Noélia, no qual Eleutério também seria beneficiado.

Depois do jantar, Felipe pôs os braços nos ombros de Kírian. Aconchegou-a.

— Bem, chega de falar dos problemas de Noélia. Agora vou lhe fazer a pergunta que ensaiei mil vezes. — Pigarreou. De repente não encontrava as palavras.

Kírian olhou-o, adivinhando já o que ele diria. Vendo-o encabular-se, sorriu:

— Espero que seja o que estou pensando e... desejando.

— Então... Um, dois, três, já: quer namorar comigo? — E rindo acrescentou: — Se disser não, eu não pago o jantar.

Kírian sentiu o coração bater forte. Era tudo o que ela queria.

— Como estou sem dinheiro... Quero. Quero. Claro que quero.

— Mas não pretendo demorar muito pra casar. Já aprontou seu enxoval?

— Não tenho uma peça sequer. Sempre achei que fazer enxoval dá o maior azar. Não se preocupe. Num dia compro tudo. Vai ver.

— Só que iremos morar em Salvador. Tenho um apartamento lá.

— Mas... E o seu trabalho aqui?

— Eu e meu sócio estamos montando outra unidade lá. Mais alguns meses e já estará funcionando. Eu ficarei lá tomando conta, e meu sócio fica tocando a daqui... De vez em quando a gente pode trocar. Para variar.

— Será bom mudar de ares. Conhecer Salvador, que como dizem é "porreta" demais.

Conversaram por muito tempo fazendo planos para o futuro.

CAPÍTULO XVI

OBSESSÃO RECÍPROCA

*Quantas vezes esquecemos
que paixão não é amor.
Sentimentos possessivos
não trabalham a seu favor.*

O amor remoça. Dá esperanças. Alegria. Desejo de sair cantando. Pulando. *"Meu Deus... Estou amando de verdade!"*

Foi com um largo sorriso estampado no rosto que Kírian entrou na Secretaria. A noite anterior, o jantar romântico com Felipe, o pedido de namoro, tudo lhe fazia festa na alma.

Noélia ainda não havia chegado. Ultimamente se atrasava com frequência, e isso a preocupava. Enquanto Felipe estivesse ali não havia nada a temer, pois ele sabia o drama pelo qual ela estava passando, mas quando ele retornasse a Salvador... Talvez seu sócio, o senhor Adauto, não fosse tão complacente. *"Mas ela anda tão esquiva que tenho medo de comentar."*

O sofrimento provoca reações diferentes em cada ser. Enquanto Edileuza sofria em silêncio, a filha fazia alarde.

Passando pela escrivaninha dela, Kírian viu um lembrete afixado em seu calendário: *Ligar hoje para a Débora. Confirmar.*

Imediatamente ligou os fatos. Ela deveria ligar para a Débora e confirmar a sessão da brincadeira do copo. Por mais que tenha conversado com a amiga, ela ainda não desistira daquela intenção perigosa. Pensou em falar com ela novamente, mas Noélia a havia tratado tão mal na noite anterior, que a vontade arrefeceu. *"Noélia é cabeçuda e abespinhada! Quando põe algo na cabeça não pensa em mais nada! Melhor é não falar nada. Cada qual tem o seu livre-arbítrio e na lavoura do mal só se colhem abrolhos."*

Noélia chegou alguns minutos depois de Felipe. Ainda pôde vê-lo cumprimentar Kírian com visível satisfação e sair logo após sem notar sua presença.

Já havia notado o brilho do amor nos olhos de ambos. *"Os felizes se tornam egoístas. Noélia... Noélia... Não diga que está com ciúmes da sua melhor amiga!"* – E já as lágrimas ameaçavam transbordar dos seus olhos.

– Noélia..., como passou a noite?

– Você se importa mesmo com isso, Kírian? – retrucou, azeda feito limão.

Kírian estava preparada para receber os desaforos. Nenhum músculo de seu corpo reagiu. Continuou serena. Espargindo amor e tolerância. Sorriu para a amiga.

– É claro que eu me importo, ora essa!

Noélia sentiu que não poderia disfarçar as lágrimas. Odiou-se por se achar tão ressentida. Era óbvio que sentia um certo ciúme da colega e amiga. *"Como sou pequena, ainda! Se tem aqui uma pessoa que merece ser feliz é ela. Também o seu Felipe"* – Em tempo se calou.

– Noélia, o que há com você? Resolveu partir pro ataque? Acaso eu lhe ofendi alguma vez? – falava naturalmente, envolvendo-a em vibrações de amor.

As lágrimas continuavam represadas. Logo romperiam o dique.

– Não... Claro que você nunca me ofendeu... Desculpe-me, minha amiga! De uns tempos para cá falo coisas que, absolutamente, não quero falar. Parece que algum demônio me domina a mente e anula minha vontade fazendo prevalecer a dele.

Kírian achou oportuno lhe contar a conversa que tivera com Felipe; que descobrira que ele era um trabalhador espírita, médium há muito tempo e que falaria com o grupo a fim de fazerem sessões desobsessivas em seu favor.

— Estou preocupada. Ontem pude sentir que você tem uma companhia espiritual muito negativa. Uma entidade sofredora, equivocada, odienta... É por essa razão que você se torna tão amarga, que diz coisas que não quer dizer, que está tão depressiva...

— Às vezes eu também sinto. É um Espírito ruim, mas...

— Mas?

— É engraçado. Eu não tenho mais tanto medo dele. Parece até que ele quer me proteger...Que sofre comigo... Que se lamenta...

— Noélia! Pelo Amor de Deus! Ficou lelé? Como pode agasalhar assim uma obsessão?

— Não existe obsessão boa? Ora, eu sinto que o fantasma só quer me ajudar. Ele parece malvado, mas para mim nunca fez nada demais. Parece até apaixonado por mim. Diz sempre que Escobar vai se ver com ele... — Noélia deu um riso nervoso.

— Você não sabe o que diz!

— O estranho é que sinto a ausência dele e em pensamento o chamo. Ele fica feliz, mas uma vez chegou irritado e me disse que estava em importante reunião e eu o atrapalhei. É tudo tão louco que penso que estou perdendo o juízo.

— Deus do Céu! O caso é mais grave do que pensei. Você sempre o ouve?

— Sempre não. Só às vezes. É como se fosse um pensamento meu mesmo. Mas, minha amiga... não me assuste.

— Não quero assustá-la, mas isso é obsessão recíproca!

— O que é isso?!

— Um obsidia o outro. Ele, do lado de lá, obsidia você. Você, deste lado, o obsidia, uma vez que requisita sua presença espiritual. Um necessita dos fluidos do outro. Acostumaram-se nessa troca...

— Ai, meu pai! Preciso acabar com isso.

— Eu falei ontem com o Felipe. Ele se prontificou a ajudá-la e também à entidade sofredora que está contigo.

— Você falou para o Felipe que estou grávida? Como pôde? Era segredo...

Você não tinha esse direito!

– Ele já sabia, não é bobo. Eu só confirmei porque vejo claramente que você precisa de ajuda. Felipe é muito bom e compreensivo, Noélia. Saberá como ajudar, você vai ver.

De repente, o Espírito Eleutério envolveu Noélia. Enlaçou-a com toda paixão desvairada que lhe alimentava a alma. Jogou-a contra a amiga. Ela nada fez para se livrar, para impor a sua vontade.

– Kírian, eu já lhe pedi para não se meter na minha vida. Agora chega! Chega! Não me considero mais sua amiga. Deixe-me em paz!

Kírian afastou-se, pálida. Os outros funcionários olharam, curiosos, e os cochichos teriam se prolongado até sabe Deus quando, se Felipe não tivesse entrado.

– Kírian! O que tem? Está tão pálida! – Só então viu Noélia, envergonhada e triste.

– Noélia, o que se passa aqui? Vocês estavam discutindo? Por quê?

Noélia baixou a cabeça. As lágrimas irromperam. Os soluços sacudiam-lhe o peito e ela não conseguia falar. Kírian se aproximou segurando as lágrimas.

– Acalmem-se. As duas. Por favor, Marina, traga um copo de água com bastante açúcar. – E olhando para Kírian, acrescentou: dois copos.

O Espírito obsessor continuava abraçado a Noélia, dizendo-lhe palavras carinhosas, prometendo que jamais a abandonaria, que cuidaria dela para sempre, que se bastavam um ao outro.

Felipe, mentalmente, pedia ajuda ao Plano Espiritual Superior. Suplicava-lhe que colocasse n'água algum calmante para o bem-estar das duas.

Após tomar a água, ambas sentiram-se mais tranquilas. Eleutério ainda continuava, como uma cobra, enrodilhado em Noélia. Tal simbiose era tão perfeita que também ele se sentiu mais abrandado em sua cólera.

– Noélia, vamos pra minha sala. Precisamos conversar. – E se voltando para Kírian, pediu que ela também se acalmasse.

Noélia seguiu-o, cabisbaixa.

– Sente-se.

– Obrigada.

– Está melhor? Quer beber um refrigerante? Está muito quente aqui.

— Não quero nada, obrigada. Desculpe-me. Eu... O senhor já sabe, não é? Estou morrendo de vergonha! Kírian contou...

— De sua gravidez? Kírian não queria falar nada, eu é que lhe disse que já sabia. Ela só confirmou. Brigou com ela por causa disso?!

Noélia ficou vexada. Sentiu profunda vergonha de Felipe. Sentiu-se pequena, boba, infantil. Não conseguiu dizer nada. Se falasse ia cair na choradeira.

Felipe levantou-se. Passou as mãos pela cabeça dela, sinceramente condoído. A moça, depois de ter certeza de que não choraria mais, continuou:

— Lamentavelmente meu namorado me abandonou. Estou perdida... não sei o que fazer. Tenho minha mãe doente, completamente dependente de mim. Sei que estou sendo injusta com minha melhor amiga. Sei. Mas não posso evitar.

Enquanto ela desabafava, Felipe identificava o obsessor. Não havia mais dúvidas. Por alguma razão que ele ignorava, era o mesmo Espírito que estivera ligado a ele por tanto tempo. *"Por que será que ele se afastou de mim para ficar com Noélia? E por que sinto um amor tão paternal por essa moça? O próprio obsessor me desperta tanta compaixão! Que terão sido para mim no passado para Deus nos ter aproximado novamente?"*

Eleutério desvencilhou-se de Noélia e se aproximou dele. Como das outras vezes não conseguiu vencer a barreira vibratória que existia entre ambos. Era-lhe impossível nem sequer se aproximar muito de sua aura, que, qual bateria repulsora, anulava seus intentos. Voltou para perto de Noélia.

— Noélia, você precisa de tratamento. Médico e espiritual. Convém iniciar um pré-natal para que a criança nasça com saúde. Quanto ao tratamento espiritual, aliás o mais urgente, vamos iniciar ainda nesta semana. Se você puder ir ao centro espírita, ótimo, se não for possível por causa de sua mãe doente, nós faremos mesmo com você ausente. Concorda?

— Sim, claro. E fico muito agradecida. Ao senhor e à Kírian. Quando posso ir lá? Pedirei para uma vizinha ficar com minha mãe.

— Falarei com o grupo nesta semana. Na semana que vem iniciaremos. Com a graça de Deus tudo vai dar certo, você vai ver.

Conversaram por algum tempo. Felipe lhe afirmou que estaria sempre às ordens; que ela contasse com ele, assim como já contava com Kírian. Com novo ânimo, Noélia voltou à Secretaria.

Kírian olhou-a sem nenhum constrangimento. Compreendia que a amiga estava impossibilitada de logicar. Embora estivesse doida para contar a ela sobre o recente namoro com Felipe, não o fez, porque não queria ostentar sua felicidade diante da dor da outra. *"Não faltará ocasião. Quando ela estiver mais feliz eu conto."*

— Está tudo bem, Noélia?

— Tudo bem, Kírian. Estou meio deprimida... Mais uma vez desculpe minha língua comprida, tá?

— Deixa pra lá. Vamos esquecer tudo. Felipe é muito bondoso, ele vai ajudar, não vai?

— Vai. Nunca vi uma pessoa como ele. Lembro-me de meu pai... Parece que...

— Parece o quê?

— Que seu Felipe é um velho conhecido meu. Alguém a quem devo muitos favores; em quem posso confiar.

— Huumm...Coisas de existências passadas.

— Você crê mesmo que já vivemos antes?

— Tenho certeza. Sou testemunha disso. No centro recebo mensagens psicografadas daqueles que aqui viveram. Muitas vezes eles contam que não mais se comunicarão porque estão na iminência de uma nova reencarnação. Ahn, Noélia, como é grandioso o Amor de Deus! Diante das trevas acende uma luz, diante da dor oferece o anestésico, diante da morte apresenta a vida...

Os olhos de Kírian se enchiam de luz. Seu coração e sua mente eram um dínamo gerador de energias salutares.

— Eu gostaria de acreditar, mas tudo me parece uma fantasia bonita; ópio para tornar a vida mais *vivível*.

— *Vivível?* Gostei. Existe este vocábulo?

— Se não existe acabei de criá-lo. Já ouviu falar em neologismo? – disse, rindo, esquecida já das farpas de ainda há pouco.

— Como dizem, você fica muito mais bonita quando ri. *"Que bom que ela já está rindo. Que Jesus possa socorrê-la."*

Ao sentar-se à sua escrivaninha, Noélia viu o lembrete: *"Ligar hoje para a Débora. Confirmar".*

De relance, Kírian percebeu que ela pegou o pedaço de papel e ficou pensativa. Achou melhor fingir que nada sabia. Já tivera muitos aborrecimentos por aquele dia.

Noélia amassou o lembrete e o jogou no cesto de lixo. Seu protetor espiritual aproximou-se: *"Noélia, não vá à casa de Débora. Tudo há de se arranjar, minha filha. Não procure mais sofrimentos".*

De alguma forma, Noélia sentiu-se mais otimista. Passou a mão pela barriga. Seu filho ainda estava lá. E um sentimento materno invadiu-lhe a alma.

Eleutério, imediatamente, sentiu que talvez sua vingança contra Abelardo fosse por água abaixo. Aproximou-se da gestante. Porque inteiramente sintonizado com ela, não lhe foi difícil reverter a situação e convencer a moça de que aquele intruso, filho do homem que a abandonara para se casar com outra, não merecia nascer; não merecia seu sacrifício. Ora, Noélia não era pessoa determinada. Deixava-se levar para qualquer lado sem oferecer a menor resistência. Estava sempre propensa tanto ao bem quanto ao mal, dependendo da mente que a dominasse, ou do seu humor.

Felipe entrou na sala e dirigiu-se para Kírian. Noélia percebeu o carinho e o quase cochicho de ambos. *"Esses dois... parecem tão felizes. Por isso que Kírian é tão tranquila. Pudera... tudo dá certo para ela, conseguiu até 'fisgar' o patrão... Que sorte. Só eu sou uma desgraçada, mas vou dar um jeito nisso."* E já as comportas do mal estavam abertas.

Assim, levantou-se rápida. Abriu sua agenda e discou um número.

– Alô. Quero falar com a Débora, por favor.

– Quem deseja?

– Noélia. Uma conhecida dela.

Depois de alguns segundos:

– Oi, Noélia. Como está?

– Vou indo. Pode ser amanhã?

– Sim, já está tudo certo. Lá pelas nove e meia da noite iniciaremos a sessão. Você vem sozinha?

— Ainda não sei. Talvez leve uma amiga, tudo bem?
— Tudo bem. Então até amanhã.

Kírian, estupefata, viu a rápida transformação de Noélia. *"Ela deve estar plenamente sintonizada com o obsessor. Meu Deus! Por que ela não reage? Por que se entrega assim, tão passivamente?"*

Depois da decisão tomada, a obsidiada sentiu-se mais calma. Na verdade, o obsessor, por ter conseguido o que desejava, afagava-a. Sussurrava palavras amorosas e relembrava a vida de tempos idos, onde ela se chamava Helena e era a sua prometida.

Kírian pensava se devia falar novamente com ela; preveni-la uma vez mais; dizer-lhe para não se submeter assim, tão docilmente, às sugestões do mal. Não foi preciso que ela iniciasse a conversação. Noélia, após ter concluído um trabalho, aproximou-se.

— Kírian, já lhe aconteceu alguma vez ter a impressão de que alguém conversa com você? Que a chama por outro nome... Outro nome que você não estranha; que sabe que também é seu?

— Compreendo. Mas comigo nunca aconteceu. Acontece isso com você?

— Sempre. De uns tempos para cá ouço quase que distintamente me chamarem de Helena. Às vezes fico toda arrepiada. Sinto-me abraçada. Acarinhada. Sinto que sou amada de forma estranha... Voluptuosa.

— Você não fica com medo?

— No início eu ficava. Agora não. Sabe, tenho até vergonha de dizer, mas... Ora deixa pra lá. É bobagem minha.

— Bobagem ou não, fale. Mas...

— Daquela vez que conversamos eu não lhe contei tudo, mas o fato é que o medo cedeu lugar ao prazer. Pode uma coisa dessa? Acha que estou ficando paranoica? Esquizofrênica?

Kírian ficou grandemente surpresa, mas não deixou que ela percebesse.

— Você que entende dessas coisas o que acha?

Kírian pensou um pouco antes de responder. Não queria adiantar nada, mas tratava-se sem dúvida nenhuma de uma obsessão exercida não tanto para prejudicar Noélia, mas talvez a criança que ela esperava. Lembrou-se dos casos frequentes em que a saudade daquele que se foi através do desencarne é tanta da parte do que ficou, que este não permite que aquele "descanse em paz". Chama-o em pensamentos; prende-se a ele com lamúrias, queixas improdutivas, e o desencarnado, muitas vezes, abandona o pouso de tratamento espiritual e corre para quem o requisita. O inverso também acontece e ambos são grandemente prejudicados. O amor, se assim podemos chamar nesse caso, é egoísta e contraproducente.

— Noélia, você sabe que está sendo vítima de obsessão, não sabe? E o pior de tudo é que está gostando!

— Eu? Gostando? Cruz credo! Não diga bobagem.

— Ora, não foi você mesma quem me disse que o medo foi se transformando em prazer?

— Sim, mas não quer dizer que eu... Deus me livre! "Bico de pato, mangalô, três vezes" – disse, batendo com os nós dos dedos no tampo da escrivaninha.

— Para você se deixar envolver tão docilmente, passar de uma atitude à outra, de uma forma de pensar à outra, assim, tão depressa, é porque obedece cegamente àquele que a subjuga. Porque está gostando da "coisa".

— Ora, vamos parar com isso! Que bizarro! Não quero acreditar em nada disso! Vocês, espíritas, veem coisas demais!

Kírian olhou-a bem nos olhos. Destemida. Confiante.

— Você sabe que digo a verdade. Sabe. Só não quer é admitir. Eu compreendo. É mais fácil negar uma evidência do que trabalhar para anulá-la, não é mesmo? Dizer que vemos demais é mais cômodo do que ter de mudar; modificar atitudes; reconsiderar; checar seus pontos de vista a fim de ver se não está atrasada alguns séculos. Descansar no sopé de uma montanha é mais fácil do que galgá-la. Subir exige sacrifício. Cansa. Enquanto embaixo temos nossa visão limitada, no topo ela se expande... Podemos ver coisas que talvez gostaríamos de não ver para não ter de mudar nosso modo de ser. Para continuar na mesmice. Na inércia. Procurando desculpas.

Kírian falava mansamente, mas com grande energia.

— Eu gostaria de ser como você. Acreditar que realmente há uma vida melhor nos esperando do outro lado, no plano do Espírito.

— Não interprete dessa forma o que estou dizendo. Pode ser que o que vamos encontrar do outro lado não seja, exatamente, o que estamos querendo; o que achamos que merecemos. Pode ser que lá encontremos a nós mesmos. Sem maquiagem. Com nossos equívocos, nossas paixões. Talvez coloquem um espelho diante de nós. Um espelho que nos mostrará exatamente como somos, não como acreditamos ou gostaríamos de ser. Mas é sempre preferível a verdade que choca e transforma do que a mentira que consola e enlanguesce. O que nos espera no porvir depende muito de nós mesmos.

— Então... A vida do outro lado...

— Do outro lado, ou seja, na espiritualidade, pode ser até pior do que deste lado. Porque lá "tomamos posse de nós mesmos." E se não vivemos bem aqui...

— Mas tenho lido alguns livros espíritas que dizem maravilhas do lado de lá.

— Essas maravilhas são reais. Sim. Para aquele que soube viver; que soube respeitar as Leis Divinas e as humanas, para aquele que se equilibrou com a Lei que um dia transgrediu. Não há perdão gratuito, ou melhor, o perdão é a oportunidade do recomeço. A felicidade ou a infelicidade do outro lado é simples consequência no nosso viver; da lei da Natureza: Ação e Reação. Justiça. Entendeu?

— Creio que sim.

Na verdade, Noélia estava mais preocupada com o que Kírian falara sobre as obsessões. Desde que o Espírito a localizara, por intermédio de Filipe, que ela se sentia diferente.

— Kírian... Você acha mesmo que estou sendo dirigida por um fantasma?! Que posso estar sendo obsidiada?

— Fantasma não, amiga. Para ser sincera, está sim. Acho que você também o está obsidiando.

— *Pirô* é? Deus me livre de tal!

— A isso, como já falamos, dão o nome de obsessão recíproca. Quando um se afasta, o outro o chama. Você própria confessou que não tem nenhum medo, mas sente até um estranho prazer. É uma sintonia espiritual muito forte. Parece-me que ambos têm o mesmo propósito... o de...

— ... castigar Escobar pelo que ele fez? *"Aquele crápula!"*

O chefe entrou na sala e elas voltaram ao serviço. Noélia estava intrigada com o que ouvira; com a tal obsessão recíproca.

– Kírian, me espere depois do expediente. Preciso conversar mais com você. Quero que me acompanhe a um lugar que pretendo ir amanhã – disse Noélia.

Kírian era a última pessoa que Noélia pensaria em convidar, porém, depois de tudo que ouvira sobre obsessões, achou melhor levar "alguém de peso", como julgava ser a amiga. Qualquer coisa inesperada e ela poderia intervir com sua esplêndida mediunidade e segurar a barra. *"Precaução e caldo de galinha não fazem mal a ninguém."*

A amiga concordou, sabendo já que se tratava da brincadeira do copo na casa de Débora.

CAPÍTULO XVII

COMO PRENDER UM INTERESSEIRO

*O pobre desassisado
constrói para si a prisão,
com o material oriundo
da loucura e da ilusão.*

Priscila Maria sondava o pai. Toda a família, após o jantar, estava reunida na sala de estar. Era aquele o momento. O pai estava alegre e brincava com o filho Rafael José. Liliana, depondo a bandeja com o cafezinho em um aparador, olhava aquela cena. Mais uma vez agradeceu a Deus pela vida do filho. *"Nunca vou conseguir agradecer a Deus e a Escobar o suficiente pela vida de meu filho."*

Priscila Maria acompanhou o olhar da mãe e lhe adivinhou os pensamentos.

– Tivemos a maior sorte por Escobar estar lá também, naquele dia, não é, mãinha?

– Sim, minha filha. Foi uma sorte. Nunca vou conseguir agradecer suficientemente, primeiro a Deus, depois a Escobar.

Firmino José e o filho Rafael José faziam tanta algazarra que não ouviram a conversa. Priscila Maria já havia preparado seu plano.

— Mãinha... Quanto a Escobar... Tem um jeito sim de mostrar maior gratidão.

— Diga qual é esse jeito. O que você acha que podemos fazer mais por ele?

— Eu e Escobar estamos namorando firme. Se o painho batalhasse por um aumento de salário pra ele... Talvez a senhora pudesse ter a satisfação de tê-lo, muito em breve, como seu genro. Que tal?

— Genro, não. Como um verdadeiro filho! Gosto muito dele. É um bom rapaz. — Depois, piscando para a filha: Deixe comigo. — Vamos parar com a farra, rapazes? Olha o café, Firmino.

— Agora chega, seu moleque traquinas. Olha aí, rasgou a almofada da mãinha... Iiiii... lá vem bronca. Segura aí...

— Foi você quem rasgou, painho. Eu vi. Eu vi.

— Xô, xô, xô, vá ver um pouco de televisão. Vou tomar meu café.

O garoto e a irmã foram para a sala de TV, mas vez ou outra ela se aproximava da sala de estar. Queria certificar-se de que a mãe cumpriria o combinado.

Liliana esperou o marido tomar o café. Depois tocou no assunto do quase afogamento de Rafael José, do quanto foi oportuno Escobar estar lá, da coragem dele por ter arriscado a própria vida para salvar o garoto...

Firmino José se emocionou tanto com aquelas lembranças que lágrimas afloraram em seus olhos.

— E... querido, não acha que podemos fazer mais um pouco para ajudar Escobar?

— Já o ajudamos bastante, Li. Arrumei um emprego para ele e, mais recentemente, um cargo importante lá na firma.

— Eu sei, eu sei. É que... Você sabe... Ele e Priscila Maria estão namorando firme.

— Ele sabe que faço gosto no casamento.

— Claro, mas se ele tiver um aumento de salário talvez possa se casar mais depressa com nossa filha.

— Não tenha tanta pressa. A Priscila é ainda muito nova. Pouco mais que uma menininha. Não acha que ela ainda não está madura para se casar?

— Já fez 17 anos. Não é tão menininha assim... E depois, rapazes decentes não são fáceis de encontrar. Eu gosto do Escobar.

– Com 17 anos ela ainda não pode saber o que quer realmente. Está só impressionada, porque Escobar... devo admitir, é muito bem apessoado.

– Talvez você tenha razão. Mas também mesmo que ele receba o aumento não precisa se casar assim, de imediato.

Firmino bateu de leve no ombro da esposa.

– Com medo de que nossa filha fique pra tia?

– Sem graça! Claro que não. Priscila Maria é muito bonita e nunca lhe faltarão pretendentes.

Firmino ficou pensativo por algum tempo. Também ele achara pouco o que fizera, pois a vida de seu filho não tinha preço. *"Há coisas que nunca pagamos devidamente"* – Por fim disse:

– Eu também gosto muito do Escobar. Você está certa, Li. Vou usar todo o meu prestígio na firma para conseguir uma boa promoção. Não sei se vou conseguir, pois não faz nem dois meses que ele foi contratado...

– Obrigado, Firmino. – E saiu radiante para contar à filha.

– Que bom, mãinha! Escobar está pra chegar. Posso contar pra ele?

– Não acha melhor esperar?

– Não sei se vou aguentar. E depois...

– Este seu tom reticente quer dizer exatamente o quê?

– Nada. Não é nada.

Priscila Maria se lembrou de que há alguns dias, na praia, ela sentiu alguma coisa no ar, como se Escobar quisesse romper o namoro. Não fosse a sua perspicácia, talvez àquela hora o *"passarinho já tivesse batido as asas"*. Mas não contou nada à mãe. Nem ela podia acreditar que Escobar não a amasse o suficiente. Achava-se poderosa nos seus 17 anos.

Conversavam, ainda, quando Escobar chegou. Firmino recebeu-o com efusivo abraço e chamou a filha.

O rapaz parecia preocupado. Longe de Priscila Maria arquitetava mil maneiras de se desligar dela, mas quando estava perto não achava as palavras certas. E Noélia? Eram estranhos seus sentimentos para com ela. Se a amava, por que fugira dela? Por que a presença dela lhe despertava a desconfiança? Por que o amor apresentava-se sempre mesclado de amargos pressentimentos? Longe dela sentia que a vida era completamente desprovida de graça; perto dela não conseguia entregar-se confiante. Era como se a amasse e a temesse ao mesmo tempo. Assim, por mais que meditasse, ficava sem respostas conclusivas.

Priscila Maria percebeu seu acabrunhamento.

– Huumm... Que bicho mordeu você? – E arrastou-o para a rua – Estava ansiosa para lhe contar a novidade. – Sabia que ele não resistiria a mais aquela demonstração de reconhecimento. *"Um aumento... de novo?"*

– ... e, meu querido, tenho certeza de que a promoção sai! Painho me contou que um dos gerentes está para se aposentar e ele indicará você pro lugar. Não é demais? Painho não é porreta?

Escobar abriu um sorriso do tamanho do mundo! *"Gerente! Gerente! Nem acredito! Vão dizer que dei o golpe do baú, mas não tô nem aí."*

Durante muito tempo falaram do futuro. Sim. Sem dúvida, se a tal promoção viesse mesmo, breve se casariam. Iniciaria nova vida. Noélia haveria de se arranjar. Quando o remorso se insinuava ele se justificava: *"Não posso perder uma oportunidade dessa. Não posso virar as costas para a sorte... Talvez nunca mais tenha outra chance igual"*.

E ao contrário daquilo que estava disposto a fazer quando ali chegou, só o que conseguiu foi reforçar aquele relacionamento. O firme propósito de contar tudo à Priscila Maria e à sua família, desculpar-se, agradecer, falar que sua ex-namorada estava esperando um filho dele, nada, nada disso fez.

CAPÍTULO XVIII

BRINCADEIRA PERIGOSA

Dor e amor:
na ausência dele,
a presença dela.

Eleutério estava expectante, porque, finalmente, Noélia iria à noite na casa de Débora para a sessão do copo. Ele já se havia entendido com os Espíritos que se comunicavam habitualmente por meio dessa prática. Eram entidades não más, mas levianas e inconsequentes, que andavam vadiando, procurando diversão.

A intenção do obsessor era também se comunicar de forma mais objetiva, alto e bom som, para poder dizer tudo o que pretendia; incentivar Noélia a fazer o aborto, vingando-se do reencarnante odiado.

A sessão se daria naquela noite; logo mais, portanto. Com receio de que Noélia se esquecesse, ou desistisse de ir, ele se achegou a ela.

"Não vá se esquecer de ir, logo mais à noite, na casa da Débora. Peça pra sair antes do encerramento do expediente para não ter correria. De repente o ônibus se atrasa..."

Noélia não havia se esquecido. Esperara com ansiedade a hora. Desde cedo que estremecia quando pensava. O destino do filho que esperava dependia da orientação que ali receberia. Entraria no quarto mês de gestação e, se antes já seria uma imprudência fazer o aborto, agora o era ainda mais. A ideia de sair mais cedo lhe pareceu oportuna.

— Kírian, você vai comigo na casa da Débora, não vai?

— Eu gostaria de não ir. Gostaria que você desistisse disso. É muito perigoso. Conheço pessoas que foram obsidiadas durante anos por causa dessa brincadeira.

— Se você tem medo eu vou só. Ninguém me fará desistir agora.

— Sua cabeça dura! Eu vou com você. Tomara que não venha a me arrepender depois.

— Obrigada, Kírian. Vai dar tudo certo. Devo a você mais esta. Ahnn, queria também sair um pouco mais cedo hoje para poder cuidar primeiro de minha mãe.

— Está bem. Vou falar com Felipe se podemos sair uma hora antes. Está bom uma hora?

— Está ótimo. — E abraçou a amiga.

Eleutério sorriu, satisfeito.

* * *

Noélia e Kírian tomaram um ônibus em direção à casa de Débora. Eleutério aboletou-se como pôde. O guia espiritual de Noélia tentou envolvê-la, sensibilizá-la. Haveria tempo, ainda, para se tentar mais alguma coisa. Sabia que a reunião poderia ser funesta para sua protegida. E Noélia estava mais tranquila, mais sintonizada com a Espiritualidade Superior, pois a companhia de Kírian a ajudava no soerguimento moral--espiritual.

O obsessor não via com bons olhos a disposição para a renovação espiritual da moça. Não percebia, na sua grosseria fluídica, a presença de entidades elevadas, mas sentia que alguma coisa se lhe escapava do controle; alguma coisa obstava seus desejos. Tentou submetê-la por meio de ligações mentais, mas naquele momento ela não lhe deu acesso. O guia espiritual de Kírian também estava atento para qualquer eventualidade. Temporariamente a porta se fechava ao obsessor.

Eleutério começou a se angustiar com a possibilidade de ver baldadas suas maléficas intenções. Seu pensamento voava para alguns séculos atrás, quando via Helena morrendo em seus braços, amaldiçoando-o; chamando pelo bebê que ele, impiedosamente, asfixiara. Depois voltava ao presente. Estonteado. Confuso. Sentindo-se um alienígena sem família, sem lar, sem ninguém para dividir suas mágoas. Então, sua dor era tão pungente que sensibilizava a entidade alvinitente, todavia, quando esta tentava ajudá-lo também, era rechaçada por pensamentos inamistosos. *"Maldito Felipe com seu tratamento espiritual para esses adúlteros. Maldita Kírian! Por causa deles não estou conseguindo mais submeter Noélia. Ultimamente ela nem tem me chamado mais e não sente mais prazer com meus carinhos..."*

Fazia já alguns dias que o tratamento desobsessivo tivera início. Noélia fora instruída a não "abrir brechas mentais" que favorecessem as ideias insidiosas dos desencarnados infelizes e ignorantes. E ela, que sempre tivera boa índole, lutava para seguir as orientações dos Espíritos superiores da casa espírita. Também constantemente se lembrava de orar. Vez ou outra, nos momentos mais depressivos, ainda acolhia os carinhos do obsessor, todavia, logo caía em si e o repudiava. Eleutério se afastava, então, algumas vezes revoltado, outras, também deprimido, amargando aquela paixão absurda.

– Noélia... tem mesmo certeza de que quer ir lá? Ainda está em tempo de voltarmos – disse Kírian.

– Enquanto eu não for não sossego. Estou curiosa pra ver o que vai acontecer. Mas não se preocupe. Estou bem equilibrada.

– Então tudo bem. Vamos lá... Que Deus nos proteja!

– Engraçada esta vida. – Noélia disse com um riso descontraído.

– O que tem de engraçado na vida?

– É que... De repente... Tudo aquilo o que valorizávamos tanto... Tudo o que nos foi objeto de quase loucura mudam de cor. Enfraquecem.

– Quer ser mais clara? Não; espere. Sei do que você está falando.

– Caiu a ficha?

– Caiu. Você está reconhecendo que *"gastou vela boa com defunto vagabundo".* – Riram alto, chamando a atenção dos demais passageiros. – Devo compreender que seus problemas terminaram?

– Estou propensa a acreditar que sim. Aquela nuvem tenebrosa, escura, que se formava sobre minha cabeça, desapareceu.

Mas aquela nuvem escura e tenebrosa não havia, ainda, desaparecido. Estava enrolada sobre si mesma e tinha unhas recurvadas e olhar sombrio.

Chegaram com alguns minutos de antecedência. O vaivém dos desencarnados e a conversa sussurrada das pessoas presentes davam ao ambiente certo clima de suspense.

A mesa no centro da sala já estava preparada. As letras do alfabeto, os números e o copo, dispostos sobre ela.

Não se via nenhum Espírito superior, mas tão somente Espíritos vulgares, falando alto, rindo, fazendo chacotas, contando piadas de gosto duvidoso.

Débora entrou e olhou os presentes, cumprimentando todos com beijinhos. Em seguida organizou a mesa. Vários médiuns, dois deles de efeitos físicos, foram chamados. Fez-se silêncio. Apagaram-se as lâmpadas mais potentes, ficando apenas uma luz suave. O guia de Noélia envolveu Débora e sugeriu-lhe que iniciassem com uma prece. A escolha recaiu sobre Kírian, que começou a orar com fé e humildade, solicitando a presença de Espíritos benfazejos que pudessem ajudá-los naquela noite. Então, adentrou no recinto o Espírito Demétrio. Não foi percebido pela turbamulta que chasqueava, ria, insultava Kírian, dizendo que a noite era deles; era das trevas e que a luz não era bem-vinda.

Eleutério foi dos primeiros a incentivar seus comparsas. Lá fora, outro bando de desencarnados que vadiava por ali foi convidado a entrar também, para aumentar as forças trevosas.

Após a prece, os médiuns se posicionaram. Dispuseram as letras e os números de forma organizada. Estenderam as mãos sobre o copo, sem tocá-los. E aguardaram.

– Façam suas perguntas, ou se preferirem escrevam em uma folha do bloco e coloque sobre a mesa. Não é necessária a identificação. Basta um pseudônimo – informou Débora.

Todos preferiram escrever suas perguntas.

De repente o copo começou a andar, apontando as letras que deveriam ser separadas a fim de formar as frases: *"Seu namorado não tem intenção de se casar com você, Morena Esperança". "A vizinha bisbilhoteira vai sim receber o que merece, Luar Prateado." "Para conseguir se casar faça um despacho na cachoeira, à noite, sexta-feira, Rosa Pequena."* – E por aí afora as respostas iam surgindo lentamente. Eram anotadas e dispostas sobre um móvel, para que o dono a pegasse no final. Os Espíritos se revezavam, rindo da credibilidade dos encarnados presentes, respondendo com a primeira bobagem que lhes viesse à cabeça. Divertiam-se à grande, levando os presentes ao ridículo; ensinando-lhes formas para conseguirem seus intentos, as mais absurdas possíveis. Um Espírito com cara de gozador e de olhar inquieto recomendou a um dos presentes que para conseguir o que pedia, ele deveria ir ao cemitério numa sexta-feira, à meia-noite, e ficar deitado por pelo menos meia hora sobre um túmulo. Mas não qualquer túmulo; tinha de ser o túmulo de uma criança e tinha de ser noite de lua cheia.

Noélia estava impaciente. As horas corriam. Ela havia escrito sua pergunta "Aborto. Fazer ou não?" – Mas perguntava já sabendo de antemão que, mesmo sendo recomendado o aborto, não seguiria tal orientação. Percebia, agora, a futilidade de tais reuniões e se chocava com os alvitres ali oferecidos. *"Kírian tinha toda razão. Deus meu, será que tem gente tão estúpida assim, que acredita nessas bobagens todas? Que obedece achando que se o Espírito falou está correto só pelo fato de ser um desencarnado?"* – *"Não acredite em todo Espírito. Certifique-se, antes, se o Espírito é de Deus"* – relembrou a passagem evangélica.

Verificamos tal tendência em vários segmentos da sociedade. Quantas vezes se ouve, de um encarnado, ensinamentos brilhantes que são logo esquecidos. Não valorizados. Não trazidos à tona novamente para meditação. Porém, quando é um Espírito desencarnado quem fala ou escreve qualquer coisa não tão sábia, não tão coerente, não tão cristã, todos nos sensibilizamos; emocionamo-nos. Damos o maior valor e nem questionamos a veracidade daquilo que foi dito. Esquecemo-nos com grande frequência que morrer não significa entrar na posse da sabedoria, da angelitude, da perfeição; que carregamos para o lado de lá nossa personalidade composta de vícios e defeitos; também, claro, de nossas virtudes e eventual luz conseguida na vida digna. Por essa razão o ensinamento acima citado: *"... veja antes se o Espírito é de Deus".*

Finalmente chegou a vez de Eleutério. Ele olhou a letra didática de Noélia: "Aborto. Fazer ou não? Alma Ferida". E o copo correu, mais rápido, quase sem dar tempo para o organizador das palavras e frases. E ele respondeu: *"O aborto já deveria ter sido feito, mas ainda é tempo, Alma Ferida".*

Quando Noélia foi buscar sua resposta, estava trêmula. Pegou o papel com seu pseudônimo e leu, curiosa.

Estavam quase no fim da sessão, quando o copo voou na direção de um dos presentes, atingindo-o na cabeça e o ferindo. Todos olharam assustados. O copo caiu no chão e se estilhaçou em mil pedaços. Na testa do rapaz logo se formou um feio hematoma. Todos se levantaram e correram para a porta de saída. Débora, branca feito cera, tentou acalmar os ânimos.

– Vamos rezar. Vamos rezar. "Pai nosso, que estais no Céu..."

A prece saía tremida dos lábios dos presentes. Noélia sentiu-se mal e Kírian temeu pela saúde do reencarnante.

Como uma boa assistência espiritual não se improvisa; como é necessário merecer o amparo espiritual superior, e como *"não se brinca com fogo"*, pouco ou quase nenhum reconforto trouxe aquela prece dita apenas com os lábios e por puro desejo de se safar de um perigo iminente e desconhecido.

O Espírito causador do acidente saiu rindo: *"Agora fale que não acredita em nós, ô panaca! Que não acredita na força das trevas..."*

Débora também estava assustada. Os presentes já iam saindo, ainda recitando a prece, quando ela pediu que todos voltassem e se sentassem. Novamente pediu à Kírian que fizesse uma prece. Então Demétrio, o Espírito diferenciado que ali estava sem ser visto, aproximou-se de um médium:

– *Meus irmãos. A paz seja convosco. Por mercê de Deus pude aqui hoje comparecer a fim de prestar alguns esclarecimentos. Todas as respostas sugeridas por nossos irmãos presos à ignorância e à maldade devem ser desprezadas. Todas elas carecem de fundamento. Não busquem, irmãos meus, soluções a seus problemas por esse meio duvidoso, perigoso e enganoso. Liguem-se à luz, não às trevas, porque as trevas são os caminhos das dores, das tristes provações, dos carmas dolorosos que nos algemam por séculos de sofrimento. Amigos, não é justo nos safarmos das consequências que o mal praticado por nós ocasionou a outrem. Não são com tolices, com mais erros, que vamos nos equilibrar com a Lei Divina, lei que vimos desrespeitando há tanto tempo. Confiemos. Façamos o melhor possível a fim de vencer nossas limitações; saldar nossos débitos, porque só assim, de alma sem máculas, poderemos galgar alturas e ser felizes. A mediunidade, meus caros Irmãos, não é brincadeira, não é passatempo para ociosos, não é moleque de recados, mas, sim, ferramenta de trabalho, dom maravilhoso que Deus lhes faculta para exercer a caridade e redimir seus erros.*

Os presentes estavam atônitos. Aquilo jamais havia acontecido. O Espírito, cujo peito era um farol na escuridão, continuou:

– *Foi aqui recomendado que se praticasse um aborto. Pobre Irmã! Se aceitar tal alvitre, se aceitar a sugestão das trevas, conhecerá os mais acerbos sofrimentos no futuro. Toda vida pertence ao Criador. Só Ele tem o direito de tirá-la. Uma vida, um filho, é uma dádiva de Deus e por meio do amor maternal, que é o mais puro, o mais desinteressado, pode a alma feminina galgar alturas inimagináveis e haurir uma felicidade sem jaça na verdadeira vida, que é a espiritual.*

Demétrio continuou ainda por algum tempo exortando aqueles incautos expectadores sobre o grande risco que corriam em tais reuniões. Quando se despediu, Noélia estava em prantos. O bom Espírito tocara fundo seu coração. Nunca mais falaria em aborto. Confiaria. Seu filho viria à luz.

Eleutério estava furibundo. Os demais Espíritos, mais inconsequentes do que maldosos, estavam silenciosos. Débora prometeu a si mesma que não mais faria a brincadeira do copo.

À despedida, Kírian lhe disse:

– Débora, aquele Espírito que incorporou e deu a mensagem... Ele vem sempre? É comum a incorporação nessas sessões?

– É a primeira vez que isso acontece. Estou pasmada! Não sei o nome do Espírito, mas senti que é bem evoluído. Cheguei a ver um pouco de sua luz. Que Deus me perdoe! Nunca mais farei esse tipo de reunião.

Feliz com aquela decisão, Kírian convidou Débora para fazer parte do grupo da casa espírita, grupo esse que frequentava com Felipe. Assim é o trabalhador do Cristo: mesmo nos lugares mais inadequados consegue encontrar o necessitado de luz e reconduzi-lo. Mesmo que a necessidade da vida o force a descer ao charco, consegue trazer de lá as flores da esperança.

Passada a revolta, e porque perdesse cada vez mais a ascensão sobre Noélia, Eleutério procurou por Escobar. Se Noélia sofria, se teria um filho sem pai, se desprezava seu amor, era por culpa dele. E ele vingaria Noélia, a amada Helena de outros tempos.

CAPÍTULO XIX

O DESENCARNE DE EDILEUZA

*Uma vida de dor
sem mágoa nem revolta,
é grande lição de amor
da digna alma que volta.*

Uma semana depois, ao chegar do serviço, Noélia percebeu um movimento insólito de vizinhos que entravam e saíam de sua casa. *"O que será que aconteceu, meu Deus?"* – E venceu, correndo, os poucos metros que a separavam da casa.

– Noélia, que bom que você chegou mais cedo, hoje. Parece que adivinhou. Sua mãe não está nada boa. Eu ia telefonar pra você agora mesmo. Venha logo – disse uma vizinha.

O médico foi chamado, porém, antes que chegasse, Edileuza, cansada, já se desprendia do corpo físico. Suavemente. Sem dor ou traumas. Qual borboleta que abandona o casulo onde estivera encarcerada. Foi levada dali por duas entidades silenciosas. Uma delas era a da túnica romana, já nossa conhecida.

A desencarnação completa ainda demoraria um pouco. O último chacra a ser desligado seria o coronário. A desencarnante foi acomodada no quarto ao lado, na cama de Noélia. Estava inconsciente, e vez ou outra, quando alguém dizia seu nome, ou pensava nela com alguma emoção, se agitava, como querendo acordar. Quando Noélia entrou chorando e abraçou aquele corpo hirto, ela sentiu grande desconforto, obrigando as entidades amigas a redobrarem a atenção.

— Kírian... Que bom você ter vindo hoje comigo — disse Noélia, em pranto comovido por mais aquela perda. — O que será de mim agora? Estou completamente só no mundo!

— Nunca estamos sós. Não se lamente, amiga. Tudo o que Deus faz é benfeito. Chegou a hora dela. Não fica feliz porque ela, agora, está livre de tudo? Que não é mais uma paralítica? Que logo, logo poderá até voar como um pássaro?

— Mesmo assim... a saudade...

— Sei, minha amiga, mas, para o bem dela, controle seu desespero. Ela pode sentir sua dor e querer ficar do seu lado. Isso não a ajudará em nada e vocês duas serão prejudicadas.

— Quer dizer que nem chorar posso?! Ela é minha mãe, a única pessoa que me restava no mundo!

— Claro que você pode chorar. Deve chorar. Desabafar, mas sem desespero, sem gritos, sem escândalos que redundem em prejuízo da desencarnante.

Noélia entendeu. No lugar do desespero pôs a esperança e a fé. No lugar das queixas improfícuas orava em silêncio pela paz da mãe que retornava à vida do Espírito.

Felipe providenciou tudo. Poupou Noélia de qualquer trabalho. Assumiu todas as despesas.

Após o enterro, Kírian levou Noélia para passar uns dias em sua casa.

Há quem diga que não acredita na realidade do plano espiritual. Isso porque acha que a vida lá é muito igual a daqui.

Tem-nos explicado a Doutrina Espírita, que não poderia ser diferente, todavia, faz uma ressalva: Não é lá que é parecido com aqui; aqui é que é uma cópia de lá. Uma cópia malfeita — afirmam os Espíritos.

A verdadeira vida, a eterna, o princípio de tudo, é espiritual. Depois, por necessidade de evolução, de crescimento moral-espiritual, é-nos concedido um corpo mortal: o corpo material, que tem por "molde" o corpo perispiritual. Após várias experimentações, sempre evoluindo, aperfeiçoando a forma extrínseca e intrínseca, vamos somando experiências. Nenhum ser está totalmente acabado, mas caminhando para uma relativa perfeição, para a busca da sabedoria, para a religação com o Criador.

Ninguém em sã consciência poderá afirmar que o ponto final da evolução seja o homem. Ninguém poderá, no seu juízo perfeito, sustentar que o homem seja o modelo definitivo de forma física, ou que o Espírito já chegou ao clímax do saber, pois a evolução é constante e ascendente.

Entendemos que não há morte no sentido de aniquilamento total da criatura espiritual. Somente "voltará ao pó" o organismo físico. O Espírito retorna ao seu lugar primitivo que é a vida espiritual na qual, se já tiver algum discernimento, fará um balanço do que foi sua última encarnação. Se conseguiu superar suas deficiências, aprender, conquistar virtudes, esquecer ofensas... Será a hora da colheita. Sofrimentos ou alegrias. Nenhum privilégio. "A cada um segundo suas obras." Assim, todos nós, os filhos de Eva, condenados e redimidos por nós mesmos; herdeiros, portanto, de nossos atos, não devemos inculpar ninguém por nossas lágrimas. E, se flores recebemos pelas dores que aliviamos, pelas mãos que estendemos, pelo perdão que soubemos oferecer, de igual modo o mérito será nosso, e a alegria em nossos corações, a paz... natural consequência.

CAPÍTULO XX

SEMELHANÇAS ENTRE ORIGINAL E CÓPIA

*Cada qual carrega n'alma
o que na vida dá guarida.
Se com amor faz parceria
à felicidade segue unida.*

Demétrius, o Espírito de túnica romana orava na capela daquela colônia espiritual. Na verdade, era um posto socorrista perto da cidade de Salvador, para onde Edileuza fora levada por ocasião de sua desencarnação.

A capela era pequena. Singela. Apenas cinco fileiras com dez assentos cada, para o conforto dos assistidos. A paz reinante convidava à meditação e à prece. Não havia altares ou qualquer imagem, para não melindrar ninguém e respeitar o culto de cada um. Assim, cada qual poderia idear da maneira que quisesse, uma vez que os assistidos eram, na maioria, criaturas apegadas às formas. Resquícios da vida terrena são tais exterioridades difíceis de abandonar.

Um velhinho entrou e se persignou. Em sua mente vislumbrava o Cristo Jesus na cruz do Seu martírio. Discretamente enxugou os olhos. Uma jovem desencarnada e de invulgar beleza aproximou-se dele e acariciou suas cãs embranquecidas. Secou suas lágrimas. Consolou-o. Ele não a via, todavia, sentia grande bem-estar e creditava isso para Jesus, o que não estava errado.

Uma senhora de idade provecta entrou, indecisa. Viu Demétrius orando e tomou-o por um padre. Sua mente se encarregou de vesti-lo com o traje de pároco, do bom clérigo que lhe ministrara a extrema-unção e lhe garantira que ela subiria direto para Deus.

— Padre Otaviano? Enfim o encontro!

O Espírito virou-se e, sem mostrar surpresa, respondeu:

— Cara Teodorina, que bom que saiu do quarto! Que bom que veio orar aqui na capela! — E amparou-a, conduzindo-a a uma cadeira próxima.

— Padre, eu... — Pôs a mão na testa como se tivesse esquecido o que ia dizer.

— Sim, Dorina. Por que está aflita?

— É que... Se morri como insinuaram, por que vejo o senhor aqui? O senhor que é vivo, que goza de boa saúde? E... padre, onde está Deus? E os anjos? Se isto aqui é o paraíso por que tudo é tão triste, tão sombrio, silencioso e enevoado? Por que não vejo os santos, Jesus, a Virgem Maria?

Demétrius compreendeu. Teodorina via nele o padre amigo que, com o fim de acalmá-la para a morte, garantira-lhe o paraíso. É bem comum esse tipo de cobrança após a morte orgânica, principalmente por aqueles que creem firmemente no céu e no inferno; que acreditam ser o pároco amigo, o embaixador de Deus na Terra.

— Minha cara amiga, com o tempo você vai entender melhor. De fato você já não tem mais o corpo físico. Você não vai mais precisar dele aqui. Veja este seu corpo perispiritual. Não lhe parece mais novo, mais sadio? Suas dores não desapareceram?

— Minhas dores? Eu ainda as sinto, quando começo a me lembrar delas...

— A Irmã não deve lembrar o que já passou. A lembrança das dores passadas volta como se requisitada por você. Nossa mente nos dá o que lhe pedimos. Obedece-nos. Procure mentalizar a saúde, a harmonia. Repudie todo sentimento negativo. Ore. Confie. Mas saiba que isto aqui ainda não é o paraíso.

— Não?! Por que então estou aqui? O senhor mesmo não me garantiu que eu ia para Deus? Eu sempre paguei o dízimo para sua igreja, padre...

Deixei minha filha encarregada de vender algumas das nossas terras para construir um orfanato. Um orfanato que deverá ter o meu nome... A minha história.

— Tudo isso foi levado em conta, Dorina. A caridade realizada nunca é perdida. Graças a ela, graças ao seu coração bondoso que sempre se comoveu com a dor alheia e ajudou os necessitados, é que você pôde ser abrigada nessa colônia, um departamento divino no espaço.

— Sim, mas... E o paraíso?

— Ainda não podemos adentrá-lo. Temos primeiro de erigi-lo dentro de nós mesmos. Cada lágrima que enxugamos, cada Irmão que vestimos, alimentamos, esclarecemos, cada ato cristão, é como se mandássemos o material da construção do nosso paraíso. Há quem construa palacetes, mansões... Há quem consegue construir apenas uma rude choupana...

Teodorina coçou a cabeça embranquecida como se feita de neve. Olhou o "padre Otaviano" e voltou a lhe perguntar por que razão ele não estava na sua igreja.

— O trabalhador do Cristo Jesus está onde for chamado a servir, Irmã. — E lhe estendeu as mãos sobre a cabeça. Orou por ela. Mais calma, Teodorina tentou beijar-lhe as mãos.

— Não, minha cara Dorina. Não mereço isso... Sou também um Espírito que busca a reconciliação... Alguém que muito já errou e agora quer redimir-se.

Teodorina nada disse. Enxugou algumas lágrimas e, a conselho do "padre", retornou ao seu quarto.

De terno escuro, bengala elegante e levando uma bíblia, outro Espírito entrou na capela. Demétrius já havia saído com Teodorina.

O recém-chegado olhou cada canto da capela. Sentou-se. Abriu sua bíblia e leu por alguns minutos. Depois se levantou e se dirigiu ao velhinho.

— Como se chama?

— Sou Jurandir. O sobrenome... Ora essa... esqueci.

— Não faz mal, Irmão Jurandir. Eu sou Cassiano.

— Prazer.

— O Irmão também é evangélico?

Jurandir não sabia o que dizer. Cassiano acrescentou:

— Todo evangélico entrará na glória do Pai, depois da ressurreição...

— Não sou evangélico, não! Sou católico. Sempre fui. Amo a santa e amada igreja, o papa, os bispos, os padres...

Cassiano sacudiu a bíblia diante de Jurandir:

— Eu sigo a palavra! Aqui está a palavra de Deus! Quando Ele me chamou eu relutei... Mas depois o amor Dele me arrebatou. Abençoado seja o nome do Senhor.

Movido das melhores intenções, nosso Irmão não percebia o quanto estava sendo inconveniente. Como seu interlocutor nada contestasse e seguia falando de sua igreja, ele se desinteressou completamente e deu alguns passos rumo à saída.

— Sabe onde o pastor está? Preciso muito falar com ele.

— Eu não sei, não. Nunca vi aqui nenhum pastor. Vejo sempre o padre que é meu confessor.

Jurandir foi falando e deixando a capela, não sem antes se persignar.

O outro voltou e se sentou, abrindo novamente a bíblia e modelando as feições a fim de aparentar sisudez.

* * *

Sob uma árvore pequena e florida, Demétrius falava com o Espírito encarregado de zelar pelo bom andamento das atividades naquela casa. Argumentava ainda sobre a necessidade de se fazer, o mais rápido possível, a entrevista com seus pupilos reencarnados.

— Escobar está a ponto de jogar fora a oportunidade de ajudar Noélia e ajudar-se a si mesmo.

— É... Bem sei. Pobre Noélia. Está sozinha. Edileuza voltou para cá e está preocupada com ela. Confessou-me que gostaria de ter ficado mais um tempo na Terra para ajudar a filha.

— Infelizmente assim foi determinado. Elas mesmas decidiram, antes da reencarnação, que assim deveria ser. Noélia ainda precisa valorizar a presença materna, visto que em muitas existências foi um espinho nos pés daqueles que a receberam como filha.

— É. De todas as injúrias, a ingratidão filial é a maior.

— O caso do aborto...

— Desde a reunião na casa de Débora, quando tive a oportunidade de esclarecer, que ela desistiu de vez. Na verdade acho que ela teria, de qualquer forma, desistido, pois apesar de tudo é muito sensata.

— Fico pensando que não vai ser nada fácil pra ela. Será uma dura provação.

— O plano espiritual superior sabe disso. Ninguém está órfão da Bondade do Pai. Ela terá a assistência de Felipe, que a quer muito bem, e também de Kírian, que lhe foi a filhinha querida, assassinada por Eleutério quando da existência dela como Helena. Por esse motivo, o amor fraterno as une.

— E ainda não está descartada a possibilidade de convencermos Escobar a não desprezar os planos reencarnatórios adrede assumidos.

— Você já providenciou tudo? – perguntou Demétrius.

— Está acertado. Noélia e Escobar vão se encontrar lá nas ruínas do castelo, pois foi lá que se enredaram no drama que até agora repercute negativamente em suas vidas. Ah... Pudéssemos todos pensar antes de cometer loucuras! Ver mais adiante, ter mais fé, bom-senso, saber esperar...

— Lembrássemos nós de que somos livres para plantar, mas que havemos de colher nossa lavoura... Infelizmente só quando dilaceramos nossas mãos na colheita de espinhos é que nos lembramos.

Em seguida despediu-se e foi encontrar-se com Edileuza, que havia solicitado o obséquio de sua presença. Recém-desencarnada, estava ainda enfraquecida e guardava o leito. A lembrança da antiga paralisia ainda lhe causava desconforto no caminhar.

— Meu caro Irmão, ainda não sei o seu nome. Tenho tanto a lhe agradecer e... também a lhe pedir.

— Ânimo! Ânimo, Edileuza. Não baixe a guarda! Onde está aquela fortaleza de tempos atrás? Então já esqueceu o meu nome?

— Ando com a memória fraca. Desculpe-me, Irmão...

— Demétrius. Não se preocupe por não se lembrar. Sua memória espiritual voltará gradativamente. O desenlace não é nenhum passe de mágica; é preciso ter paciência; saber aguardar o momento certo para as lembranças.

— Demétrius... Irmão Demétrius... Quero primeiro agradecer a você e a todos deste posto socorrista. Bem sei que recebo aqui além dos meus merecimentos. A generosidade de todos me comove.

— Edileuza, agradeça a Deus-Pai; a Jesus, nosso Mestre e Irmão Maior. Tudo o que fazemos é pelo Amor que emana Deles. O que você ora recebe é a colheita do seu plantio. Não há, na Divina sabedoria, privilégios indevidos.

— Bem sei... Não abusando de sua generosidade, eu queria pedir em favor de Noélia, minha pobre filha. Ela está passando por uma fase difícil. Ela... — Não conseguiu falar, tal a emoção que a sufocou.

Demétrius, embora já conhecesse sobejamente aquela história, ouviu-a pacientemente discorrer, chorosa, o drama da filha. Falou do seu medo de que ela cometesse um aborto criminoso e comprometesse sua vida espiritual; sondou, discretamente, a possibilidade de forçarem a volta de Escobar.

— Edileuza, não se preocupe. Há tempos que venho cuidando de Noélia. Sei de tudo. Tenhamos fé. Tenho motivos para estar otimista e acreditar que sua filha, finalmente, desistiu de cometer tal crime.

— Louvado seja Deus! Mas ela ficou tão só... Pobrezinha. Se Escobar voltasse...

— Nunca estamos sozinhos, minha amiga. Além de Deus, nosso Pai sempre presente, Noélia ainda conta com a amizade de Felipe e Kírian. Eles já reafirmaram que jamais abandonarão Noélia e o filho dela.

— Irmão... Talvez vocês possam levar Escobar para Noélia, mesmo à revelia dele.

— Forçar a volta de Escobar não é de nossa competência e nem seria correto. Mas não se aflija, estamos fazendo o melhor possível.

— Que Deus o abençoe! Agora estou mais tranquila. O senhor Felipe e Kírian são ótimas criaturas. Noélia não está desprotegida.

— Não se perturbe, Edileuza. Pense em ficar boa logo para poder estar ao lado de Noélia e beijar seu neto quando ele nascer. Agora preciso ir, fique na Paz de Jesus.

— Amém. Siga na Paz Dele também.

Edileuza sorriu, enternecida pela perspectiva de ser vovó.

Estava ainda com o sorriso de satisfação nos lábios, quando uma enfermeira entrou:

— Que bom que a vejo bem disposta! Todos ficam assim depois de receberem a visita de Demétrius.

– Acho que ele é um santo.
– Se não é, está a caminho – gracejou a enfermeira. – E ajudou Edileuza a tomar banho e a se vestir. Depois, vendo-a mais animada, convidou-a a se reunir com os demais em uma grande sala onde seria servido um caldo revigorante.

CAPÍTULO XXI

A REUNIÃO NO CASTELO GARCIA D'ÁVILA

*Buscar o passado distante
para entender o presente.
Imergir no inconsciente
para emergir no consciente.*

O amor, mola propulsora que nos faz crescer, foi o motivo da reunião que se realizaria dentro em pouco. O lugar onde deveria ser realizado o reencontro de criaturas encarnadas com seus guias espirituais já fora escolhido. Seria nas ruínas do Castelo Garcia D'Ávila, construído no ano de 1561, no século XVI, na Praia do Forte/BA.

A lua cheia fazia sua ronda no firmamento, iluminando a cidade que dormia.

Noélia, em corpo astral, prepara-se para mais uma noite diferente. Não tem muito discernimento sobre o que está acontecendo. Só sabe que naquela noite enluarada viajará com Demétrius para muito longe do seu quarto. O Espírito fala-lhe amorosamente da necessidade de ficar calma e confiante. Ela apenas move a cabeça, assentindo. Embora Demétrius tenha se revestido de fluidos mais densos a fim de ser visto por ela, apenas a sua silhueta e sua voz são percebidas. Lin, outra entidade luminosa, pergunta a Demétrius.

— Acha mesmo necessário levá-la semiconsciente?

— Sim. Vamos passar por lugares inóspitos e não quero impressioná-la. Chegando lá a despertaremos completamente. É necessário que ela entenda de vez que não é Abelardo quem a está separando de Escobar e nunca mais pense em abortá-lo. Vez ou outra ela ainda cogita nisso.

— Mas ela já não havia decidido que teria o filho? Mudou de ideia, novamente?

— Não que tenha mudado de ideia... Seu protetor espiritual me informou que ela, às vezes, ainda se deixa levar pelas dúvidas; que, por causa da ausência de Edileuza tem caído em crises depressivas.

Passada a emoção da reunião em casa de Débora e sentindo a ausência da mãe, Noélia se questionava se tomara a decisão certa. Mas agora a influência do mal estava equilibrada pela do bem. Se Eleutério ainda tentava desviá-la do dever, Demétrius mostrava-lhe a verdade, ajudando-a a se defender das intromissões obsessivas. Todavia, segundo sabia Demétrius, a última palavra seria a dela, para que mais tarde não inculpasse ninguém pelo seu desatino.

O trabalho desobsessivo na casa espírita também estava sendo muito importante no seu reequilíbrio, embora Eleutério tenha fugido à luz do Evangelho.

— Quando estamos na matéria – disse Lin – não conseguimos enxergar a vida de forma coerente. Embora, como no caso em tela, a verdade seja mostrada, embora na hora encontre boa acolhida, passada a emoção do primeiro momento voltamos a pensar se realmente aquilo tudo aconteceu. Se não foi uma ilusão dos sentidos. Sobrepomos sempre o racional objetivo ao emocional subjetivo. Preferimos a dúvida dos fatos vividos a sua certeza, pois, assim, teremos tempo de protelar decisões no bem. Por exemplo: Alguém vê outro alguém com frio. No primeiro momento corre ao seu guarda-roupa e de lá retira algumas peças com a boa intenção de dá-las ao necessitado. Depois, ao dobrá-las, a emoção vai passando e ele diz: "Esta não posso dar, foi presente de fulano; esta... caramba... É muito cara para um mendigo... E esta..." Depois de algum tempo as peças são repostas no armário. Infelizmente nada daquilo poderia ser dado.

– Você não poderia definir melhor esse caso. É isso mesmo. No primeiro momento ela venceu a si mesma; esqueceu as fantasias da vida, os sacrifícios que deveria fazer para dar continuidade à gravidez. Depois, esfriados os fatos, voltou a se questionar. Os motivos do coração, então, ficaram em desvantagem.

– E Escobar? – perguntou Lin.

– Também está confuso. Ora quer assumir Noélia e o filho, ora pensa nas vantagens de ficar com Priscila.

– E Eleutério?

– O caso dele é bem mais complicado. Há séculos vem se alimentando de revolta. Não quer nem pensar em reencarnar; em perdoar e seguir adiante.

– O dia dele também chegará. O mal também cansa. Entedia. A lei universal da evolução não deixa ninguém parado por muito tempo.

– É verdade. Quem sabe agora, que perdeu um pouco a ascendência sobre Noélia, ele reconsidere.

Noélia ouvia, como em sonho, os dois Espíritos conversarem.

– Então vamos, Noélia. Está tranquila? – disse Demétrius.

– Estou... Mas aonde vamos?

– Vamos à Bahia. Perto de Salvador. Vamos, mais exatamente, à praia do Forte. Visitaremos hoje as ruínas do Castelo Garcia D'Ávila.

– Castelo Garcia D'Ávila... O mar verde... As ondas...

– Lembra-se do castelo, Noélia?

– Vagamente. Vejo-o envolto em névoa... Já o mar... Vejo-o claramente.

Os dois Espíritos ampararam-na. Um de cada lado, planando... Volitando. Sobre suas cabeças, o céu iluminado pela lua. Raras nuvens brincavam de fazer e desfazer miragens. Embaixo, regiões singulares, ora belas e serenas, ora assustadoras e trevosas, reafirmando que o homem, encarnado ou desencarnado, é quem constrói seus infernos e paraísos.

Deixaram o mar alto e subiram ladeando a praia.

Foi naquele castelo que Fátima Ambrósia de Oliveira, ontem Helena, hoje Noélia, nasceu no ano de 1730, filha de uma importante família portuguesa. Agora estava ali, ainda semiconsciente, caminhando por entre as ruínas, confusa e triste, tentando recordar.

Demétrius deixou-a na companhia de Lin e se afastou para buscar Escobar em corpo perispirítico. Não se passou muito tempo e estava de volta com o rapaz.

Noélia, vendo-o chegar, deu um grito abafado. Demétrius envolveu a ambos e lhes ministrou recursos magnéticos, despertando-os completamente.

Escobar aproximou-se dela. Emocionado, envolveu-a em um grande abraço. Misturaram suas lágrimas.

– Escobar... É você mesmo? Estou por acaso sonhando?

– Noélia, minha menina dos olhos verdes... Se estivermos sonhando vamos rezar para não acordar. É tão bom estar contigo, Noélia. É tão bom quando os fantasmas não vêm lembrar o passado.

– Fantasmas... Passado... Eu estou um tanto confusa. – E, livrando-se dos braços de Escobar, disse, embaraçada:

– Não devo confiar mais em você.

– Confiar. Você é que me fala em confiar? Eu também começo a sentir algo estranho... Ressentimentos, ciúmes... Mas eu sempre amei você. Tenho certeza disso... Estarei ficando louco, meu Deus? Por que você não confia em mim, se sinto que fui eu o traído?

Demétrius e Lin se aproximaram. Uniram as mãos de ambos. Oraram. Nesse momento Noélia tornou à consciência plena. Lembrou-se.

– Meu Deus! Eis que retorno! Meu castelo... – E saiu correndo, percorrendo primeiro o grande jardim gramado. Depois entrou no castelo. Chorava de emoção, chamando pela mãe, pelo pai, por Léo (Escobar).

Já não via ali ruínas. Já não era Noélia, nem Helena, e sim Fátima Ambrósia de Oliveira. Ano 1750. A vetusta paisagem litorânea emergia do passado. O século XX cedia lugar ao XVIII, pois as emoções ali vividas permaneciam, ainda, gravadas no éter. E também na mente de Noélia. Nada se perde. O passado, em qualquer tempo, sempre poderá ser reconstituído.

A pedido de Demétrius, Escobar alcançou Noélia.

– Noélia, alguma coisa estranha está se passando...

– Se é estranha, Léo, pouco me importa.

– Léo?

Noélia viajava dentro de si mesma e não notou o olhar espantado do rapaz.

– Este lugar, Léo... É como se eu nunca tivesse saído daqui. Ao mesmo tempo em que me alegro, sofro tremendamente. Todavia, é como se, resgatando o passado, tivesse medo de encarar o presente.

Noélia tremia. Seu olhar fulgurava. Escobar tomou-lhe as mãos.

– Sente-se, Noélia. Vamos orar. Ajoelhemo-nos aqui, debaixo deste céu estrelado. Bem sei que algo importante vai nos acontecer hoje.

Escobar estava mais senhor da situação. Médium que era, embora relapso, conseguia coordenar melhor as ideias.

Noélia, entregue às emoções do passado distante, queria percorrer tudo, rever tudo de uma só vez.

Demétrius e Lin se aproximaram.

– É ótimo que orem. Será mais fácil para fazê-los viajar no tempo; encontrarem-se frente a frente com o drama que gerou a desventura da existência passada e desta atual. Escobar vai descobrir hoje porque, apesar de amar tanto Noélia, tem ressentimentos e medos. Também ela compreenderá os motivos de Eleutério para obsedá-la. Verá que nada nos vem por capricho do Criador – disse Demétrius.

– Incrível como as consequências de um erro nos perseguem de uma vida para outra – disse Lin.

Demétrius assentiu, sereno:

– Toda conta tem de ser resgatada. Enquanto persistir a dívida, enquanto houver um devedor, o credor estará ali, *pari passu*. Nossa Noélia, a Fátima Ambrósia do século XVIII e a Helena da anterior existência, infelizmente não conseguiu se reequilibrar com a Grande Lei. Três existências e pouco progresso espiritual até aqui.

– E o reencarnante? – perguntou Lin.

– O filho que ela espera, Abelardo, era o irmão mais moço de Eleutério, ambos filhos de Ivan Maldonado D'Assumpção, hoje Felipe. Helena, volúvel e inconsequente, traiu os votos de casamento com Eleutério e fugiu com Abelardo, gerando no traído um ódio feroz que, apesar de sua vingança na ocasião, ainda não se satisfez. Seu ódio persiste até hoje. Pela paixão que nutre até hoje por Noélia, ele afrouxou a vingança contra ela, contentando-se só em se vingar do irmão. Prejudica também a Noélia, uma vez que a obsidia e a incentiva ao aborto.

– Eleutério, depois daquela existência, não reencarnou como os demais?

– O pobre Eleutério não quer nem ouvir falar em reencarnação. Fica preso numa ideia fixa. É como se para ele o tempo não passasse. Ele demorou a encontrar os desafetos do passado. Porque Noélia se arrependeu sinceramente, e pelo mérito de cuidar da mãe paralítica até há pouco tempo, teve o beneplácito de permanecer oculta por muito tempo aos olhos do perseguidor. No entanto, como nunca conseguimos nos reequilibrar no presente sem a volta ao passado, foi finalmente permitido que ele localizasse Helena na personalidade de Noélia.

– Parece que ele já não está tão obstinado, segundo me informaram.

– É verdade. Felipe, seu pai do passado, como já dissemos, está fazendo reuniões de desobsessão em favor de Noélia. Também tem pedido por Eleutério, pois compreende que se hoje ele é o algoz, ontem já foi a vítima.

– Noélia, indo sempre ao Centro, leva Eleutério junto, pois ele não desgruda dela, e assim vai devolvendo a ele o equilíbrio que um dia lhe tirou. Assim trabalha a Sabedoria Divina. Tudo acaba se encaixando, harmonizando-se. Impossível fugir à justiça; impossível burlar as Leis Divinas.

Escobar e Noélia, ou Léo e Fátima Ambrósia, acabavam de suplicar a Deus que os amparasse naquele momento.

Demétrius e Lin se aproximaram e impuseram as mãos sobre a cabeça de ambos estimulando-lhes a memória. A porta foi, então, aberta. Os registros, como que gravados no éter da imensidão cósmica com tintas indestrutíveis, desenrolaram-se. Dolorosos. Angustiantes:

O Castelo Garcia D'Ávila era uma construção pesada. Rude. De pedras escuras, janelões retangulares, portas pesadas, fortes, que lembravam as das masmorras da Idade das Trevas.

Fátima Ambrósia e seu amigo Léo, quase um irmão mais velho, saíram a cavalo. O rapaz pretendia caçar, pois na semana seguinte receberiam a visita dos primos que viriam de Portugal passar uns tempos no Brasil.

* * *

O castelo estava em festas. O grande quintal, prolongado ainda mais por uma cobertura de sapé, estava regurgitando de convidados. Os primos de Portugal haviam chegado. A grande festa era uma recepção oferecida a eles.

Desde que chegou, um dos rapazes, Antoniel, ficou perdido de amores por Fátima. Esta, que andava de namoricos com João Leopoldo, embora às escondidas dos pais, achou encantos, até então desconhecidos, naquele moço português de fala melodiosa que a envolvia de todas as maneiras; que falava da grande aventura que fora a viagem numa grande embarcação; que falava de Portugal e dos fados divertidos que então tentava ensiná-la.

João Leopoldo, ou Léo, os olhava enciumado. Quando Antoniel falou em casamento, que a levaria para Portugal onde ela viveria como uma rainha, Fátima Ambrósia sentiu-se tentada a aceitar. Todavia, seu coração inclinava-se mais para Léo, de forma que ela não sabia a quem preferir. Se de um lado tinha a segurança do amor de Léo, amor esse retribuído por ela, por outro tinha a promessa de aventuras. Viver em Portugal, fazer uma grande viagem de núpcias... Ser tratada como rainha...

Certo dia, Léo resolveu falar com ela mais duramente. Se ela realmente preferisse Antoniel, então ele saberia o que fazer. Combinou com ela um passeio para o dia seguinte. Precisavam conversar e, longe de Antoniel, os dois sozinhos, talvez a chance de conquistar de vez o coração de Fátima fosse maior. Arquitetou um plano que julgou infalível: Sozinhos dentro da mata submeteria a amada. Faria dela uma mulher. Sua mulher. Depois se casariam e ela ainda haveria de lhe agradecer.

Passou a noite, agitado. Com ódio. Percebeu que Fátima e Antoniel conversaram muito. Levantou várias vezes durante a noite para se certificar de que Fátima estava dormindo em seu quarto, pois, no seu ciúme, via-os juntos no quarto dele.

Finalmente amanheceu. Os cavalos foram arreados e, após o café da manhã, saíram para o campo. Depois, sentaram-se em uma pedra, perto de um fio d'água. Beijaram-se com certa violência. Fátima parecia preocupada e olhava constantemente para os lados. Vislumbrou, no meio de algumas touceiras de mato, dois olhos que os espreitavam. Tremeu. Léo julgou ser de emoção.

– Minha querida... Não se aflija. Estamos sozinhos, somos jovens...

– Bem sei, Léo. Mas estou nervosa. Precisamos conversar.

Um estampido ecoou na mata cerrada, enquanto João Leopoldo tombava pesadamente ao solo.

– Léo! Léo! – Valei-me minha Virgem Santa! – gritava Fátima Ambrósia enquanto erguia o tórax do rapaz. O sangue saía aos borbotões, manchando as roupas da moça.

– Um médico. Precisamos de um médico! – gritava histérica.

João Leopoldo olhou-a com olhos mortiços.

– Fátima... Por quê?

– Perdão, Léo. Perdão. Meu Deus!

– Como posso perdoá-la se me tira a vida?

– Não fui eu! Por que haveria eu de matá-lo? Eu amo você, Léo. Agora sei o quanto o amo! Meu Deus, me ajude!

– Sei que não foi você. Não diretamente. Foi seu primo, Antoniel. Eu o percebi nos seguindo. Mas você já sabia quais as intenções dele, não sabia? Não minta... Estou morrendo... Já nada mais importa... A sombra da morte já me envolve. O sangue vai-se-me esgotando.

– Não fale! Não se canse. Fique aqui. – E, rasgando a própria saia, envolveu o tórax ensanguentado. "Ajudai-me, Virgem Santa. Que loucura! Que atrocidade!" – Fique aqui bem quieto, vou buscar socorro. Você não vai morrer!

João Leopoldo segurou-a.

– Não se afaste. Não tem mais jeito. Médico, só em Salvador. Não vai dar tempo. Fique aqui comigo, não me deixe morrer só.

– Léo, não morra! Eu sei que também fui culpada. Não me deixe carregar esse remorso, porque não suportarei. Nós, eu e Antoniel, combinamos que só lhe daríamos um susto. Para você nos deixar em paz; para eu me decidir a casar com ele... Agora vejo minha estupidez... Você não merecia. Antoniel também me traiu. Ó, meu Deus!

– Não guardo ódio de você. Onde há amor não tem lugar para ódio, porém, você também pagará...

– Perdão... Perdão...

– Não sou Deus para perdoar. Você e o miserável assassino jamais serão felizes.

Fátima Ambrósia sofria de verdade. Arrependeu-se imediatamente da brincadeira de mau gosto; de ter permitido que o ciúme de Antoniel culminasse naquela tragédia. Agora sabia que a sombra de Léo haveria de trazer-lhe infelicidade. Amaldiçoou o dia em que Antoniel viera de Portugal. Não fosse ele, ela teria se casado com Léo e agora não estaria carregando na consciência aquele crime.

João Leopoldo morreu em seus braços. Ela molhou seu rosto com suas lágrimas. Só muito tempo depois teve coragem de contar o sucedido. O constrangimento foi total, o castelo se tingiu de negro e a felicidade o abandonou de vez.

A tragédia foi abafada. Acidente. Léo sofrera um acidente com a própria arma, afirmavam todos.

Fátima Ambrósia adoeceu. Antoniel via seu belo corpo definhar a olhos vistos. Depois de apenas alguns dias ela não passava de uma sombra do que fora. Como se não bastasse, a loucura ameaçava-lhe a vida. Desgostoso, regressou a Portugal, vindo também a desencarnar em alto-mar por conta de uma epidemia de febre que atingiu quase todos no navio.

Com apenas 19 anos, em meio a uma tempestade de vento que arrancava as folhas dos coqueiros, Fátima Ambrósia saiu de seu leito e, desgrenhada, febril, enlouquecida, saiu a correr. Quem a visse, camisola inflada pelo vento, a tomaria por um fantasma errante.

Afastava-se do castelo, onde todos dormiam. Corria. Corria em direção ao mar vencendo uma distância razoável sem se dar conta de nada.

O mar estava revolto. As ondas lambiam a praia, espumantes e bravias. Depois retornavam chocando-se com as que chegavam, e o frenético bailado iniciava-se novamente. Sempre... Sempre...

A doente parou por um instante. Sua alma, com certeza, titubeava diante do risco que corria. Mas foi só um instante. Ela foi caminhando, hipnotizada pela música do vento e das ondas... Caminhando... Caminhando... até restar somente um ponto branco arremessado de lá para cá pela fúria do mar.

Um pescador que regressava de uma pescaria frustrada a recolheu ainda com vida e a reconduziu ao castelo. Naquela mesma semana, ela desencarnou, chamando sempre por João Leopoldo, o amigo tão cruelmente traído.

Demétrius e Lin acompanharam Escobar e Noélia naquela viagem ao passado distante.

Os jovens estavam aturdidos. Escobar, por ser um pouco mais evoluído, uma vez que não se vingara de Antoniel nem de Fátima, compreendia melhor o que se passava. Compreendia, agora, o paroxismo que envolvia seu amor por Noélia; o amor, a raiva, o medo, a desconfiança.

Como não reencarnou nos tempos que Fátima Ambrósia fora Helena, João Leopoldo adquirira muitos méritos em trabalhos e estudos na espiritualidade. Pena haver-se esquecido deles tão logo o interesse material falou mais forte. Aí está a sabedoria dos testes. Como saber se realmente consubstanciamos em nós as virtudes; se o aprendizado não foi unicamente teórico; se tem a profundidade suficiente para fazer parte de nossa personalidade?

Na atual existência ele teria de se casar com Noélia que, de fato, muito lhe devia. Ambos acolheriam Abelardo, Eleutério e Antoniel como filhos do coração, para que o ódio se transformasse em amor.

Escobar, estupefato, compreendeu que botara tudo a perder ao deixar a moça grávida e fugir para Salvador. Embora os planos já houvessem sido programados antes do nascimento deles, não se podia intervir no seu livre-arbítrio. Deus sabe esperar. Compreende-nos a infantilidade da alma e, longe de se irar como o Deus antigo, favorece-nos com múltiplas oportunidades de recomeçar. De ratificar. De retificar.

Embora muitas vezes percamos tempo com coisas que nada nos acrescentam, as reencarnações sucessivas vão-nos ensinando a viver. E sempre é um passo a mais no caminho do aprendizado.

Noélia chorava. Aquela volta ao passado, o castelo que tantas recordações lhe traziam, abalaram-na profundamente. Todavia, estava mais confiante. Agora sabia que criaria o filho, que lhe daria muito amor, que venceria na presente existência seu carma negativo de outros tempos.

CAPÍTULO XXII

UM SONHO ESCLARECEDOR

*A inércia
é, provavelmente,
tudo o que um obsessor deseja.*

Era quase madrugada quando Demétrius e Lin acomodaram novamente Noélia em seu corpo físico. Aquele passeio em corpo perispiritual lhe fizera bem. Estava triste, mas confiante. Também Escobar foi deixado em segurança. A missão fora cumprida com êxito. Parte do programa reencarnatório estava prejudicada, porém, não de todo perdida.

Na manhã seguinte, Escobar acordou com a sensação do "sonho". No escritório falou ao colega:

— Roberto, tive outro sonho. "Daqueles" sonhos.

— Vá contando.

— Foi estranho, rapaz. Eu estava em um castelo bem antigo. Na verdade, quando cheguei só havia ruínas. Depois, como num milagre, o castelo lá estava. Cheio de gente. Parecia que estavam dando uma festa. Depois percebi que todos choravam. Acusavam-se uns aos outros... Parece que alguma coisa grave havia ali acontecido.

— Interessante — continue.

— De repente, sabe quem encontro? Uma jovem que dizia ser a Noélia. No mesmo instante ela dizia ser também uma tal de Fátima... Fátima... Não me lembro do outro nome. Tudo embaralhado, estranho... Que acha? Será minha consciência?

— Cara, eu já lhe disse. Volte pra São Paulo e se case com a moça. Você é doido por ela. Vai sonhar a vida inteira e qualquer dia fala dormindo o nome dela. Daí... Como vai explicar pra Priscila Maria?

— Não é tão simples como parece.

— Você é que torna tudo complicado.

— Compreendi, no sonho, que amo e odeio a Noélia ao mesmo tempo. Melhor dizendo, não é ódio é "dor de cotovelo"; é ciúme; é desconfiança. Perto da Priscila Maria, embora não haja amor da minha parte, pelo menos não fico com um *pé atrás* todo o tempo.

Roberto coçou a cabeça. Era um caso intrincado. De difícil solução.

— É, meu irmão. Que encrenca, hein? Parece coisa de vidas passadas, não parece?

— Hummm... Eu sinto que é.

— Você acredita nisso, não acredita? Se é até médium...

— Acredito, sim. Não poderia ser diferente. Como compreender a diversidade da sorte, de oportunidades, acreditando que temos uma única existência? Haveria justiça por parte de Deus? Como nos livrar de tantos vícios e defeitos e ao mesmo tempo conquistar virtudes? Se tivéssemos somente uma existência, o céu estaria vazio e o inferno superlotado.

Roberto gargalhou:

— Sem dúvida, meu Irmão. Quem, deste mundo, pode dizer que merece o céu? Mas, falando sério, eu tenho lido *O Livro dos Espíritos*. Há muita coerência nele. Quem o ler sem preconceitos, sem ideias já enraizadas, compreenderá muita coisa... Evitará muitas dores futuras.

— Ora, ora, você cada dia me surpreende mais. Então é ledor das obras de Kardec? *"Esse cara parece mineiro...quietinho...quietinho..."*

— Ganhei de presente de aniversário toda a coleção da codificação: *O Evangelho Segundo o Espiritismo, O Livro dos Espíritos, O Livro dos Médiuns, a Gênesis, o Céu e Inferno...* Foi o melhor presente que recebi até hoje.

Aposto que você, que disse já ter frequentado durante anos o Espiritismo e que é inclusive um médium, ainda não leu esses livros básicos.

– Não todos. Mas tenho uma boa base.

– Temos uma boa base teórica. Porque na prática... – disse Roberto.

– ... não consigo vivenciar. Não como seria desejável.

– Eu tampouco consigo.

– Sabemos que a luta pelos bens espirituais deveria vir sempre na frente, porém, o que se dá é o contrário. Sempre achamos que os bens materiais são prioritários. Que estamos aqui e, portanto, vamos gozar a vida, como se fosse para isso que renascemos – afirmou Escobar com toda a prolixidade que Deus lhe dera.

– É que as coisas materiais nos absorvem de tal maneira, que não sobra tempo para mais nada. Por outro lado, se não se lutasse pelas coisas materiais não haveria progresso – ponderou Roberto.

– Ninguém está dizendo que não se deva lutar por elas. Claro que devemos. Não vamos cruzar os braços e esperar que o maná caia do céu em nossas mesas. O que verifico, e isso em mim mesmo, confesso, é que há uma grande inversão de valores. Damos os melhores anos de nossa vida, nossas melhores disposições correndo atrás das coisas materiais. Nunca encontramos disponibilidades para a luta em prol do Espírito. No fim de tudo percebemos que andamos correndo atrás de miragens; que, quando conquistamos o bem pelo qual lutamos ansiosamente, já ele é pouco; já não nos basta. Temos novas necessidades. Quando não temos fortuna, lutamos para consegui-la. Não há tempo para nada. Quando a conseguimos, continuamos não tendo tempo porque temos de administrá-la a fim de que ela não nos fuja.

– E o que Jesus ensinou, Escobar? "Onde estiver seu tesouro aí estará seu coração", não foi isso?

– Foi. O fato é que quanto mais bens materiais possuímos, mais nos sentimos ligados à terra; aos tesouros a que o Cristo se referiu... *Mesmo sabendo lutamos por eles com unhas e dentes. Queremos sempre garantir o aqui e agora.*"

– Pena que somos ricos só de teorias, não é, meu Irmão?

– E o inferno deve estar cheio de teóricos – gracejou Escobar.

– Mas em que ficamos?

— Sobre o quê?

— Ora, já esqueceu o sonho estranho?

— Não. Ele não me sai da cabeça. Assim que o Dr. Firmino chegar vou conversar com ele. Quero voltar pra "Sampa" e me acertar com Noélia. Quando eu der por mim já estou lá – riu.

— Engraçado...

— O quê?

— Você já parou pra pensar que sabe tanto sobre a vida espiritual, mas não abre mão das coisas materiais? Quer apostar que daqui a pouco você já mudou de ideia quanto a voltar e assumir seus deveres?

Escobar ia responder, mas achou que o colega tinha razão. Ele era mesmo de uma inconstância de fazer dó. *"Saber é uma coisa; ser é outra."*

Deu andamento ao expediente do dia pensando em como falar ao chefe sem magoá-lo. Também deveria ser franco com Priscila Maria que, afinal de contas, era uma boa moça. Quando, finalmente decidiu ir falar com o Dr. Firmino, já no fim do expediente, ficou decepcionado: "O doutor Firmino não está. Precisou sair às pressas por causa de um telefonema" – informou a secretária.

— Alguma coisa séria?

— Parece que sim. Ele saiu transtornado. Solicitou até o motorista da firma, alegando que estava muito nervoso para dirigir.

Escobar ficou preocupado. Mas nada podia fazer. Voltou ao trabalho, mas não conseguia concentrar-se no que estava fazendo. A lembrança do sonho e a conversa com Roberto não lhe saíam da cabeça: *"Falei com Roberto como grande conhecedor das Leis de Deus, mas sinto-me um hipócrita, porque não ajo de acordo com aquilo que sei; que seria o certo. Penso uma coisa, mas na hora de concretizar minhas intenções em prol do Espírito, busco mesmo as vantagens da matéria... Do aqui e agora... O mais pode esperar. Mas ainda hoje vou falar com Priscila Maria. Se ela e a família compreenderem, bem; se não, paciência. Farei o que tiver de ser feito. Os Espíritos estão tentando me ajudar, bem sei".*

* * *

Eleutério perdia gradativamente a sintonia com Noélia. A moça, orientada por Kírian, procurava reagir às suas sugestões. Desanimado, ele foi ao encalço de Escobar. *"Este também não é flor que se cheire."* – E o esperou no quarto. Sabia que ali o encontraria mais facilmente.

Dali a alguns instantes, Escobar chegou e se jogou pesadamente na cama. O obsessor aproximou-se. Tentou impressionar o rapaz com ameaças, falando também de sua covardia, de sua falta de honradez em relação à Noélia.

O rapaz pressentiu-lhe a presença inamistosa. Sentiu-se mal. Levantou-se. Olhou o nicho de madeira escurecida. A santa, olhar suave, o convidava à prece. Ele se ajoelhou, cotovelos fincados no colchão. Orou a Deus, orou por aquele obsessor que ele pressentia ali, junto dele. Orou por Noélia e por ele próprio. A sintonia espiritual negativa foi quebrada, mas ele se sentiu profundamente magoado com tudo.

Durante o jantar pouco falou. Depois foi diretamente para a casa de Priscila Maria. Estava preocupado, porque o Dr. Firmino não havia voltado para o escritório. E ele ficara muito além do expediente para tentar conversar com o futuro sogro sobre a decisão que havia tomado.

Não havia ninguém na casa da namorada. Estava tudo fechado. Perguntou a uma vizinha:

– O senhor não sabe?

– O quê? Por favor, fale logo.

– A menina Priscila passou mal e foi levada às pressas para o hospital.

– Mas eu trabalho com o Dr. Firmino e não fiquei sabendo de nada! – Depois lembrou que com certeza o pai havia saído às pressas e nervoso por aquele motivo.

– Obrigado pela informação. A senhora sabe em que hospital eles estão?

De posse do endereço, Escobar foi direto para lá. Encontrou Liliana e o marido grandemente preocupados. Liliana tinha os olhos vermelhos.

– Escobar, que bom que você veio, meu filho – cumprimentou Liliana, não escondendo a preocupação e a dor.

– O que aconteceu com a Priscila? Ainda pela manhã nos falamos por telefone.

– Ela estava bem, de repente desmaiou. Foi um susto! Está com uma pequena hemorragia. Não sei direito. Bom Deus, ampare a minha menina!

— Ainda não falaram com o médico?

— Ele ficou de vir aqui tão logo pudesse. Mas garantiu que ela ficará bem. Faz mais de duas horas que estão lá dentro com ela e...

Antes que o Dr. Firmino terminasse, o médico chegou.

— Ela vai ter de ficar internada. A hemorragia já foi controlada e creio que o bebê está salvo.

Dr. Firmino, Liliana e Escobar quase caíram de susto.

— Bebê? Bebê? De que bebê o senhor está falando, doutor? Acho que está fazendo confusão com outra paciente – quase gritou o Dr. Firmino.

— Não há confusão nenhuma. Acho que os senhores não sabiam. A moça Priscila Maria está grávida. Na verdade ainda não é um bebê e sim um feto de algumas semanas.

Os três continuaram olhando o médico. Ninguém conseguia falar, tal o espanto que os imobilizou.

— Talvez ela estivesse esperando passar mais tempo para falar com certeza.

— Isso tudo é uma loucura! Minha filha é ainda uma criança... – gemeu a chorosa Liliana.

— Desculpe. Acho que estraguei a surpresa. Com certeza ela também ainda não sabia. Ou talvez quisesse ela mesma contar.

— Pode estar havendo um engano... – disse o Dr. Firmino, mas tão baixo que só ele ouviu.

— Você é o pai? – perguntou o médico olhando para Escobar.

Ele não respondeu nem sim, nem não, e o médico saiu, certo de que tinha cometido uma indiscrição das grandes.

— Escobar, o que você tem a dizer sobre tudo isso? – disse Liliana. – Foi o Dr. Firmino quem respondeu.

— Deixe Li, lá em casa falaremos. Vamos, agora, ver como está a Priscila. – E olhando para Escobar disse energicamente: Temos muito que conversar meu rapaz.

Priscila Maria estava muito pálida recebendo sangue. Ao ver os pais e o namorado deu um risinho nervoso.

— Pri, o que aconteceu? – perguntou o pai.

— Priscila... Minha filha... – E a mãe não pôde dizer mais nada, despencando na choradeira.

– Ora essa, "dona Liliana". Eu não morri, não! Estou meio "preju", mas vivinha da silva. Foi só uma pequena hemorragia e um desmaio bobo. Ainda não é dessa vez que vou falar com São Pedro.

Estavam os dois à cabeceira da moça, mimando-a. Ninguém tinha coragem de perguntar sobre o que o médico dissera. Olhavam-se, interrogativamente, mas nada diziam.

Escobar estava trêmulo: *"Não pode ser! Não pode ser!"*

– Os três estão me escondendo alguma coisa? O que é? Tenho alguma coisa grave? *aids*?

– Minha filha, por que não nos falou da gravidez?

– Gravidez? – espantou-se a moça.

– Sim. Gra-vi-dez – silabou a mãe. – O médico nos afirmou.

– O quê?!

– Não sabia? Você está grávida! Ó, meu Pai do Céu! Sou tão nova para ser avó!

– Não! Não estou não! O médico deve ter se enganado!

Olhou para Escobar e começou a chorar.

Escobar a olhava com certa severidade no olhar. Estava arrasado. Não podia crer. Sentia-se como uma folha seca carregada pelo vento, sem nenhum controle sobre sua vida. Agora que havia se decidido a contar tudo e retornar para Noélia e o filho, aquilo acontecia... *"Maldita fraqueza do homem. Por que fui ceder aos impulsos? E agora, seu dom-juan? Como abandoná-la para se casar com Noélia? Seria 'cobrir um santo e descobrir outro'. Estarei sendo castigado? Não! Não é castigo. Tampouco estou expiando erros passados, conforme muitos tentam justificar os desacertos presentes. Colho agora os frutos da minha ganância, da minha crueldade, da minha ruindade atual."*

Escobar, abatido, lutava consigo mesmo. Sofria. Justificava-se. Punia-se.

– Não chore, Pri – falou carinhosamente o pai. Tudo haverá de se arranjar. E olhando Escobar, que parecia distante, disse:

– Afinal, já amo o Escobar como a um filho.

Liliana fungou e concordou com a cabeça:

– Eu também.

– Escobar, eu não sabia. Juro! – disse Priscila, aos prantos. Mas no íntimo da alma agradeceu aquela gravidez que lhe garantia fazer do namorado, seu marido.

Escobar continuava abatido. Ausente. Trêmulo.

– Escobar... Espero que você não pense que quis engravidar pra prender você. Eu seria incapaz de dar o golpe da barriga. Diga alguma coisa, não fique assim...

O rapaz continuava mudo. Havia construído um castelo lindo ao lado de Noélia e, nem bem o erigira, já o teria de demolir. *"Que faço, meu Deus?"*

– Olha, se você não quiser, eu me viro, tá bom? Pode-se abortar...

– Acho que...

Àquela sugestão ele despertou dos seus devaneios. *"Não! Desta vez não vou recomendar ou permitir isso."* – A moça esperava sua decisão, mas foi o Dr. Firmino quem respondeu:

– Se vira como? Abortar? Nem pensar! Ficar mãe solteira? Menos ainda. – E encarando Escobar, sem a mesma compreensão de momentos antes, falou categórico: Preste atenção, meu rapaz. Filha minha carregando um filho na barriga, ou é casada ou é viúva. Entendeu?

Escobar saiu daquela apatia. A alma estava exausta. Arrastando as palavras como se elas lhe pesassem toneladas, disse que não havia motivo para preocupações; que ele seria incapaz de manchar a honradez da família.

O homem acenou com a cabeça. *"Melhor assim."*

Quando Priscila Maria deixou o hospital, os preparativos do casamento tiveram início. Dois meses depois, com a gestação em pleno desenvolvimento, casaram-se.

Priscila Maria fez questão de se vestir de noiva e não dispensou uma grande festa.

Escobar, quase ausente, submetia-se a tudo. E como um autômato foi para o altar. *"Acabo de jogar pela janela minha chance de ser feliz."*

A viagem de núpcias, presente do sogro, não conseguiu subtraí-lo ao desgosto profundo que lhe minava as energias.

Possuía, agora, uma posição de destaque na sociedade, um ótimo emprego, um ótimo salário, uma casa confortável, uma família. Deveria estar feliz, mas não estava. *"Ora, meu rapaz... e seu senso prático? Não tem todas as regalias que o dinheiro traz? Não era esse, afinal o seu desejo?"* – E

Escobar, bem cedo reconheceu que fora imaturo; que as ilusões das posses materiais não tiveram forças para torná-lo feliz, como até então pensava.

Bem cedo a risonha Priscila Maria também percebeu que havia cometido um erro. Conseguira casar-se com Escobar, mas não conseguira seu coração. Tinha-o de corpo presente, mas a alma...

Noélia soube por intermédio de Ígor, mas não lhe desejou mal algum. Desde a visita ao castelo que compreendera as razões de Escobar. Sentiu que talvez tivesse de expurgar primeiro a antiga mácula para poder ser feliz depois. Seu filho nasceria dentro de alguns dias. Sua vida seria dedicada a ele. Contava com a ajuda material e espiritual dos amigos Felipe e Kírian, agora já casados. Pouco tinha a pedir; muito a agradecer – pensou.

Segunda Parte

CAPÍTULO XXIII

A REVOLTA DE ULISSES ESCOBAR

A Natureza não salta etapa, não age às cegas. É prudente. Refletimos sempre a vida que do passado faz presente.

Noélia Maria Cruz Van Opstal e Escobar Coriolano de Almeida, separados pela ambição deste, haviam traçado linhas contraditórias ao plano reencarnacionista adrede preparado.

O mergulho na matéria densa faz os valores espirituais carecerem de lógica. Assim, tão logo Escobar se viu reencarnado, as ilusões terrenas cresceram e sufocaram a nobre intenção de reparar os erros do passado.

As dúvidas, as tendências perniciosas, todos os espinhos que ora feriam-no, não eram somente recidivas indesejáveis do passado espiritual, mas também os desacertos presentes que eclipsavam seu raciocínio. Mas... "Nada é para sempre". Por mais voltas que a vida dê, sempre chega aonde tem de chegar.

O obsessor Eleutério não se inclinava às evidências e permanecia irredutível na sua teimosia. Alimentava com furor o desejo de vingança, e só encontrava lenitivo com a esperança de ver seus desafetos muito bem punidos. Passou a autodenominar-se "o bruxo que nunca se cansa".

Pergunto-me quanto tempo é possível a um filho de Deus manter-se enrodilhado em tantas trevas! Em tantas revoltas! Em tantas ideias fixas! Vem-me, então, à mente uma resposta plausível trazida da Espiritualidade Superior para nosso maior entendimento e que por enquanto deverá nos bastar: Deus está sempre criando, porque Ele é a própria vida. E vida é movimento constante. Assim, da mente do Criador, mônadas espirituais são projetadas no espaço cósmico. Caem no vórtice involutivo completamente inconscientes e vão se condensando por meio de matéria cada vez mais densa. No fim dessa queda, que se dá no reino mineral, são estimuladas pela evolução – que é Lei Divina e inexorável do planeta – a iniciarem o novo movimento, o de ascese, de religamento com o Pai-Criador. Não há como precisar o tempo demorado pelas mônadas divinas nesse percurso, bem como suas inúmeras transformações.

No primeiro movimento – involução –, essas fagulhas espirituais (a criatura humana em potencial, qual a gigantesca árvore que está inserida na pequena semente), não têm, ainda, nenhuma consciência, mas, sim, potencialidade imensurável a ser desenvolvida. No segundo movimento, o da evolução, já vão desenvolvendo a consciência por meio das muitas existências nos vários reinos da Natureza. Vão, ao longo dos milênios, individualizando-se, pois, até então, estagiavam em grupos sob a proteção dos diretores siderais.

À medida que se individualiza; que se conscientiza de sua existência; que já é uma criatura; vai desenvolvendo vícios e virtudes ao longo do caminho. Vai aprendendo por quais caminhos deve seguir, o que a faz feliz e o que a faz infeliz. E como Espírito já diferenciado, vai lapidando erros, consubstanciando virtudes para que brilhe a luz original herdada de Deus e possa chegar aos pés Deste como alma redimida pelo parto da sabedoria.

Eleutério parecia não se dar conta da passagem desses séculos, mas isso dentro de uma visão superficial, porque todos nos modificamos em todos os momentos. Assim, vai a "casca enrijecida", amolecendo. Até que um dia...

A lentidão da subida, as muitas voltas que damos até conhecer a nós mesmos, os percalços do caminho poderão nos reter marginalizados por muito tempo, até que um dia o "eu" profundo nos desperta. Então percebemos que Deus sempre esteve à nossa espera. Tão perto de nós que não O víamos; tão obscurecido por camadas de matéria densa, que foi preciso uma limpeza rigorosa, um expurgo das "matérias grosseiras" para poder senti-Lo, pois que Ele é vida plena.

Eleutério, o bruxo, sufocava-se nessa matéria densa, não cedendo aos imperativos da transformação. Por isso mesmo se enredava cada vez mais nos equívocos da vida. Debatia-se em viscoso charco sem enxergar o oásis de águas cristalinas que esperava por ele. O sentimento que o prendia a Noélia, sua querida Helena de outra existência, ofuscava seu bom-senso. Sua ascese tornava-se espinhosa. Embora recalcitrasse, os trabalhadores desencarnados do bem sabiam esperar, compreender, amar.

Assim o tempo passou na morosidade peculiar daqueles que lutam a fim de não sucumbirem diante dos obstáculos. Tanto a dor quanto o amor frustrado que se sofreu no passado, ficam acomodados. Já não dói tanto quanto nos primeiros momentos, embora baste que se lhes dê algum combustível para que se reacendam. Intolerantes. Implacáveis. Incomodativos.

Longe e perto estava a solução adequada aos problemas que atormentavam os integrantes desta história. O paradoxo é explicável: Como senhores da nossa existência, podemos pegar um atalho e chegar mais rapidamente aos finalmentes. De igual forma podemos seguir por vias tortuosas, labirintos que não levam a lugar nenhum e nos mantêm na dor. O Cristo Jesus deixou-nos um roteiro inequívoco para seguir: "Amar a Deus sobre todas as coisas e ao próximo como a si mesmo", mas o obsessor de Noélia, e de quantos mais se lhe interpunham no caminho, resolveu agir por conta própria. Tomou sob sua responsabilidade o castigo que os responsáveis por sua desdita deveriam sofrer. Fez-se juiz em causa própria. E não via outro caminho. E não perdoava. E não perdoando trazia mais dores a si mesmo. Círculo vicioso que necessitava de entendimento para se romper.

* * *

Pela terceira vez naquele início de ano, Noélia foi chamada à escola onde seu filho, Ulisses Escobar van Opstal, estudava.

Contava o menino 10 anos de idade. Era motivo de preocupações constantes para a mãe e para os padrinhos, Felipe e Kírian. Apesar do amor com que sempre fora cercado, ressentia-se da falta de um pai. Invejava Leonardo e Laura, filhos de Felipe e Kírian. Por qualquer coisa chorava e os acusava injustamente. Laura, bondosa por natureza, parecia compreendê-lo, mas o irmão o insultava e, maldosamente, o chamava de "denguinho da mamãe". Ulisses corria para socá-lo, mas Laura, com palavras afetuosas, impedia que ele agredisse o irmão, embora este fosse quase dois anos mais velho do que ela. "Tem coragem de bater em alguém mais novo do que você, Ulisses?" Ou então: "Somos quase irmãos não somos?" – perguntava de maneira tão meiga que o desarmava.

Mas nem sempre ela conseguia apaziguar tal gênio brigão. Vezes havia em que ele dizia coisas estranhas e ameaçadoras. Nesses momentos tornava-se tão assustador que os irmãos fugiam amedrontados.

– Mãe... Hoje fiquei com medo do Ulisses.

– Ora essa. Por quê?

– Nós brigamos... Ele parecia outra pessoa.

– Como assim, outra pessoa? Fale, Leonardo!

– Ele quis me bater. Veio pra cima de mim. Seus olhos estavam estranhos...

Kírian percebeu o que se passava. Era médium e conhecia muito bem os sintomas do envolvimento espiritual. Também já havia notado que Ulisses parecia sofrer a perseguição de algum inimigo desencarnado. *"Pode ser o mesmo Espírito que acompanha Noélia há tanto tempo"*... – pensou.

Abraçou o filho:

– Leonardo, você não deve ter medo. Seu amigo deve estar com algum problema.

Mas no fundo ficou preocupada. Não sabia o que dizer. Mandar o filho se afastar não era correto... Expô-lo à ira de Ulisses Escobar também não. Laura, que estava só ouvindo, comentou:

– Mas ele não é sempre assim, mamãe. Muitas vezes já me defendeu e ao Leonardo. Não é mesmo, Léo?

O menino, a contragosto, concordou com ela.

— É, mas na maioria das vezes é mau. Da próxima vez vou dar um chute na canela dele. Ele não vai esquecer por muito tempo. É errado isso, mãe? É errado a gente se defender?

Kírian meditou um pouco. O filho a estava colocando numa "saia justa".

— Vamos nos sentar aqui e conversar.

— Não me venha pedir pra ser bonzinho com ele, mãe. Ele não merece nenhuma bondade. Só tenho aguentado pela tia Noélia e pela Laura, que morrem de amores por aquele imbecil! Por mim já teria dado uma boa surra nele, aquele "denguinho da mamãe".

— Calma, meu filho. Sabe o que acontece? A tia Noélia só tem a ele no mundo, por isso talvez o mime demais. Por outro lado, o Escobar se ressente da falta do pai. Cresceu revoltado; sente-se inferiorizado e reage com agressividade. Será que se fosse você no lugar dele faria melhor?

Leonardo acalmou-se. Era um menino de boa índole.

— Mãe, às vezes eu o vejo enxugando os olhos. Ele disfarça quando eu chego perto. Outro dia ele ficou parado, olhando um pai carregar um colega nosso que está com a perna engessada. Ele ficou um tempão olhando... E chorou, depois.

— Então, filha... Vocês podem ver que ele não é mau. Apenas está confuso... Sente-se desprezado... Traído pela vida... Vocês podem entender?

— Mãe, quer dizer que eu devo me deixar bater?! Que o coitadinho do Escobarzinho precisa se vingar do mundo? É isso?

— Claro que não, meu filho!

— Então?

— A defesa nunca é um erro. Temos obrigação de nos defender, pois que este corpo que temos nos foi emprestado para servir de nossa casa, de casa do Espírito e, portanto, deve ser preservado. Não devemos atacar, mas, se o ataque vier, resta-nos a obrigação da defesa.

— Mas, mamãe, você outro dia leu uma mensagem de Jesus e Ele dizia que, se alguém batesse numa face, deveríamos oferecer a outra – lembrou Laura.

— Laura, as passagens da bíblia não podem ser tomadas ao pé da letra, ou seja, elas, na sua maioria, são simbólicas. Temos de buscar o seu significado profundo. Jesus não pretendeu dizer que devêssemos nos deixar matar de pancadas, claro que não! O que a espiritualidade nos informa sobre isso é que não devemos nos vingar; que devemos oferecer a outra face, a face do perdão, da compreensão.

— Então... da próxima vez vou lhe dar uns bons murros e esperar que ele me perdoe.

— Não seja tolo, Léo. Ele é mais forte e maior do que você. E também não vai dar a outra face. Vai machucar você – repreendeu Laura.

— Leonardo, não posso falar pra você se deixar apanhar. Tampouco vou aconselhá-lo a bater nele. Confio em você, meu filho. Sei que você saberá fazer o certo, mas não procure brigas e, se puder evitá-las, melhor para todos.

Leonardo foi chamado por um amigo e saiu. Laura ainda quis defender o amigo:

— Não é todo dia que o Escobarzinho age assim, mamãe. Muitas vezes ele é bem legal. Outro dia um colega estava rindo de mim, porque errei algumas questões de matemática. Então ele chegou, pegou o garoto pelo braço e o pôs a correr. Nunca mais esse menino se meteu comigo. O Léo também é um ingrato, porque o Escobarzinho já o livrou de muitas encrencas.

Kírian percebeu que Laura idolatrava seu afilhado, Ulisses Escobar. No fundo da alma, sentiu-se apreensiva.

* * *

Numa tarde de movimento calmo na Secretaria da faculdade onde trabalhavam, Noélia e Kírian conversavam. Como acontecia sempre, a conversa girou em torno dos filhos. Desde a última conversa que tivera com o filho Leonardo, sobre a agressividade de Ulisses Escobar, que Kírian estava preocupada.

— Noélia, não acha que o Escobarzinho está sendo muito mimado? Que muitas vezes reage de forma agressiva?

— Pois é, Kírian. Eu acho sim, mas é que...

— Sei as razões, Noélia, porém, até o amor tem de ser na medida certa. Tem de ser racional, senão você corre o risco de estragar a educação dele. Não se pode dizer só sim, sim, em nome do amor. Às vezes um não é prova maior de amor do que um sim... Você tem de pensar que um dia ele estará enfrentando os "nãos" da vida... E aí? Como vai ser?

Noélia ficou pensativa. Não havia como contestar tais ponderações. Mas aquele filho era tudo que ela tinha na vida, e a vontade dele era a vontade dela. Respirou fundo.

– O que mais me preocupa nele é a agressividade. Está bem... de repente... parece que vê o demônio! Ah, meu Deus! Fico pensando se não o prejudiquei quando, na gestação dele, pensei mais de uma vez em abortá-lo. Que você acha?

– Não descarto tal possibilidade. Mas é bom não pensar nisso agora. Já passou. Ficar remoendo o passado não vai ajudar em nada.

– Sabe, às vezes acho que ele pode estar sendo obsidiado. Mas ele é ainda uma criança! Acha isso possível?

– Possível é. Mas com certeza ele tem um guia espiritual, um anjo da guarda que deve preservá-lo enquanto ele for criança. Todavia, se ele tiver sensibilidade mediúnica, pode sim estar captando vibrações e fluidos nocivos. Afinal, devemos lembrar sempre que ele é criança apenas no corpo; que o Espírito pode ser bem mais velho do que todos nós.

Noélia não desconhecia isso, embora gostasse de pensar que seu filho fosse puro, sensato, inteligente e bondoso. Na verdade, Ulisses Escobar tinha um pouco dessas virtudes, mas possuía também muita negatividade a ser corrigida; muitas máculas a serem limpas.

– Escobarzinho tem muitos motivos para ser agressivo...

Kírian interrompeu a amiga e disse energicamente:

– Não! Não tem. Você está justificando seu filho, e isso é errado. Por mais que amemos nossos filhos não podemos ser cegas! Temos de olhá-los como olhamos os filhos dos outros: sem paixão. Sem condescendência. Só assim poderemos ajudá-los. Minha amiga! Ser mãe é assunto dos mais sérios, e um dia será perguntado a toda mãe o que ela fez com o filho que Deus lhe deu.

– É... Acho que meu amor é um tanto cego.

– Ele não tem razão para ser agressivo. Nunca foi tratado com agressividade. Fazemos tudo o que podemos por ele. Nada lhe falta...

– ... exceto o pai – disse Noélia com amargura.

— Sim, é verdade, mas isso não é motivo para justificarmos sua agressividade, ou melhor, para fazermos olhos cegos para essa realidade. Muita gente cresce sem pai, ou sem mãe, e nem por isso descamba para as agressões.

— A mim parece que ele está sendo perturbado por alguma influência negativa. Eu sinto isso... Às vezes...

— Às vezes... o quê?

— Parece coisa de doido, mas às vezes alguém gargalha nos meus ouvidos.

— Quê?! Você nunca me disse isso!

— É que não tenho muita certeza. Quando vou prestar atenção, a coisa emudece.

— O que você ouve?

— Deixa pra lá... É bobagem... Nem me assusta mais...

Noélia olhou seu relógio. A conversa a estava aborrecendo. Mas Kírian não desistia com tanta facilidade.

— Não interessa. Vamos, amiga, conte-me. Quero saber pra poder ajudar.

— Quando estou triste, pensando em tudo o que me aconteceu e ao Escobarzinho, parece que alguém se aproxima e me diz: "O bruxo que nunca se cansa fará justiça". E ele me chama por outro nome. Já viu coisa mais esquisita?

Kírian não respondeu. O que Noélia lhe contava "batia" perfeitamente com sua suspeita. Tanto a amiga quanto o filho dela estavam sendo obsidiados, não havia mais dúvidas. Mas ela não queria assustar a amiga e se calou a esse respeito.

— Deve ser impressão sua... de qualquer forma vamos nos apegar à oração; pedir a intercessão de algum Espírito de luz para nos ajudar. Se for alguma entidade sofredora, ela será esclarecida e afastada — E a mente de Kírian retrocedeu até bem antes do nascimento de Escobarzinho: *"Aquele obsessor... teria voltado? Ou nunca se fora?"*

Batendo fraternalmente no ombro da amiga, disse-lhe:

— Você tem orado com Escobarzinho e por ele? A prece sempre ajuda muito.

— Todas as noites oramos juntos.

— Como ele reage? Aceita bem?

— Quando era pequenino aceitava de bom grado, mas agora alega que tem sono. Outro dia disse que não queria rezar; que não tinha nada pra pedir e nem pra agradecer. Já viu isso? Uma criança de 10 anos!

— Ele é inteligente. Isso é uma razão a mais pra você educá-lo com sabedoria.

— Como? Não sou sábia! Tenho também muitas limitações!

— Todos temos limitações. Mas às mães foi dada uma sabedoria instintiva. Inata. Deixe-se guiar pelas lições do Cristo Jesus e não precisará de nenhum Diploma de Mãe Perfeita.

— Falar é fácil...

— É obrigação da mãe, como primeira educadora, estar atenta a tudo; verificar as tendências dos filhos e chegar sempre na frente. Lembre-se de que você tem de ser a mãe e o pai dele.

Noélia lembrou-se do ex-namorado Escobar que a engravidara e depois fugira para Salvador, lá fazendo um casamento de conveniência com Priscila Maria, cujo irmão fora salvo por ele.

Uma pontada de mágoa foi buscar a revolta, mas Noélia a rejeitou. Havia, naqueles anos todos, amadurecido muito. Concentrou-se no filho.

— Quanto a mimá-lo... Você tem razão. Preciso evitar... mas é que tenho tanta pena dele... nunca conheceu o pai. *"Escobar... Que safado!"*

— Melhor não remoer o passado, Noélia. Você falou que o menino pode estar sendo influenciado...

—... por algum Espírito trevoso, Kírian. Tremo só de pensar.

— Leonardo tem medo dele. Ontem me contou que, às vezes, Escobarzinho parece conversar com alguém que só ele vê. Por essa razão eu quis falar com você. Leonardo tem comentado. Acha que algumas vezes ele age de forma estranha. Não quero assustá-la, Noélia, só preveni-la.

— Então... até o Leonardo já percebeu! Kírian, eu ia mesmo comentar sobre isso com você e Felipe. Também já percebi. Tenho uma suspeita.

— Que suspeita?

— Talvez aquele Espírito que me obsidiou há tanto tempo no passado tenha voltado. Essas vozes que às vezes ouço... a do bruxo...

— Pode ser. Como você modificou seus hábitos, como aprendeu a se defender dele colocando-se num patamar espiritual mais elevado, é possível que ele esteja tentando influenciar o menino. É uma maneira de atingir você, não é?

— Não estou tão invulnerável assim... aquela voz estranha... Bem verdade que não sinto medo, porque... porque a voz não me soa agressiva.

— Não?

— Não. A voz... parece até que quer me reconfortar... que não sou eu exatamente a razão de sua ira.

Kírian ficou olhando a amiga. *"Muito estranho! Um obsessor carinhoso... O que mais estará por vir?"*

Noélia, ante o silêncio da amiga:

— Ah... Deus! Quando penso que está tudo bem...

— Não seja dramática. Não está acontecendo nada do qual não possamos nos livrar. Você tem orado por esse obsessor do seu passado?

— Não. Ainda não consigo pensar nele sem revolta. Ainda gostaria de vê-lo o mais longe possível de mim e de Escobarzinho. Sempre o mentalizo bem longe de nós. No lugar dele.

— Você deveria orar por ele todos os dias e não pedir que ele volte pro mundo dele. Isso mais e mais o tornará revoltado. Você não é cristã?

— Claro que sou. *"Tento ser."*

— O obsessor é, acima de tudo, um doente. E o que o Cristo Jesus disse um dia a respeito de doentes?

Noélia a olhou e se calou, pensativa. Foi a própria Kírian quem respondeu:

— Ele disse que não são os sadios que precisam de médico e sim os doentes. Se há um obsessor, ele tem lá os seus motivos e merece as nossas preces, a nossa compreensão.

— Parece fácil, mas é impossível amar um obsessor. Fiquei, nesses anos todos, tentando ver nele um irmão doente, alguém que errou, mas que está sofrendo... tudo o que consegui foi neutralizá-lo um pouco. Consegui, todavia, substituir o ódio e o medo por indiferença.

— Se não pudermos amar aquele que nos perturba a paz, o que é compreensível, vamos, pelo menos, tentar ser fraternos. Amar o inimigo é isto: Não revidar. Compreender. É claro que amar como amamos a um amigo, é, no nosso atual estágio evolutivo, impossível.

— Kírian, eu achei que ele já tivesse se transformado para o bem. Achei que seu afastamento fosse devido a isso. Depois de tanto tempo a criatura tem de progredir, ora essa! Haja ódio guardado no coração!

— É que não é nada fácil e rápida a transformação de um obsessor do quilate daquele; a transformação de quem vem há tempos militando nas trevas. Pode ser que afinal ele não se tenha modificado, mas você sim, e com isso quebrou a sintonia.

— Compreendo. Mas o que posso fazer?

— Volte às reuniões lá no centro. Para se fortalecer e ajudar também os Espíritos que possam estar perturbando sua paz. Essa voz não agressiva talvez seja um truque. Uma armadilha para estabelecer a conexão perdida. Então, volte às reuniões o mais rápido possível.

— Eu bem que gostaria. Gosto tanto daquela paz que se desfruta lá.

— Ora, e o que a impede?

— Trabalho muito, você bem sabe. Quando saio daqui vou direto pegar o Escobarzinho na escola. À noite estou caindo de sono. Mesmo assim tenho de conversar com ele, ajudar nas lições...

— Bem sei, Noélia. Mas o caso é sério. Tudo indica que ele pode estar sendo influenciado por algum Espírito ignorante e sofredor. Pode ser o mesmo obsessor de outrora ou outro, vai saber... Não devemos esquecer que cada qual traz em si mesmo sua bagagem espiritual; que a criança o é nesta vida, mas que já viveu muito, já muito terá errado... sofrido... feito sofrer... atraído inimigos... Ou seja, a idade do físico nunca é a mesma da do Espírito, como já lhe disse.

Kírian sorriu para animar Noélia.

— Não precisa se mortificar tanto! Lembre-se de que os filhos, antes de serem nossos, são de Deus, conforme aprendemos. E Deus, como Pai amoroso que é, não deixa ninguém desamparado.

Noélia passou a mão pelos cabelos. Dos olhos verdes como o mar de Itapuã, desceram lágrimas sentidas. Viera-lhe à mente, como se saída da cartola de um mágico, uma criatura inamistosa: trajes rotos, cabelos desalinhados e compridos. Sujos... que se misturavam à barba espessa. Dedos... (dedos?) recurvados, com unhas que lembravam as de ave de rapina.

— Meu bom Deus! Com tudo o que tenho passado, ainda mais essa... É ele, Kírian. O fantasma que volta! Ou que nunca se foi!

— Não é impossível, amiga. Noélia, você é ainda tão jovem... Bonita e saudável. Não acha que deve procurar alguém? Um bom homem que a ajude a criar o Ulisses? Alguém que fosse um verdadeiro pai pra ele?

Noélia já havia pensado em tal solução, porém, desistira. Seria difícil confiar novamente em um homem depois de tudo o que passara. Não era mulher de esquecer com facilidade. Ainda agora, depois de tantos anos, a ferida continuava aberta... Dolorida... E era necessário usar muita determinação e bom-senso para não deixar que a melancolia improdutiva se lhe instalasse de vez.

— Já pensei nisso, mas...

— Mas ainda ama o pai de seu filho, não é mesmo?

— Escobar... Não sei. Raciocinando friamente chego a pensar que amar, amar de fato, nunca o amei.

Kírian a olhou com meio sorriso, duvidando de tal afirmação.

— Sei que parece impossível. Claro que eu gostava dele, não sei se ainda gosto, o que sei é que, na ocasião, achava que deveria me casar com ele assim como quem cumpre uma obrigação. Um dever. Pode me entender?

— Acho que não. Nunca fui boa em charadas.

— É verdade, Kírian. Depois que meu filho nasceu, parece que se fechou a lacuna afetiva que me fazia sofrer. Parece que me foi devolvido um tesouro que há muito tempo eu havia perdido. Ulisses Escobar é tudo na minha vida!

Que estranho! – pensou Kírian. E pediu que a amiga continuasse falando.

— Há dez anos, quase no fim da gestação, fui levada a um lugar desconhecido. Levada em corpo perispiritual, claro.

— Por quem?

— Não sei muito bem. Só sei que eram dois Espíritos alvinitentes. Um deles chamava-se Demétrius. Vestia uma espécie de túnica romana.

Kírian fez um gesto afirmativo com a cabeça.

— Eles me levaram a um castelo. A princípio eu via apenas ruínas. Lembro-me de que as pedras rústicas e escurecidas, o musgo que crescia entre elas, o eco do vento percorrendo os corredores nus, me fascinavam; emocionavam-me até as lágrimas.

— Noélia, como não me contou nada?

— Falta de oportunidade. Naquela ocasião eu já tomava tanto o seu tempo... Mas foi um sonho estranho e de alguma forma me trouxe muito entendimento.

— Que mais?

— Eu estava meio sonolenta, parece que não estava plenamente consciente do que ocorria. Sentia-me no limiar de duas vidas e confundia passado e presente. Noutra hora lhe conto com mais detalhes, agora já terminou minha hora de almoço e o serviço me espera. Não sou a dona, como você – disse, levantando-se e sorrindo.

— Nem pensar em interromper a narrativa. Tire os olhos do relógio e vamos lá pra minha sala. Conversaremos mais à vontade. Vamos, é uma ordem!

Risos.

Sentaram-se confortavelmente. Kírian solicitou à copeira dois copos de água gelada e pediu que Noélia continuasse.

— Bem, estava eu confusa e emocionada quando apareceu o Escobar. Pareceu-me tranquilo, como se nada lhe pesasse na consciência. Nem sequer perguntou como eu estava me arranjando sem ele, carregando um filho dele. Lembro-me de um céu claro, iluminado por uma lua cheia, salpicado de estrelas. Escobar segurou-me pelos ombros. Então percebi que, apesar da aparente tranquilidade, ele estava também emocionado. Olhou-me com muito carinho e me disse: "Minha menina dos olhos verdes... quanto tempo!". Nessa hora, Kírian, parece que minha alma se expandiu e viajou pelo infinito azul do céu. Senti alegria e tristeza; prazer e dor. A saudade, como água represada, abriu suas comportas e alagou meu mundo. Levou-me de volta a um tempo distante.

— Ele sempre chamava você de menina dos olhos verdes, não?

Noélia confirmou.

— Escobar... Tenho-lhe muito carinho e ainda me sinto em falta com ele, apesar do seu abandono.

— Você?! Em falta com ele?! Ora essa! Ele é que está em falta contigo!

— Espere o final. Você vai entender.

— Então, continue.

— Hoje, tenho certeza de que não foi um simples sonho, mas algo que aconteceu realmente; aconteceu de fato no plano espiritual. Depois disso foi que me resignei com a fuga dele; que compreendi por que eu não devia jogar pedras, acusar, fazer-me de vítima... Ah, o reverso da moeda pode nos trazer tantas surpresas!

Noélia engoliu em seco. Decidira não chorar mais por Escobar. Kírian mal se continha.

– Não me mate de curiosidade, Noélia! Vamos logo. O que aconteceu depois?

– Depois... Ah... Foi lindo! Parece que ainda me vejo lá, debaixo daquele céu esplendoroso, iluminado, estuante de vida! Escobar me fez ajoelhar. De repente, ficou tão emocionado que de seu tórax partiam pequenas fagulhas de luz. Ajoelhamo-nos. Nós dois. Lado a lado. Ao longe eu podia ouvir o estrugir das ondas do mar contra as pedras. Tive, então, um medo terrível. Parece que elas me envolviam num abraço, tragando a inútil alma que ali estava. Escobar percebeu minha agitação. Sorriu o mais belo sorriso que já vi em toda minha vida. Depois orou. Eu o acompanhei, ainda com medo e confusa. Depois...

Noélia parou de falar. A emoção que sentia ao recordar esses fatos distantes, porém tão vivos, estrangulava-lhe a voz na garganta. Bebeu o restante de sua água e continuou:

– Depois, as duas entidades luminescentes uniram nossas mãos e também ficaram em preces. Foi aí que se deu o grande milagre! Fui completamente despertada. Parece paradoxal, mas é verdade. Eu despertei, embora meu corpo estivesse já adormecido em casa. Despertei em Espírito. Recobrei a consciência plena. Lembrei-me de tudo. Não mais vi ali ruínas. Não! Ali estava o castelo. Uma construção rude, uma fortaleza que lembrava os feudos da Idade Média. Eu saí correndo. Adentrei aquelas pesadas portas, chorando, clamando por meu pai, por minha mãe, por... Léo, que era ao mesmo tempo o Escobar de agora. E aquilo não me causava estranheza; parecia natural que assim fosse. Depois o som inequívoco de um tiro de espingarda... O sangue jorrando... jorrando... E eu não era esta que você está vendo; ou melhor, era a mesma sim, mas não com esta personalidade, não com o mesmo visual. Todos me chamavam de Fátima Ambrósia e também isso não me surpreendia. Eu era a Fátima Ambrósia sem deixar de ser a Noélia. Ó Deus, que estranhos caminhos já temos caminhado!

Breve interregno se fez. As amigas tinham os olhos marejados de lágrimas.

— O tiro... parece que ainda estou a ouvi-lo... atingira em cheio o peito de Léo. Eu gritei. Pedi socorro. Supliquei a vinda imediata de um médico. Sentei-me e acomodei o tórax dele junto ao meu coração. O sangue me encharcava também e eu tentava estancá-lo. Meu desespero era enorme. Beijei-o, tentando reter sua vida. Ainda hoje vejo os olhos mortiços dele e sua débil voz: *"Por quê? Por que, Fátima? Por que me mata, assim..."*

"Não! Não fui eu quem atirou, Léo! Por Deus! Não me acuse! Eu juro." Mas depois, como se eu fosse obrigada a lhe dizer tudo, continuei: *"Só queríamos assustá-lo... eu e Antoniel... para que você nos deixasse em paz com o nosso amor"*. Já quase na inconsciência da morte, tremendo muito, Léo me disse: *"Antoniel veio de Portugal para estragar nossas vidas, mas de você não esperava por uma traição..."*

Já agora as lágrimas corriam livres pelo rosto de Noélia. Kírian estava tensa.

— Continue, Noélia.

— Sentia que minha memória espiritual do passado se sobrepunha à memória atual. Lembrei que caí numa prostração tal que tudo me era indiferente. Depois do enterro de Léo, meu querido amigo de infância e meu prometido, adoeci. Fui enfeando, perdendo as carnes, o viço, a saúde física e mental. O remorso me perseguia sem tréguas. De repente, vi-me entre ondas revoltas, as mesmas que me chamavam, chamavam, enquanto eu e Escobar estávamos juntos, sob a claridade da lua cheia. Genuflexos... orando. A partir daí não me lembro de mais nada. Quando acordei, na manhã seguinte, entendi tudo claramente. Eu era a devedora. O que Escobar me fizera era nada diante do que eu antes lhe fizera. Compreendi que Escobar fora o mesmo João Leopoldo, ou Léo, reencarnado.

— Mas quem, afinal, atirou em João Leopoldo? Você ou Antoniel?

— Foi Antoniel. Mas ele havia me traído, porque o que combinamos foi apenas assustar Léo e afastá-lo de nosso caminho. Ele havia prometido levar-me para Portugal, acenou-me com uma vida maravilhosa, sem tédio, sem rotina, como se isso fosse possível! Léo era apaixonado por mim e exigia que eu cumprisse o que nossas famílias haviam acertado. Mas, como ele disse, eu o matei também. Indiretamente.

— Você viu tudo isso em sonhos?

— Não sei ao certo. Naquela época achei que sim, hoje compreendo que tudo me foi mostrado em quadros fluídicos. Como num filme. Como numa regressão de memória para que eu compreendesse os porquês e não culpasse tanto o Escobar pelo seu abandono. Eu havia plantado; tinha de colher. Como você mesma sempre diz, não adianta nos escondermos da Lei. Ela sempre nos alcança onde estivermos.

— E Antoniel? Você ficou sabendo o que lhe aconteceu depois?

— Não. Aquela regressão foi até onde lhe contei. Antoniel é para mim apenas como um personagem num sonho singular; num sonho esclarecedor.

— Quer dizer que a partir de então...

— ...não tenho o menor rancor de Escobar pelo que ele me fez. Entendo-o. Sendo ele o Léo reencarnado, eu continuo, ainda, como sua devedora. Por isso procuro criar o filho dele, o nosso Ulisses, com muito amor. Jamais o coloco contra o pai. O que ele me fez foi pouco ainda...

— Foi muito interessante o que você me contou. Agora dá pra entender muitas coisas.

As duas amigas permaneceram pensativas durante algum tempo. Depois, lembrando-se do motivo pelo qual a conversa começara, Noélia disse:

— Com respeito àquilo que desencadeou nossa conversa... Sabe que você tem razão? Como sempre, aliás.

Kírian olhou-a interrogativamente. Já se esquecera do motivo pelo qual procurara a amiga, tão intrigada ficara com as revelações ouvidas.

— Acorde, mulher! Você falava sobre os mimos exagerados com que cerco o Escobarzinho; da agressividade dele...

— Ah... É verdade. Como se sabe, mimo exagerado é contraproducente; afeta negativamente a personalidade da criança.

— Não havia pensado nisso.

— Toda criança precisa ser amada e não demasiadamente paparicada. É claro que o amor, principalmente o materno, tem arroubos de paixão pelos filhos. É claro que um mimo é coisa agradável, até nós, que somos *marmanjonas*, gostamos de ser mimadas de vez em quando. Porém, há que ter equilíbrio, minha amiga.

— Eu sinto tanta falta dos mimos de minha mãe. Às vezes achava piegas, mas no fundinho... como me faziam bem!

– Você também se referiu ao fato de Escobarzinho poder estar sendo vítima do seu antigo obsessor, não é? – perguntou Kírian.

– Chego a temer isso! Que Deus não permita!

– Não vamos procurar mais motivos de preocupações. Quanto ao seu sonho revelador, vou conversar com Felipe. Ele tem uma mediunidade fabulosa e poderá dizer alguma coisa.

– Tenho quase certeza de que ele vai pensar como eu; que retornei ao passado espiritual para entender o presente. Para ter mais um pouco de paz, de fé, de esperança. Para ser mais indulgente e não atirar tanta pedra. É lamentável constatar que nós, Espíritos ainda primários, olhamos e criticamos os defeitos alheios, sem, contudo, olhar ou criticar os nossos.

– Tudo faz muito sentido. Enquanto nós "dormimos", a mente divina continua acordada, percebendo nossas necessidades, incentivando-nos a crescer em Espírito, a descobrir a vida como uma bênção, como uma oportunidade sacrossanta de progresso – afirmou Kírian.

– Sinto-me tão bem quando falo com você, minha amiga.

– Obrigada. Eu gosto muito de você. Felipe e as crianças também. *"Sei que já fomos da mesma família consanguínea no passado, mas é bom não perturbá-la com isso."*

– Vou pensar em tudo o que você me disse. Vou tentar modificar minha atitude para com Ulisses; deixar de tratá-lo como a um bebezinho e não justificar suas atitudes agressivas.

– Mas nada de radicalismo. É bom mostrar amor, acarinhar... É bom que ele cresça sabendo que pode contar com você pra tudo. O amor é uma grande força, todavia, se desequilibrado, é como a água quando rompe o dique.

Noélia assentiu. Não havia como discordar.

– Agora voltemos ao trabalho, Kírian.

– Se trabalhar é preciso...

Ao longe, Eleutério, o Espírito obsessor de tanto tempo, de olhar tristonho, as observava. Em discordância com o resto do corpo, seus olhos iam adquirindo mais suavidade. Amor? Ainda era cedo para afirmar. Havia prestado muita atenção na conversa das duas amigas. Estava confuso. Aproximou-se de Noélia e abraçou-a. *"Seu bruxo não a abandonará, jamais."* Um arrepio percorreu o corpo da moça.

Depois saiu, arrastando-se pesadamente. Na rua movimentada, olhou, indeciso, para os lados como se a decidir que rumo tomar. Viu que uma chusma de Espíritos vulgares atravessou a rua fazendo algazarra. Um deles levava um ser dementado, também desencarnado, com uma coleira no pescoço na qual se prendia um pedaço de corda que outro puxava com brutalidade. Outro ia atrás vergastando-o e xingando.

Eleutério, que noutros tempos ter-se-ia juntado a eles naquela farra, tomou as dores do supliciado. Alcançou-os com a rapidez de um raio.

– Quem vocês pensam que são pra fazer isso? Cambada de vadios!

– Somos colaboradores da justiça. Que tem você a ver? Conhece o prisioneiro? É um descascado fresco.

Os demais riram e aplaudiram.

Eleutério olhou a criatura que parecia muito sofrer. Estranhamente, não ficou indiferente àquela dor.

– Em nome de Jesus que morreu por todos nós, me ajude! – disse a Eleutério o Espírito acorrentado.

O obsessor de Noélia sentiu que seu coração se abrandava. *"Jesus... Jesus... Sempre no meu pé! Seus vanguardeiros da luz não cansam nunca! Mas vou mostrar a eles que também sou humano, que não sou essa fera que todos pensam que sou."*

– Eu conheço sim. Podem deixá-lo comigo. Chispem. Chispem já daqui, seus vagabundos!

– Negativo velhinho – disse o que segurava a corda.

– Quer medir forças com um bruxo, seu idiota? – E se encaminhou em sua direção com as garras direcionadas para o ataque.

A turbamulta, ao ver aquelas mãos, recuou. Conhecia a fama de Eleutério. O que parecia ser o líder e estava quieto até àquela hora, manifestou-se.

– Não precisa fazer tanto fuzuê por causa da malandragem aqui, ô meu. Fique com ele, se quiser. É todo seu. Faça bom proveito. Já nos divertimos um bocado e você até nos presta um favor. – E virando-se para aquele que segurava a corda, ordenou-lhe que entregasse a vítima ao requisitante.

Eleutério ficou surpreso consigo mesmo. De repente arrependeu-se de ter se intrometido naquela arenga. Mas já agora era tarde. O infeliz o olhava, agradecido. Os Espíritos se afastaram, rindo e debochando, mas ao mesmo tempo, receosos.

A sós com o infeliz, ele lhe tirou a coleira do pescoço. Levou-o até a um lugar mais tranquilo. Precisava pensar no que faria com o libertado. *"Que emplasto fui arranjar! Agora este mequetrefe não vai mais se desgrudar de mim! Isso é o que dá querer ser bondoso... Esses mensageiros da luz... Que maçada!"*

– Eles se foram – disse o recém-liberto. Obrigado, Jesus. – E, olhando para Eleutério, o agradeceu também, reafirmando que lhe seria grato por toda a eternidade; que contasse com ele para o que fosse necessário. Realçou, todavia, que só não gostaria de ter de agir no mal, porque reconhecia que muito já errara e ansiava por novos caminhos.

Eleutério pensou que talvez não tivesse errado ao livrá-lo dos obsessores. Teria, agora, a seu dispor, um amigo dedicado que poderia vir a ser útil em sua vingança. *"Este não me parece adequado para o serviço... muito inexpressivo... não creio que me seja útil..."* Quando ia fazer a proposta, uma estrela cadente cruzou o espaço. Ele a olhou e se sentiu pequeno e infeliz. Nos olhos, há pouco tempo ferozes, o brilho de uma lágrima cintilou. *"Preciso tomar cuidado, sinto que estou amolecendo. Mais pareço uma velha rezadeira."* – Olhou o infeliz que aguardava humildemente as suas ordens.

– É o seguinte, ô mano... O fato é que eu também não valho muita coisa. Não sou melhor do que aquele bando que o acorrentara. Como você mesmo está vendo, sou um bruxo amaldiçoado; sou um bicho daninho em busca de vingança.

O infeliz olhou para ele. Estava confuso. Desorientado. Triste. Depois olhou o Céu, onde pontinhos luminosos começavam a tremular.

– Bom Deus! Se pelo menos eu encontrasse minha mãe! Se encontrasse a casa dela iria pra lá até ficar melhor. Sinto-me tão cansado... – queixou-se o infeliz.

Passou por eles uma senhora simpática cujo semblante irradiava muita paz. Sua aura repelia de si os fluidos pesados e escuros da maioria de encarnados e desencarnados, mostrando que era um Espírito lúcido.

Como se atraído magneticamente, Eleutério e o infeliz a seguiram. Ela dobrou o primeiro quarteirão à direita e seguiu para uma igreja. Entrou.

Eleutério titubeou. Fez menção de voltar, mas uma força maior fê-lo mudar de ideia. Há tempos não entrava em uma igreja. Sentia-se indigno de fazê-lo e também temia encontrar ali "os mensageiros da luz". De repente, sentiu-se pequeno. Viu-se agarrado às saias da mãe, que segurava seu irmão menor no colo. A mãe persignou-se; fez sinal a ele que ficasse bem quieto. Entraram. Seus olhos assustados pousaram na imagem do Cristo crucificado. Ficou parado. Extático. A mãe puxou-o e se sentaram. De novo olhou o Cristo na cruz. Seu sangue filetando o rosto de vermelho; Sua fisionomia cansada... a cabeça arriada... *"Quem teria feito essa maldade com Ele?"* – perguntou-se.

O Espírito liberto falou com ele, despertando-o de seus pensamentos. Depois também entrou. Ar grave. Respeitoso. Olhou desconfiado para os lados, como se tivesse medo de que alguém o expulsasse dali. Depois procurou ansiosamente aquela senhora e ficou extático a contemplá-la. Não podia lhe ver o rosto, mas algo nela o cativava. Sem que soubesse a razão, a emoção aflorou-lhe ao coração e ele chorou silenciosamente.

A senhora molhou a ponta dos dedos na água benta e se persignou. Depois se encaminhou para o interior da nave, quase flutuando, sem fazer nenhum ruído. Ajoelhou-se e, alçando o pensamento ao Cristo Jesus, orou. Primeiro a Josué, o querido filho que havia falecido há alguns meses, depois a todos seus entes queridos; a todas as almas sofredoras que padeciam nas trevas da ignorância. A si pediu apenas que Deus lhe iluminasse sempre a mente a fim de que pudesse ver seus próprios erros e ter discernimento para corrigi-los.

À medida que orava, sua aura se tornava ainda mais límpida, mais suave. Seu rosto, como se tivesse uma duplicata etérea sobreposta ao enrugado da pele, fulgurava numa beleza ímpar. Os olhos mortiços da idade provecta adquiriam um brilho intenso. Ela voltou a pensar em Josué, pedindo uma vez mais por sua paz.

Eleutério, finalmente entrou, mas não pôde se aproximar muito daquela senhora. Dir-se-ia que entre ele e a nobre matrona existia uma proteção, uma parede fluídica que o mantinha distanciado.

Os santos nos seus nichos, o cochichar dos fiéis, a grande cruz que pendia do teto diretamente para o altar principal, conseguiram sensibilizar ainda mais a ambos os Espíritos. Eleutério sentiu-se profundamente infeliz. Entediado. O mal já o cansava sobremaneira. O ex-acorrentado sentou-se. Enxugou as lágrimas com a manga rota de alguma coisa que já fora camisa, e ficou boquiaberto olhando aquela senhora. Gaguejou alguma coisa para Eleutério que, assombrado, olhou melhor para ela. Conseguiu identificar seus pensamentos e lá viu, como numa tela, a imagem do Espírito para quem ela orava. Era aquele que ele libertara dos arruaceiros não fazia muito tempo: Josué. No pensamento da mãe estava mais jovem e parecia estar bem.

Eleutério compreendeu. Sem querer, havia encontrado a solução para o seu problema. Seria aquela a mãe do seu liberto? *"Arre! Até que enfim! Não tenho nenhum pendor pra ama-seca!".*

Josué chorava, ainda. Finalmente reconheceu a mãe.

Um Espírito caridoso, que há muito frequentava aquela igreja a fim de ajudar os fiéis, aproximou-se. Apresentou-se. Sabia o que estava se passando. Sem que Eleutério e Josué percebessem, fora ele quem os ajudara, com recursos magnéticos, a "ler" a tela mental daquela senhora e a descobrir quem era ela.

— Meu irmão – disse, dirigindo-se a Eleutério –, que Jesus o recompense por esta ajuda. Aguardávamos para breve a libertação de Josué. Sua mãe tem vindo aqui diariamente orar pela paz do filho.

Eleutério não soube o que dizer. *"Novamente Jesus... Será que fui mesmo sugestionado a salvar Josué por vontade Dele?"*

No coração, os sentimentos de naturezas opostas se digladiavam.

Aproximando-se de Josué, o Espírito benfeitor aconchegou-o ao peito e o levou até a piedosa senhora. Josué, novamente, sentiu-se uma criança dependente.

A nobre mulher, no enlevo da prece, sentiu a presença do filho e verteu copiosas lágrimas. Em seguida, beijando o rosto daquela mãe, o benfeitor anônimo reconfortou-a. Josué seria levado dali para um posto de atendimento espiritual onde seria tratado. Assim que o entregou aos cuidados de um companheiro, voltou-se para Eleutério. Mas este já havia saído. O momento de relativa paz encontrada no gesto de caridade, em vez de alegrá--lo, entristeceu-o. Relembrou o passado distante e a maldição de Helena

(Noélia): *"Miserável assassino. Onde está meu bebê? Mataste-o também? Que suas mãos se transformem em garras, pra que todos vejam o animal que você é..."*

Eleutério olhou mais uma vez suas mãos. Achou que ele as merecia de fato. Tal anomalia era a que mais lhe convinha. Então... o que fazia ali? Não era um pobre Espírito amaldiçoado? E Deus? Onde estaria Ele naquele momento? Não esteve na sua casa? Pois então por que Ele não apareceu? Ele teria acreditado e talvez desistisse de sua vingança. – E mais uma vez Eleutério desprezou a oportunidade oferecida.

Foi em vão o esforço daquele Espírito piedoso. Eleutério não queria salvar-se. Repudiava as mãos que queriam soerguê-lo. Era obstinado. Desprezava a tábua de salvação jogada no rio turbulento de sua vida. Talvez, depois que se saciasse na premeditada vingança ficasse feliz por algum tempo. Não careceria de mais nada. Que Deus ficasse confortavelmente no céu dos ociosos desde que não obstasse sua vindita. Sua Helena (antes Fátima Ambrósia e, agora, Noélia) e o filho desta não poderiam ser felizes enquanto ele, a verdadeira vítima, o traído, não o fosse também. *"Olho por olho, dente por dente"* – afirmava, esquecendo-se de que Jesus falara em perdão; em perdoar sete vezes, setenta vezes, querendo dizer que o perdão deveria ser ilimitado. Perdoar sempre, para o nosso próprio benefício, pois quem não perdoa acumula lastro que o prende à terra.

A cruz do Cristo Jesus estava envolta em tênue claridade. Tantas as vibrações positivas nela concentradas, que ela resplendia. Todavia, só via "quem tinha olhos de ver".

A mulher orou durante algum tempo. Ajoelhada. Depois se sentou. Descansou seus olhos na cruz. Por alguns segundos contemplou a expressão sofrida de Jesus. Pensou na humanidade; naqueles que O haviam martirizado: *"Quem poderá garantir que eu não fiz parte daquela humanidade? Quem poderá afirmar que também não proferi palavras insultuosas? Que também eu, como Pilatos, não lavei as mãos?"*

Seu coração foi fisgado pela dor. Não distava muito tempo e ela falira como mãe de Josué. Fora omissa, e tal omissão levara o filho por caminhos estranhos ao do Cristo Jesus. Não honrara a grande oportunidade que lhe fora dada pela maternidade. Acolhera o filho como gracioso bibelô e lhe satisfizera todos os caprichos. Não conseguira enxergar nele nenhum defeito. Receava perder seu amor e fora permissiva demais. Agora não descansaria enquanto não o reconduzisse ao aprisco de Jesus.

A essas lembranças amargas, a mulher não pôde conter o pranto. Seu remorso não era, todavia, improdutivo. Sabia que o remorso, sem atitudes positivas, causam danos de difícil reparação. Muito já sofrera e aprendera que todos temos errado no caminho de volta a Deus. O filho Josué, ela sentia, sofria pelos erros cometidos, mas seu amor de mãe e o arrependimento dele haveriam de resgatá-lo.

Porque receptiva a mais amplos esclarecimentos, a entidade que a acompanhava naquelas orações lhe falou aos tímpanos espirituais:

— *Errar faz parte do nosso estágio evolutivo, Hilda. Estamos todos numa grande escola. A vida do Espírito é eterna e devemos buscar por nós mesmos a nossa ascensão. Erramos até aprender. Outrora precisávamos de que nos dissessem para onde caminhar. Mas tudo evolui. Aprendemos a decidir por nós mesmos. Se o certo era seguir por um lado e nos enveredamos por outro, vamos saber que erramos; que aquele caminho não serve para nós, porque lá encontramos a dor. Então, de outra feita já estaremos aptos a reconhecer que, pelo menos aquele caminho não é o certo, o ideal, o que traz felicidade. Vamos ter dúvidas ainda por muito tempo, porém, cada vez menos. Já teremos aprendido à custa da nossa própria experiência que, conforme sabido, toda ação gera naturalmente uma reação positiva ou negativa.*

A senhora ouvia em forma de pensamentos. A entidade amiga continuou:

— *Querida Hilda... somos os plantadores e os colhedores. A lavoura da vida nos pertence. Ninguém, amiga, que plante erva daninha colherá trigo. O Espírito equivocado conquistará mais tarde a sabedoria e, com ela, a felicidade virá junto. Para essa felicidade fomos criados. Deus não é pai sádico, ou insensível... Você já conquistou parte da verdade. Não há punição eterna. Que digo? Punição? Não! Punição é palavra convencionada pelos homens. As Leis Divinas agem por si sós. Naturalmente. Deus não é nenhum feitor. Não é como nós, sujeito a se irar, castigar, premiar... Tampouco possui espiões de humanidades. Todos nossos atos ficam registrados em nós mesmos; em nosso corpo perispiritual e, mais cedo ou mais tarde, temos de limpá-lo de todas as máculas. Busquemos os motivos em nós mesmos se sofremos, todavia, não fiquemos chorando improdutivamente. O remorso é a sineta que toca dentro de nós para nos alertar; para nos fazer retificar condutas, para nos fazer crescer, amadurecer, caminhar em direção a Deus Criador. Ficar alimentando o remorso sem respostas no bem, na retificação, de nada adianta. Significa que ainda não aprendemos que, se somos todos passíveis de errar, não devemos permanecer no erro, mas aproveitar o ensejo para buscar elevação, para retirar dele todo aprendizado possível.*

A entidade alvinitente olhava-a com carinho. Já a conhecia de outras visitas àquela igreja. Assim, continuou tentando abrandar a dor daquele coração:

— *As religiões, na sua maioria, têm uma visão distorcida da justiça quando afirmam que Deus castiga. Cremos que tal conceito serviu para as humanidades de antanho, quando a criatura engatinhava ainda em espiritualidade; quando era preciso dominar as criaturas pelo medo. O "olho por olho, dente por dente" de Moisés, era o reflexo de uma humanidade voltada para os interesses puramente materiais e, ao mesmo tempo, forçar o homem a seguir um caminho reto. Por medo de Deus. De seus castigos. E nós, hoje, queremos obedecer às Leis Divinas não por temor, mas por amor. Aquele que diz que teme a Deus O está rebaixando a uma condição humana. Deus é Pai espiritual. E todo pai quer unicamente o bem para seus filhos, porém, o seu amor e o seu modo de educar, nem sempre é compreendido.*

Hilda, a mãe de Josué, "ouvia" aquela dissertação que lhe trazia paz à alma.

* * *

Eleutério ignorava os diversos chamamentos do Pai Criador. Permanecia naquele monoideísmo nocivo. Alimentava seu ódio com vigor a fim de não deixá-lo esmorecer. Exauria-se em desespero, mas continuava endurecido. Abespinhado. A deformação das mãos era sempre sustentada pelos seus próprios pensamentos punitivos. O desejo de vingança, há tanto tempo nutrido, já havia feito "estrias", "caminhos" por entre seus neurônios perispirituais, de forma que o pensamento vingativo obedecia, célere, aos ditames da vontade. Somos usinas de força e direcionamos essa força para onde quisermos.

Pode-se compreender a partir daí, porque os pensamentos constantemente repetidos afluem com maior rapidez, cristalizando-se, se assim podemos dizer. Teremos, talvez, já visto por nós mesmos o quanto é difícil nos livrarmos de um conceito, de um vício longamente vivenciado e que já se tornou instintivo em nós. Por essa razão somos sempre lembrados da necessidade da reforma íntima; da "morte do homem velho" para ressurgir o homem novo, espiritualizado; da necessidade de começar a melhorar de dentro para fora. Não basta dizer: Creio em Deus; Ele me chamou. Se tal chamamento não vier acompanhado da reforma íntima é totalmente inócuo. Deus está sempre nos chamando, porém, nem sempre O ouvimos. Iludimo-nos com atos meramente exteriores. Achamos que ostentar uma religião de fachada já é suficiente. Somos ainda tão infantis, que pretendemos lograr a Deus. Ludibriá-Lo com aparentes virtudes, como se palavras vazias pudessem encontrar ressonância na mente divina.

A humanidade, de forma geral, vem caminhando há milênios na incoerência. Louva o amor ao próximo, mas quando chega o momento de colocar em prática esse amor, recua, cuidando cada qual dos seus próprios interesses. Onde o perdão que Jesus ensinou? Onde a tolerância? Caridade? Onde foi parar o amor? Para que está lhe servindo a religião? Para garantir um lugar no Céu? Ou imita os fariseus que se contentavam em parecer religiosos? Preocupa-se com a aparência da casca e não com o amargor da polpa?

O Espírito Eleutério fazia ouvidos surdos a tudo o que pudesse desviá-lo de sua rota.

O volumoso rio despeja suas águas quase sempre no mar, mas o homem pode desviar seu leito, retardando sua chegada, interferindo no trabalho da Natureza. Eleutério, o bruxo, demorava-se para chegar ao mar de sua existência. Não aceitava o concurso de outros rios para aumentar sua potencialidade. Isolava-se em sua revolta sempre mesclada do remorso totalmente ineficaz. Fazia idas e vindas improdutivas. Exauria suas forças como um touro enlouquecido de dor que não foge às lanças do toureiro, mas que antes as procura.

Mas... Guardemos a nossa paz. Há tempo para tudo. Não se pode forcejar o amadurecimento sem correr o risco de tornar a fruta insossa.

Desde o acontecimento na igreja, que Eleutério estava ainda mais confuso. Apesar de lutar contra a luz, a treva ia cada vez mais cedendo espaço. *"Estou ficando frouxo. Tenho de reagir."*

E gritou desaforos à multidão que passava indiferente a seus azares.

Um rapaz vinha cantarolando uma canção de amor. Alma em enlevo. Eleutério o alcançou e tentou influenciá-lo. Precisava checar seu poder de persuasão, decadente, segundo sua apreciação. Mas a mente do rapaz estava repleta de notas musicais, dos olhos amendoados da namorada, do sorriso materno de ainda há pouco. E o obsessor não encontrou ponto de congruência para entrar. Duas linhas paralelas jamais se cruzam.

"Estou decaindo cada vez mais. Preciso de ajuda, senão serei obrigado a render-me. E não seria justo..."

Justo... Cada qual vê a justiça conforme sua ótica.

CAPÍTULO XXIV

TRAUMAS

Amargura na alma brota,
de pessimismo se alimenta,
Desenvolve-se na indolência,
frutifica na melancolia.

Ulisses Escobar voltava da escola acompanhado de Noélia. Estava triste. Seus colegas haviam feito lembrancinhas para os pais, porque o dia deles se aproximava. A mãe notou aquele semblante carregado, o mutismo constrangedor do filho, que normalmente era falador.

– Filho... O que foi? Por que esta cara fechada?

– Minha cara sempre foi fechada.

– Não mesmo. Vamos, deixe de rabugice. Aconteceu alguma coisa na escola?

– Mãe, por que meu pai fugiu de casa?

Noélia levou um susto. Nunca havia dito a integral verdade ao menino. Não era bom que ele crescesse com o estigma do abandono paterno. Seria muito cruel, e o filho sofreria ainda mais.

– Quem lhe disse isso?

– Não importa. Você vai ou não me contar a verdade?

– Escobarzinho...

O menino, enfurecido, soltou-se da mãe num repelão. Franziu a testa e ergueu a cabeça num gesto brusco.

– Não quero mais que me chame de Escobarzinho. Nem de Escobar. De hoje em diante quero que todos me chamem somente de Ulisses – disse, mal reprimindo o choro.

– Esco... Ulisses, meu filho! Que bicho mordeu você? Pra que tanta revolta?

– Mãe, já vou fazer 11 anos. Não sou mais nenhum bebê. Pode me falar francamente sobre meu pai.

– Em casa. Em casa eu conto como tudo aconteceu.

– Qual a diferença de falar aqui ou em casa?

– Você quando cisma... Ô moleque teimoso!

– Vai me dizer a verdade ou prefere que eu a descubra sozinho?

– Vou lhe contar tudo. Prometo. Agora chega de cara feia. Desmanche essa carranca, vamos... Amargura não foi feita pra criança.

O menino se descontraiu um pouco. Deu um meio sorriso. Não era só Noélia que se derretia por ele; ele também se derretia por ela.

– Filho, quem falou que seu pai fugiu? Quem está envenenando seu coração?

– Ninguém está me envenenando. Eu sei e pronto. Ninguém me disse.

– Ora, não seja mentiroso, Ulisses!

– É que essa história de que ele foi pra Salvador cuidar dos pais dele e não conseguiu voltar, é coisa que a gente aceita quando é criancinha. Feito as histórias de lobo mau, de fadas, de bruxas. Dá licença, mãe! Eu cresci, pôxa!

Noélia riu. Admirou-se da sagacidade dele. Em nenhum momento quis lhe contar a verdade a fim de não macular a imagem do pai. Nunca quis inventar que o pai havia morrido, porque, no fundo do coração sabia que Escobar um dia retornaria, ainda que fosse, apenas, para conhecer o filho. Não perdeu as esperanças nem quando soube que ele se casara. *"A vida dá muitas voltas."*

– Ulisses, pode me contar sem receio quem está enchendo sua cabeça. Será o Leonardo? Ou a Laura? Não acredito que eles...

– Aqueles dois palermas? Quase não falo com eles.

– Outra coisa que quero saber é porque você não gosta deles. São pessoas ótimas. Educadas. Eu fico muito aborrecida, porque Felipe, Kírian, Leonardo e Laura são como da família. Muito têm feito por nós. Gostaria que você retribuísse a amizade deles; que não fosse tão mal-agradecido.

— Ora, mãe. O Leonardo e a Laura não precisam de nada. Não precisam de nós. Tem pai, mãe, avós, tios, primos, amigos... Por que eu hei de engrossar a relação de amizade deles?

— Você me surpreende, filho!

— Sei que eles só me suportam por sua causa. Pela *tia* Noélia! Você, por acaso é tia deles? Eles já não têm muitos tios e tias? Por que querem também você? Será que nunca se satisfazem? — disse de uma só vez, a voz entrecortada de raiva.

Noélia ouviu o desabafo do filho. Estava claro que ele tinha ciúme doentio dos filhos de Felipe e Kírian. Era evidente que a falta do pai o angustiava. Por isso, ele se sentia inferiorizado em relação aos demais.

— Ulisses, não guarde tanto sentimento mesquinho no coração, filho. Faz mal! Primeiro a você mesmo. Quando mexemos na sujeira somos os primeiros a nos sujar.

— Tá bom! Tá bom! Não precisa se indignar tanto! Vejo que os dois "santinhos" são amados por você. *"Tem cara que nasce com sorte."*

— Ora, menino! Nem preciso repetir o quanto você me é precioso. Cada dia que passa, mais sinto o quanto você é importante pra mim. Felipe e Kírian tem sido de enorme valia. Nem sei o que seria de nós sem a ajuda deles. A ingratidão é dos defeitos o mais feio, Esc... Ulisses.

— Esmolas. Tô cheio de esmolas!

— Não fale assim, Ulisses!

— Se não é esmola é o que, então?

— Solicitude. Fraternidade. Grandeza de coração...

Ulisses percebeu que sua mãe estava quase chorando. Aquele filho era tudo, e ela não estava sabendo criá-lo.

— Desculpe, mãe. Sou mesmo uma grande besta. Às vezes falo sem querer. Quando vejo, já falei. Acho que é o...

— O... Quem?

— Prefiro não contar. Você não ia acreditar mesmo.

— Acreditar em quê? Fale de uma vez, menino!

— Mãe, você já viu algum fantasma? Alguma alma penada?
— Espírito, você quer dizer.
— É. Espírito. Fantasma. Alma penada; qualquer coisa do tipo.
— Espírito não é qualquer coisa do tipo. Você é um Espírito. É qualquer coisa do tipo? Mas por que pergunta?
— Porque eu, às vezes, vejo um... fantasma. Um fantasma beeem feio! Parece um bruxo. Tem mãos que parecem garras! Às vezes está calmo, fica na dele, só me olhando de longe. Outras vezes está furioso como um demônio! Eu não tenho mais medo... quer dizer... só um pouco, mas rezo e peço proteção a Deus, conforme você me ensinou. Quando ele me vê rezando, balança a cabeça e sai de perto.

O coração de Noélia quase saiu pela boca. Nas suas reminiscências, Eleutério lá estava. Sofrido. Traído... Vingador.

Quando chegaram, Ulisses Escobar correu na frente para abrir o portão, porém, não o abriu. Ficou extático por alguns segundos.

— Veja, mãe. Ele está aqui me esperando. Bem ali na porta da sala. — E apontou o lugar com o dedo indicador.

— Deixe de brincadeira, moleque. Não tem a menor graça.

— Não estou de brincadeira, não! Venha. Não tenha medo. Ele é um bom fantasma quando não está de mau humor. Hoje está na dele... Sabe que ele até me diverte, às vezes? Ultimamente tem dito que é bruxo...

O "fantasma" não era outro a não ser Eleutério. Sua triste figura não lembrava um ser humano. Durante aquele tempo todo, o único progresso aparente que fez foi abrandar o fero olhar.

Noélia estava paralisada de terror e não conseguia se mover.

— Mãe, me dê sua mão. Não tenha medo, vamos... *"Ahn... mulher tem medo de tudo."*

Eleutério olhava curioso. Parecia se divertir com o medo de Noélia e com o atrevimento do menino.

Noélia não se movia do lugar.

— Venha, não tenha medo, ele não é mau fantasma. Já conversamos algumas vezes. Um dia, quando eu estava muito zangado, ele me disse que a situação dele era bem pior do que a minha; que ele não tinha pai, nem mãe, nem ninguém; que era um estorvo, um aborto da Natureza.

— Pare de dizer tolices, menino!

— Não acredita? Pois saiba que ele me chamou de intrometido. Disse que eu não tenho direito ao seu amor. Disse também que gosta muito de você. Não é um barato, mãe? Você tem um namorado fantasma. – Riu gostosamente.

— Que mais? – Noélia conseguiu dizer com voz tremida.

— Depois ele sumiu. Ficou bastante tempo sem aparecer. Senti até saudade...

— Eita! Que menino pra falar besteiras!

Noélia não conseguiu falar mais nada. Então era verdade! Kírian estava certa. O obsessor do passado ainda não desistira dela. Ainda continuava trazendo desarmonia para sua vida. *"Até quando? Ele não se cansa nunca?"*

Adentraram. Noélia fez o menino se sentar ao seu lado.

— Ulisses, agora me conte tudo. Faz tempo que você vê esse Espírito?

O menino olhou para fora. Queria que o Espírito Eleutério o esperasse, porém, não mais o viu.

— Não sei ao certo. Parece que cresci com ele ao meu lado. No começo achava até normal. Ele desaparecia por algum tempo e depois voltava. Às vezes eu não via nada, só escutava o que ele dizia. Com o tempo me acostumei com ele. Mesmo quando quer me assustar, não consegue mais. Diz sempre que eu sou um desgraçado intrometido. Agora deu pra dizer que é um bruxo malvado. Quando eu era mais criança, mostrava a língua pra ele, mas depois de um dia em que ele quase me pegou, não mostrei mais, que não sou besta. Outro dia, na escola, quando eu discutia com o Leonardo, ele se aproximou e mandou que eu desse um soco bem dado no Leonardo. Disse que me ajudaria. Eu quase aceitei aquela ajuda, pois queria mesmo bater nele. Era a minha chance, pois sozinho não sei se conseguiria. O Leonardo é bem alto e forte... Mas a Laura veio correndo e me puxou, dizendo que tinha um segredo pra mim. Era uma bobagem de menina, mas eu perdi o pique.

Noélia o olhava com espanto.

— Não se preocupe, mãe. Ele não nos fará mal algum. É também sozinho... Só tem a nós. Parece que não gosta dos outros fantasmas.

— Ulisses, não é tão simples como parece. Precisamos tomar providências.

— Tá vendo? Por isso não queria contar nada. Você se preocupa demais, mãe! Deixe o pobre fantasma ficar onde ele quiser!

— Deixe de falar bobagens, garoto. Você "não sabe da missa, um terço".

— É. Não sei mesmo. Então não se faça de esquecida. Prometeu falar a verdade sobre meu pai quando chegássemos. Chegamos... Vá contando.

— Antes, diga-me: O tal fant... Espírito, ainda está aqui?

O menino olhou demoradamente e disse que ele havia ido embora.

— Mas não disfarce, mãe. Vai falar agora sobre meu pai ou inventar outra história?

— Vou falar toda a verdade. Depois do banho. — Examinou as orelhas do moleque.

— As orelhas também fazem parte do corpo. Não se esqueça delas. E não demore tanto no banho, que não sou dona da Eletropaulo e nem da Sabesp.

— Se você quiser faço economia. Não tomo banho hoje.

— Sabidinho. E como fica meu nariz?

Risos.

Naquele mesmo dia, Noélia lhe falou sobre o pai. Amenizou o quanto pôde, chamando para si toda a culpa pela atitude de Escobar, no passado.

Escobarzinho olhava o nada, enquanto a mãe falava. Via-se que forcejava para não chorar. Depois se levantou e disse:

— Sempre soube que meu pai era um... um... — Não encontrou adjetivo suficientemente bom para dar ao pai e se calou.

— Não julgue ninguém, Ulisses. Não somos juízes e nem conhecemos suficientemente a alma humana... Será que estamos livres de errar?

CAPÍTULO XXV

A INSATISFAÇÃO É O AGUILHÃO DA ALMA

Desgarrei-me, ó Deus!
Esta minh'alma sofrida
Dentro de mim vagueia
Sem lume, sem cirineus.

Passados os primeiros meses de casamento, Priscila Maria e Escobar estavam longe de ser um casal feliz. Não que ela não o amasse. Amava-o com um amor possessivo, doentio, ciumento e insatisfeito. Cobrava dele um amor pleno, amor este que ele jamais nutria por ela, pois Noélia ainda era uma presença constante em seus pensamentos. E Priscila Maria tinha ciúmes desses pensamentos. Perdera o gosto pela praia, porque sabia que o marido aproveitava aquele momento para trazer o passado de volta; rememorar o amor perdido. Alguns dias antes do casamento, ele resolvera lhe contar tudo a respeito do seu passado; de Noélia, do filho dele que ela esperava. Entre eles não deveria haver qualquer segredo. Priscila Maria ainda mais se agarrou a ele e sua autoestima ficou abalada. Não podia aceitar ser a segunda no coração dele. Depois analisou friamente a realidade e ficou satisfeita. Fora mais esperta do que Noélia. De um jeito ou de outro o havia fisgado.

Escobar estava realizado profissionalmente. O sogro se encarregara de arrumar-lhe uma promoção na firma. Financeiramente estava muito bem, todavia, o vazio que sentia em relação à Noélia, jamais fora preenchido. Acrescido a isso, a suspeita de que Priscila Maria tivesse engravidado de propósito, há dez anos, para fazê-lo decidir-se a se casar com ela, azedava todo o relacionamento conjugal. Havia, porém, um saldo positivo. A filha Suzyane. Para ela ele passou a viver. Sempre pensava no filho dele com Noélia. *"Será que ela abortou? Se não tiver abortado, meu filho terá, agora, quase a mesma idade de Suzy. Será menino ou menina? Nunca tive coragem de procurar saber... Terá herdado os olhos verdes da mãe? A covinha no queixo?"*

Fechou o livro que tentava ler. Inútil querer concentrar-se. Naquele dia estava mais desiludido. Durante a semana, no trabalho, conseguia esquecer um pouco a mixórdia que era sua vida, mas aos domingos, olhando o mar de Itapuã, relembrava uns olhos verdes e desejava que o tempo voltasse. Ele, então, haveria de fazer tudo diferente.

Priscila Maria estava parada a alguns metros. Observava o marido, e seu coração doía. *"Lá está ele. Aposto que pensando nela... Até quando posso suportar isso? Valeu a pena tudo o que fiz para agarrá-lo? Ah, como gostaria de tirar essa Noélia do coração dele."*

– Quer tomar alguma coisa, Escobar? – Sua voz saiu chorosa e tremida.
– Hum?
– Estava de novo no mundo da lua? Perguntei se quer tomar alguma coisa... Um refrigerante, uma água de coco, uma batida...
– Obrigado, Pri. Quero sim uma água de coco. Você traz pra mim?
– Claro. Já volto. *"Por que tenho tanta tristeza em meu coração? Casei-me por amor, mas o amor tem de ser recíproco... É bem verdade que forcei a barra, mas agora é tarde... ah, como odeio essa Noélia!"*

Ele olhou a mulher que se afastava no seu passo gingado. Havia engordado bastante. Reconhecia-se culpado por isso, pois ela compensava sua insatisfação atacando a geladeira e na praia era a alegria dos vendedores ambulantes. Apesar dos quilos a mais era ainda muito vistosa.

Meneando a cabeça, guardou o livro e voltou ao passado. Ao seu passado cada vez mais presente. Tentou visualizar o filho desconhecido. Pensava nele como se fosse um garoto bonito como a mãe. Amava-o? Aquilo era bem estranho. Amava o filho jamais conhecido? Ou era o amor por Noélia que o fazia amar o filho?

Lágrimas escorreram-lhe pelas faces. *"Noélia... Por quê? Por que nossas vidas tomaram caminhos diferentes? Que destino!"*

– Pronto. Aqui está. Geladinho!

– Obrigado, Pri. Mas onde está a Suzy? Pensei que ela estivesse com você.

– Estava. Depois encontrou uma amiga e estão juntas jogando bola feito dois moleques.

– Ahn...

– Você fala sem me olhar... Tem medo de que seus olhos contem coisas íntimas? Como...

Estacou, de repente. O que poderia lhe dizer?

– Não seja tola. Será que quer controlar até meus pensamentos?

– Se eu pudesse, sim. Claro que haveria de querer.

– Graças a Deus não pode. *"Você sofreria ainda mais, Priscila."*

– Olhe, fique aí com sua casmurrice. Vou buscar uma batida pra mim. De graviola. Não quer experimentar?

– Não acha que já bebeu muito?

– E você se importa?

– Claro que me importo, ora essa.

Priscila Maria teve um momento de indecisão. Depois se voltou para o marido. Carinhosa. Insinuante. Beijou-o com certo constrangimento.

– Escobar... querido... o que está acontecendo com a gente? Sei que você não é feliz... eu também não o sou. Parece que remamos para margens opostas e não saímos do lugar... Parece que travamos uma batalha muda... – Parou de falar, sufocada que estava pela vontade de chorar. *"Ele andou chorando, bem vejo seus olhos congestionados. Que sorte tem algumas mulheres. Parece que enfeitiçam os homens. É claro que chorou por Noélia."*

– Está tudo bem, Priscila. É bom você parar de beber. Bem sabe o quanto o álcool faz mal. Quer se matar?

– Quero – disse rindo e fazendo figa por trás.

– Não brinque com coisa séria. Você pode atrair alguém que atenda a seu desejo. Ao nosso redor vivem milhares de desencarnados ainda ignorantes, prontos pra nos fazer sofrer.

— Eu nunca vi nenhum.

— Existem muitas coisas que não vemos e nem por isso deixam de existir.

— Exemplo? – disse, apontando-lhe o dedo indicador e tentando parecer descontraída.

— Todos os descobrimentos que a humanidade fez, sempre estiveram aqui. Só faltava avanço tecnológico para serem vistos. Quanto tempo a humanidade permaneceu no escuro até que se descobrisse os vários tipos de energia? E vemos a eletricidade? E as infinitas ondas que cruzam o espaço, você também não as vê. Se quiser algo ainda mais claro, feche a boca e tape o nariz. Você não vê o ar, porém, sem ele, você morre. E o que dizer do mundo dos infinitamente pequenos? Daqueles que não são vistos a olho nu? Antigamente, antes de surgirem os microscópios, esse mundo invisível não existia pra nós. Quantos morriam infectados, porque os médicos não se higienizavam antes de atender os doentes. Quantas mulheres morriam após o parto, porque ninguém via as bactérias, os vírus? Mas eles estavam lá. E os efeitos negativos que produziam levaram os cientistas a desconfiarem de que havia algo além daquilo que eles viam.

— Você tem razão. Estou só zoando... Como disse Shakespeare, há muita coisa entre o céu e a terra que a nossa vã filosofia desconhece.

— Que coisa original você disse... Vamos pegar a Suzy e voltar pra casa.

Priscila Maria corou de vergonha pelo tom irônico dele. Não gostava de parecer tola, principalmente a ele. – E retrucou:

— Em outros tempos você elogiaria minha citação.

— Desculpe-me. Não quis ofendê-la. *"Melhor calar a boca. Hoje me sinto arrasado."*

Retornaram em silêncio. Cada qual amordaçando a alma.

CAPÍTULO XXVI

EMPATIA

Quanto maior o tempo de trevas,
mais difícil o acesso à luz.
Quanto mais apertadas amarras
mais tempo a carregar a cruz.

À medida que os fatos vinham à luz, mais crescia minha empatia com os personagens. Era como se eu os conhecesse de algum lugar, de alguma época remota. Vivenciava os sentimentos de cada um. Alegria, tristeza, abandono, pessimismo...

Escobar nutria dentro de si tamanha tristeza, que ao falar dele também eu mergulhava numa espécie de apatia; numa busca de solução; numa tentativa desesperada de lhe devolver a sua Noélia. A sua Noélia que, apesar de tudo, aprendera a ser mais confiante e tentava ser feliz ao lado do filho. Daquele filho que em uma existência anterior chamara-se Abelardo e fora irmão de Eleutério e seu marido por alguns poucos meses. Desse triângulo amoroso resultou dores que ainda persistem.

Eleutério encastelou-se no seu desejo de vingança e não alimentava outra ideia. E me passava um sentimento amargo de revolta; frustração; remorso.

Priscila Maria despejava em mim seu próprio sentimento de amor desventurado. Era como se as ondas que vinham lamber a areia e que voltavam sempre; ininterruptas; o fizessem porque teimassem em encontrar um grão de areia rebelde que havia desaparecido; que fugira ao contato delas. A infeliz Priscila vivia na expectativa de que a ela também, nessas idas e vindas, lhe fosse devolvida a alma de Escobar. A alma que fugia dela.

Noélia! Sua vida difícil, seus primeiros sonhos desfeitos, sua angústia; seus medos; seus equívocos. Risos. Lágrimas. Passado e presente entrelaçados; costurados entre si com os fios invisíveis das grandes provações cármicas. Estou repleta de Noélia. Noélia está repleta de mim...

A tarde salvadorense se despedia deixando no mar estrias avermelhadas e ondulantes. A noite se aproximava. Algumas estrelas já apareciam naquele céu baiano para ajudar a lua na ronda pela cidade.

* * *

Escobar acabava de sair do banho e já estava transpirando. "Moro num país tropical, abençoado por Deus..." – cantarolava baixinho. Em seguida, serviu-se de um refrigerante. Sentou-se para ver o jornal na TV. Priscila Maria estava passando a tarde com a mãe e Suzyane fazendo os deveres da escola na casa da amiga Bia.

Após o noticiário, desligou a televisão. Queria aproveitar o silêncio para relaxar as tensões do dia. Estendeu-se no sofá e fechou os olhos. De repente, num canto da sala, deparou com uma visão assustadora. O seu já conhecido Espírito de mãos deformadas o espiava. Ele deu um pulo e pôs-se de pé. Eleutério, pois que era o próprio, percebeu que ele o via e ficou na expectativa. Porém foi só um momento. Como um *flash*. Depois tudo desapareceu, como se o plugue fosse retirado da tomada. Teria sido alguma alucinação? Há muito tempo que ele não via ou ouvia nenhum Espírito. A mediunidade de outrora havia-se atrofiado por falta de uso. Continuava, ainda, estudando o Espiritismo, porém os interesses de ordem material absorviam-no completamente e ele remetia as questões espirituais para um futuro que nunca chegava. Agora, de repente, a vidência lhe voltava. Inquieto, perguntou, mesmo sem mais estar vendo: "Quem é você, meu irmão?"

O obsessor Eleutério, que "morava" em São Paulo com Noélia e Ulisses Escobar, costumava visitar o antigo namorado dela. Nos tempos em que Noélia muito sofreu pelo seu abandono, ele prometeu que saberia dar o troco, portanto, que Escobar esperasse. Ninguém ia fazer a sua "Helena" sofrer e ficar sem o troco. Datava daquela época as visitas que vez ou outra fazia a Escobar para perturbá-lo.

Apesar de ter aprendido alguma coisa na companhia de Noélia, de Kírian e de Felipe, Eleutério estava ainda muito longe de perdoar, de se sentir vingado. Assim, não permitia que o passado ficasse para trás. Ao contrário, quando se sentia amolecer nos seus propósitos belicosos, quando se sentia propenso a buscar novos caminhos, enchia-se de falsos brios, de falsas justificativas e ratificava seus propósitos nefandos.

À época das primeiras visitas, Suzyane começou a pressenti-lo e adoeceu por sua causa. O guia espiritual da menina tratou de afastá-lo, e ele prometeu que não mais se aproximaria dela. Na verdade, Eleutério não queria mal à menina. Na sua solidão, procurava a companhia dela apenas para distrair-se. Seu alvo era Escobar e Priscila Maria. Por mais que tentasse, não conseguia descobrir Escobar no seu passado espiritual; porém, uma coisa era certa: Não ia com a cara dele.

Durante muitos anos ficou só espiando e causando apenas problemas de pequena monta. Agora ali retornava. Não precisou de muito tempo para verificar que Priscila Maria continuava ciumenta e possessiva. Também soube que Escobar ainda amava Noélia, a sua Helena de priscas eras. Até aquele momento não tinha intenção de se intrometer demasiadamente na vida do casal, mas ao saber que Escobar ainda nutria pela namorada abandonada um amor sofrido, encheu-se de revolta. Lembrou-se de que presenciara o sofrimento de Noélia por causa dele; da sua covardia ao abandoná-la com um filho dele no ventre. De mais motivos não carecia. Tratou logo de aumentar as desconfianças de Priscila Maria. Insuflava-lhe pensamentos de traição, de rejeição, de ciúme. Como tais sentimentos ela já possuía, o que lhe coube fazer foi alimentá-los dia e noite. Estimulá-los. Sem compaixão. Sem tréguas.

Priscila Maria sofria. Pouco a pouco foi tomando mais gosto pela bebida. E Eleutério a estimulava. E bebia com ela. E ambos iam despencando cada vez mais.

Após deixar Priscila Maria curtida em desconfianças, Eleutério procurava Escobar. Jogava-o contra ela dizendo, entre risos de escárnio, que ele fora manipulado, enganado pela sagaz mulher; que ela havia engravidado de propósito só para prendê-lo.

A infância de Suzyane fora sempre permeada de situações insólitas. Acordava se debatendo, gritando que um bicho estranho estava perto dela; que queria arranhá-la com suas unhas compridas e sujas. Escobar desconfiava de uma perturbação espiritual, mas Priscila Maria a havia levado ao pediatra e este lhe dissera tratar-se do pânico noturno, muito natural nas crianças. E Eleutério zombou dele, quando sua sugestão de levar a garota a uma casa espírita fora rechaçada por Priscila Maria.

O obsessor estava novamente diante de Escobar. Acompanhava seus passos. Sugeriu-lhe uma dose de uísque, mas ele, preocupado com os problemas familiares, com seu serviço na firma, não permitiu a sintonia necessária. Não atendeu, pois, à sugestão.

"*Eu espero. Não tenho pressa. Uma hora você abaixa a guarda, seu covarde*" – pensou Eleutério.

Dali a pouco, Escobar o viu a um canto da sala. Mais por medo do que por sentimento fraterno, chamou-o de irmão.

– *Irmão? Ora vejam! Vá se catar, ô meu! Tome tento.*

– *Sim, somos Irmãos... em Deus.*

Escobar lembrou, agora sem nenhuma dúvida. "*É o perturbador de minha paz. Aquele que conheci na viagem de avião há tanto tempo, quando fugia de São Paulo... Ele acompanhava um homem. Não sei por que me acompanha agora.*"

Procurando não demonstrar medo e ajudar Eleutério, Escobar reafirmou:

– *Somos Irmãos em Deus. O mesmo Deus que criou você, criou a mim.*

– *Só agora você vê isso? Que espécie de Irmão você foi para Helena? Para o bastardo dela?*

– *É que...*

Escobar ficou sem saída. Perdido num caos de incoerências.

Como querer doutrinar alguém sem moral para tanto? Como lhe falar de Deus, de fraternidade, se ele sempre agira de forma a negar tais conceitos? E por que aquele Espírito lhe falava sobre uma Helena e um bastardo? Nunca conhecera nenhuma Helena. "*Será que essa Helena é a Noélia, nesta existência!?*"

Escobar, balbuciando, lhe disse que nossa origem é divina; que ele, Eleutério, apesar de ser um obsessor, também possuía a herança divina. Mas tais palavras careciam de convicção.

— *Não seja hipócrita!* — chasqueou o obsessor — *Tire essa máscara de santarrão, que não lhe assenta bem. Não admito que me lembre a origem, você que sempre agiu só pensando em si mesmo. De forma interesseira. Sabendo que a vida espiritual é eterna nunca se preocupou em zelar por ela? Só os interesses materiais ocupam sua mente. Só se lembra de Deus nas horas difíceis; aí se comporta como um bebê chorão.*

Estendeu as mãos de garras para Escobar que, perplexo, não sabia o que dizer. Eleutério continuou, ralado de revolta.

— *Não soube valorizar Helena e não sabe valorizar Priscila Maria. Você não passa de um egoísta, de um "santinho do pau oco", de um dom-juan desclassificado.*

— Meu Irmão...

Escobar continuava a chamá-lo de Irmão, mas na verdade não o considerava tal. A fraternidade do início deu lugar a um desconforto nocivo.

— *Já disse que não sou seu Irmão, cara! Essa melosidade não lhe assenta bem. Droga!*

— Está bem. Então o que quer aqui? Por que não volta pro seu mundo?

— *E quem você pensa que é para me dar ordens? Sou livre! Descascado! Fico onde quero e não devo satisfação a você. E fique sabendo que este mundo também é meu!*

Escobar percebeu que, afinal, o Espírito tinha lá suas razões e parou de argumentar. No fundo sabia que o outro não estava totalmente errado a seu respeito, porém, não se sentia assim tão miseravelmente mesquinho. Lembrou-se de que teria voltado para Noélia e o filho, não fosse a repentina gravidez de Priscila Maria. *"Bem sei que errei... quando quis consertar já era tarde, mas não sou esse monstro que ele diz."*

Eleutério falou mais alguns desaforos e, porque o outro ficasse prudentemente calado, se foi.

Desconsolado, Escobar dirigiu-se ao seu quarto e ficou meditando em tudo o que ouvira. *"Não resta dúvida... Nada do que fazemos fica encoberto. A verdade, por mais que tomemos cuidado, um dia se evidencia. É como um raio de sol que não podemos aprisionar. Não dá para esconder, principalmente do Plano Espiritual. Testemunhas nos vigiam por todos os cantos. Cedo ou tarde temos de deixar cair a máscara. Meu Deus! Noélia... Meu filho... Perdoem-me, se puderem."*

Lágrimas discretas molharam as faces avermelhadas pela vergonha que sentiu ante as admoestações daquele Espírito. Arrependeu-se, uma vez mais. Porém, o que fazer agora?

Ajoelhou-se. Cotovelos fincados no colchão. Tentou orar, mas seu coração e sua mente se amotinaram.

Suzyane chegou e foi procurá-lo.

— Painho? Que você tem?

— Suzy, minha filha. Agora que você chegou vou ficar bem.

— Mas painho, o senhor estava chorando? Por quê?

— Não. Que ideia! Só estava aqui pedindo a Deus que sempre proteja você.

— Ele sempre me protege, painho. Outro dia, quando a Felinta desapareceu, rezei e pedi pra Ele *fazer ela* voltar e ela voltou. E bem depressinha.

— Depressinha é modo de dizer, né? Porque andar depressinha é algo que sua tartaruga Felinta não sabe fazer — disse Escobar tentando sorrir e botando a filha no colo. — Fez toda a lição de casa?

— Claro. A Bia me ajudou.

Pulando do colo dele perguntou pela mãe.

— Sua mãe ainda não voltou da casa da vovó. Quer ir até lá?

— Quero. Mas dá um tempo que vou telefonar.

— Humm... Telefonar pra quem, hein, mocinha?

— Não seja curioso.

— Olha lá!

— Mas você não diz que já sou uma mocinha? Então?

— E é. Mas não pra andar de namorico. — Riram.

A garota fez sua ligação. Contou, ainda rindo, para uma amiga que o pai era ciumento. Enquanto ela falava ao telefone, o pai voltou à sala. Queria certificar-se de que Eleutério havia ido embora. Nada viu, mas estava realmente preocupado. Poderia tal Espírito perturbar a já tão pouca paz doméstica? *"Doravante ficarei mais atento. Talvez volte ao centro, assim posso me ajudar e ajudar aquele coitado."*

Depois saiu abraçado a Suzyane. Perto da filha conseguia um pouco de paz.

CAPÍTULO XXVII

ULISSES TEM NOVOS PLANOS

*Ferida mal cicatrizada
reabre com facilidade.*

Mais dez anos transcorreram na vida dos nossos personagens. O tempo, qual mago, vai transformando o caráter de cada um. A finalidade da vida é esta: Retificar. Ratificar. Construir (o Bem). Destruir (o mal).

A lógica mostra que sem as sucessivas reencarnações não haveria como alcançar a angelitude. Os laços que nos prendem a terra, na forma dos mais variados vícios, vão perdendo forças por meio dos bons procedimentos, do amadurecimento e, por mais endurecidos que sejamos, sempre chega o momento da conscientização. Se pararmos um pouco na nossa correria do dia a dia, vamos perceber que nunca somos totalmente iguais por dois dias consecutivos. As certezas adquiridas, as dúvidas sensatamente discutidas a fim de que a verdade surja, os vícios percebidos e combatidos, enfim, todo aprendizado, nos transformam silenciosamente. Morosamente, as virtudes tão raras vão se sedimentando até fazer parte da nossa personalidade; do nosso "eu" profundo e um tanto desconhecido, ainda. Mesmo aqueles que não progridem de forma perceptível; aqueles que, como Eleutério, parecem cristalizados no mal, mesmo eles, estão em processo de transformação. A evolução está inserida na Natureza.

Os olhos verdes de Noélia Maria Cruz Van Opstal já não refletiam a vivacidade dos tempos idos; já não lembravam as águas revoltas do mar de Itapuã, mas as de um lago tranquilo. Os cabelos, outrora longos e castanhos, estavam curtos e embranquecidos, apesar de ela não ter, ainda, 40 anos. Mas a beleza herdada da família do avô holandês, Marzílio Van Opstal, ainda despertava o interesse de muitos.

Inúteis os conselhos de Kírian para que ela arrumasse um namorado. A vida sentimental era-lhe um capítulo encerrado. Sentia-se feliz ao lado do filho e temia que a presença de um padrasto viesse trazer desarmonia. Vez ou outra se lembrava do passado. Sem as aflições e a revolta de então. Continuava querendo bem a Escobar e a sentir que lhe era grande devedora no banco do astral. *"Será que ele é feliz? Será que ama a esposa? Será que conseguiu me esquecer?"*

Ulisses Escobar Van Opstal estava perto dos 21 anos. Era um rapagão bonito. Saradão, como diriam as jovens de hoje. Porém o gênio... este continuava péssimo. Somente a mãe sabia como lidar com tamanha irascibilidade. Por mais que ela, Felipe e Kírian, seus padrinhos, insistissem, não conseguiram fazê-lo frequentar nenhuma religião. Dizia que quando pequeno já as frequentara bastante. Mesmo já homem barbado, continuava muito apegado à mãe. Noélia muito se preocupava com o futuro dele e, mais de uma vez, pensou se não seria já hora de o pai conhecê-lo e ajudá-la na educação. Uma ocasião, quase o procurou, mas se lembrou de que ele tinha uma família e não seria correto inibi-lo em sua paz doméstica. E, como bem conhecia o filho, sabia que ele não aceitaria nada que viesse do pai. *"Ficamos até agora sem ele..."*

– Ulisses..., não sou eterna. Você precisa arrumar alguém... uma namorada. Amar faz tão bem, meu filho!

– Ora, mãe! Que história é essa?

– Você vive tão só, Ulisses... Parece que nem vê as meninas que lhe dão o maior valor, que jogam o maior charme pra cima de você, filho!

— Que isso, mãe? Bico de pato, mangalô, três vezes — e bateu na madeira com os nós dos dedos.

— Vai ficar pra tio, é?

— Não quero compromisso sério. Mas você está enganada. Não ando tão só, assim. Eu e a Laura estamos sempre juntos.

— Mas a Laura é como uma irmã pra você!

— Não aposte nisso. *"Acorde, dona Noélia..."*

— É que eu nunca vi você e a Laura como namorados. Parecem mais irmãos.

— Essas meninas de hoje também não pensam em se casar, mãe. No seu tempo era diferente. Hoje em dia as meninas só querem paquerar, curtir, passear nos *shoppings*, frequentar baladas... Só querem "ficar".

— Também não é assim.

— A Laura, claro, é diferente. — E os olhos dele brilharam.

— A Laura é uma menina excelente, gosto muito dela, mas tenho medo de que você a magoe.

— E por que eu a magoaria?

— É que os rapazes na sua idade são muito volúveis.

— Pura bobagem de mãe careta, "dona Noélia".

— Não se esqueça de que ela é filha de Kírian, minha melhor amiga. Toda família que temos. Não vá pisar na bola com ela...

— Quer mesmo saber, mãe? Nunca vou me casar. Você sacrificou sua vida por minha causa. Agora chegou minha vez de cuidar de você.

— Então é isso?! Meu Deus, Ulisses! Nunca mais diga uma coisa dessas. Quer me atribuir mais esse pecado? Ser um peso na sua vida?

— Não quis dizer isso.

— O que eu fiz não foi nada que outra mãe não faria. Se não me casei foi por opção minha.

— Tá bom... Que papo besta este. Mas fique sabendo, mãe, que não me casarei tão cedo. Quero me divertir muito antes de entrar para o time dos casados.

— Vamos conversar sério, menino! Sente-se.

— Às suas ordens, "generala".

— Precisamos falar do seu futuro.

— Mas já falamos... Não quero...

— Não estou me referindo mais a namoro ou a casamento. Falo do seu futuro profissional. Você perdeu muito tempo. Sempre foi muito displicente nos estudos.

— Caramba, minha mãe! Acabo de me formar! Dá um tempo!

— De se formar no colégio. É muito pouco!

— Fiz colégio técnico para não me preocupar com faculdade.

— Nos dias de hoje, nível médio é muito pouco. Você precisa pensar na faculdade.

— Vou começar a trabalhar no escritório de contabilidade daquele amigo do padrinho Felipe. Não é um bom começo?

Noélia abanava a cabeça em sinal de reprovação. Sabia que o filho não era muito chegado aos estudos.

— E quanto vai ganhar lá? Um salário mínimo? Dois? Isso não dá pra você pensar em se casar, constituir família.

— Lá vem você de novo com esse papinho de casamento.

— É que... bem... posso morrer a qualquer momento e não quero deixar você sozinho. Sem ninguém. Sem família.

Um ricto de revolta transformou o bonito rosto do rapaz. Noélia percebeu que tocara, sem querer, na ferida ainda aberta. Ulisses Escobar nutria pelo pai um rancor que não escondia.

Eleutério a tudo assistia. Parecia uma árvore raquítica que tombaria a qualquer momento. Ao contrário do que queria, não conseguia mais sentir ódio do antigo irmão Abelardo, agora Ulisses Escobar, como já foi dito. Algo se ia modificando também dentro dele. Por mais que alimentasse o "bruxo", este perdia terreno dia após dia. *"Preciso reagir. Este miserável não merece o meu perdão. Mas o que está acontecendo, Eleutério? Está se deixando levar pelas sugestões traiçoeiras dos mensageiros da luz? Preste atenção. Você está aqui neste momento para se vingar. Vingar. Vingar. Vingar."* – dizia a si mesmo o avejão.

— Sem família... O safado do Escobar... – desabafou Ulisses.

— Não guarde ódio em seu coração, filho. Agindo assim você é o primeiro a se prejudicar. Esqueça isso!

— Você pode ter esquecido, mãe; ter perdoado o meu... perdoado o Escobar, mas não me peça para eu fazer o mesmo. Jamais o perdoarei. Ele foi um crápula, nos deixou desamparados e foi gozar a vida em Salvador. Tá lá no bem-bom. Um sogro rico... uma mulher... uma filha... praia... sol...

— De que vale tanta amargura? Tanto rancor a azedar seus dias? Esqueça, já lhe pedi! Passe uma borracha em tudo isso!

— Esquecer? Jamais.

Noélia olhou o filho. Ele tinha lágrimas nos olhos. Era tão angustiante vê-lo odiar o próprio pai!

De repente, o rapaz se levantou. Parece que enfim, encontrou um jeito satisfatório para ambos.

— Sabe que acabo de ter uma ideia?

— Qual?

— Vou sim pra faculdade.

— Que bom, Ulisses! Você vai ver como é bom estudar... ser alguém na vida...

— Vou pra Salvador. Faço a faculdade lá. Quem sabe não encontro o safado do Escobar e lhe falo umas verdades?

Noélia se engasgou de susto.

— Não! Não é preciso ir a Salvador. Temos aqui uma ótima faculdade. Você sabe que Felipe e Kírian teriam o maior prazer em lhe proporcionar essa formação. E de graça! Perto de mim, que trabalho lá na Secretaria. Quer mais?

— A faculdade daqui só tem Ciências Exatas. Quero fazer Direito. O Felipe tem outra faculdade de Ciências Humanas em Salvador...

— ... com mais dois sócios, ao passo que aqui...

— Creio que ele me apoiará se eu quiser estudar na unidade de lá. Pra ele tanto faz.

— Claro, mas... Por que complicar as coisas?

— Está decidido. Mudaremos pra Salvador. Você passa a trabalhar na faculdade de lá. Eu também posso arrumar um serviço durante o dia e estudar à noite.

E sem dar tempo para nenhuma outra consideração, saiu.

CAPÍTULO XXVIII

ELEUTÉRIO NÃO VÊ (LITERALMENTE) O TEMPO PASSAR.

*A negativa obstinação
é porta que retarda
o trabalho da evolução.*

O tempo para o desencarnado é diferente do tempo para o encarnado. Assim, se para nós, trinta, cinquenta ou cem anos é um tempo longo, para o desencarnado pode não passar de um relâmpago, pois no espaço cósmico tudo é presente. Para o desencarnado alienado já não há contagem de tempo. Poderá viver por anos e anos no presente do seu passado; enrodilhado dentro de si mesmo.

Assim ocorria com Eleutério, o bruxo. Para Noélia, Escobar e os demais envolvidos neste drama, muito tempo havia passado. Para Eleutério o tempo de ontem era o de hoje e o de amanhã. Obstinadamente, cuidava de manter acesa a chama destrutiva do desamor, protegendo-a dos fortes ventos que poderiam apagá-la. Sua mente se fixara numa cena e ele girava em torno dela. Incansável. Monoideísmo nocivo que fincava suas raízes cada vez mais profundamente.

Para ele só existia a menina Helena, que seus pais daquela existência, Ivan Maldonado D'Assumpção e dona Emerenciana Souza D'Assumpção, haviam criado desde pequenina. Só lhe restava reviver o passado, alimentar o ódio, punir os culpados. Sua força era inteiramente direcionada para o fim a que se propunha.

Agora, tanto se habituara à presença de Noélia que não mais se importava em ter perdido a total ascendência sobre ela. Ainda que ela o ignorasse completamente durante o dia, à noite, enquanto seu corpo físico repousava, ela o via ao seu lado. Taciturno. Casmurro. Somente uma vez sentiu vontade de conversar com ele. Exortou-o ao perdão. Prometeu que falaria com seus amigos da espiritualidade a fim de se lhe providenciar nova reencarnação. Somente com outra existência teria oportunidade de se livrar do passado obsedante. Sentiu profunda piedade dele, embora já não conseguisse lembrar muito bem o que fizera a ele. Quando tentava se lembrar com mais clareza, uma bruma cinzenta se insinuava, e ela voltava ao presente, esquecida dos fatos que pudessem prejudicar o desenrolar natural da atual existência.

Ao "descer" sem nenhum critério ao "porão mental", corre-se o risco de despertar os fantasmas que ali dormitam. Depois...

Naquele dia Eleutério quis acusar Noélia; jogar-lhe no rosto sua traição. Esbravejar. Tudo o que conseguiu foi virar o rosto e esconder as mãos de garras, para que ela não visse que sua maldição pegara em cheio. Mas era tarde demais. Noélia vira-lhe as mãos e se angustiara de tal forma que voltou imediatamente para o corpo que repousava. Passou mal o resto da noite e nunca mais quis saber de se aproximar dele.

Por mais que o obsessor tentasse nova reaproximação, durante o sono ou fora dele, ela lhe fugia às influências negativas. Mas Eleutério lembrava que lhe restava Ulisses Escobar Van Opstal, o bastardo, como ele o chamava. O jovem o obedecia quase sempre. Até sua casmurrice e irascibilidade havia transmitido a ele como se fora um fator de genética espiritual. *"Este também haverá de pagar o dano que fez ao roubar-me a noiva às portas do casamento.*

Não pense, seu bastardo, que por ter renascido como filho de Helena, você está livre da minha vingança."

* * *

Quando Ulisses comunicou à mãe que faria faculdade em Salvador, Eleutério ficou exultante. Uma ideia lhe ocorreu naquele instante: *"Isso, bastardinho. Vá pra Salvador, que lá encontrará seu pai e a família dele. Então poderá ter também a sua vingança. Só não terá tempo para desfrutar a derrota do seu painho. Não! Tenho planos para você, Abelardo. Aguarda-me".*

A bem da verdade, Ulisses não odiava tanto assim o pai biológico. Era o orgulho ferido que o maltratava. Tinha perto de si a mãe, e isso era tudo o que importava, todavia, obsidiado pelo irmão do passado, achava que só depois de vingada a afronta seria feliz. Existia uma dívida em aberto, e enquanto ela não fosse quitada ele não encontraria a paz e a felicidade.

A vingança é apanágio das almas ainda imaturas. Há muito mais sabedoria em perdoar e seguir adiante do que em se vingar e ser feliz apenas por um momento. O preço dessa alegria temporária é muito alto. Alguns minutos – será tanto? – para um tempo incalculável de dor. Diz-nos o bom-senso que se vingar de alguém é demonstrar primarismo. É estar muito longe da perfeição; da sabedoria que ensina que nossa queda poderá vir no próximo passo. Vejamos o que nos diz, sobre o assunto, Angel Aguarod em *Grandes e Pequenos Problemas*, capítulo IV:

(...) "Forçosamente, os Espíritos encarnados e desencarnados se manifestam sempre pela forma que corresponde ao ponto em que se encontram de sua evolução. (...) O exercício da indulgência é patrimônio das almas já muito sensivelmente evolvidas".

"É a indulgência a expressão de um sentimento delicadíssimo de reta justiça, e os Espíritos atrasados não alcançam vibrar ao ritmo desse sentimento, neles ainda em embrião".

Ao longo do nosso caminho evolutivo, vamos sentindo e analisando os atos negativos, dos outros e os nossos, de modo diferente. O que antes, quando ainda estávamos nos primeiros estágios da escala espiritual, causava-nos revolta e desejo de vingança, hoje, após as lides na eterna vida, das reencarnações sucessivas e retificadoras, já conseguimos não nos desesperar, mas compreender que também nós, quando naquele grau evolutivo, não faríamos diferente. À medida que vamos deixando para trás os lastros pesados da ignorância; da rudeza espiritual, mais nos vamos integrando e interagindo na obra divina; coparticipando com Deus na sua criação. "Conquiste a Verdade, e a Verdade o Libertará."

Noélia, um passo à frente do filho, não via com bons olhos aquele desejo de vingança dele em relação ao pai. Ficou apreensiva. Tentou dissuadi-lo. Não queria sair de São Paulo para ir morar na mesma cidade de Escobar. Mas, ao mesmo tempo, uma curiosidade mesclada de saudades a ia dominando. Eleutério sentiu tal predisposição e tentou incentivá-la. Aproximou-se. Noélia chegou a sentir-lhe as vibrações grosseiras. Rejeitou-as. Fechou-lhe a porta. Não permitiu que tais influências nocivas se lhe instalassem novamente na alma. O obsessor ficou apopléctico. Estava tão próximo e tão distante de sua Helena!

Foi, então, em busca de Ulisses Escobar, no seu quarto. O rapaz estava assistindo a um filme na televisão, mas sua mente fugia constantemente para Salvador. *"Minha ideia foi genial. A mãe bem que merece uma vida melhor... tomar sol na praia, conhecer novas pessoas... Eu vou estudar bastante. Quero lhe proporcionar uma velhice tranquila. Coitada... sempre enfiada naquela Secretaria."*

Eleutério endossou aqueles pensamentos. Tudo ia saindo conforme sua vontade. A fúria de não poder reaproximar-se de Noélia ainda lhe azedava o ânimo. *"Agora vou dar uma chegada ao lar doce lar de Escobar e de Priscila Maria. Faz algum tempo que não os vejo."* – disse Eleutério a si mesmo.

* * *

"SORRIA. VOCÊ ESTÁ NA BAHIA" – a placa à saída do aeroporto 2 de julho saudava o recém-chegado na terra do sol; das baianas de saias rodadas e do acarajé. Eleutério adentrava o palacete na praia de Itapuã, quando o sol era apenas um cinturão amarelado na linha intocável do horizonte.

Escobar e Priscila Maria assistiam à novela. Suzyane havia saído com algumas amigas e ainda não retornara.

Escobar tentou conversar com a esposa, mas esta não lhe deu atenção, hipnotizada que estava pelas cenas histéricas da novela. Nas mãos, um copo de uísque que bebericava de vez em quando.

– Você precisa ir ao médico, Priscila.

A mulher, sem desviar os olhos da tela, voz pachorrenta, respondeu que não estava doente, portanto, razões não havia para consultar um médico.

– Todo alcoolista é um doente. Gostaria que você fosse a um psicanalista.

Esvaziando o copo e fazendo careta, a mulher retrucou:

– Não sou dependente. Bebo quando quero. Posso parar a qualquer momento. E tem mais: não estou louca pra precisar de um psicanalista. – Furiosa, ela o encarou.

– Claro que não está louca! – Ainda não! – Se estivesse de nada ia adiantar. Eu teria de lhe arranjar era um manicômio.

– Vá pro diabo, Escobar. – Depois, quase chorando, disse que era aquilo mesmo que ele estava querendo; que assim voltaria para São Paulo a fim de reatar com o ex-amor de sua vida; que ela era mesmo uma desgraçada.

O intervalo comercial da novela acabou e também as queixas de Priscila. Os olhos novamente fixos na TV. Irritado, Escobar saiu sem se despedir. Priscila Maria fez menção de detê-lo, mas naquele momento a telinha começou a exibir a cena tão esperada: a vilã tinha finalmente conseguido separar a mocinha do mocinho e festejava sua vitória, entornando garganta abaixo uma bebida. Humilhada e chorosa, a mocinha perdedora se inundava de lágrimas, preocupando-se, todavia, em não manchar a maquiagem. Somente um *expert* no assunto conseguiria tal proeza. Lágrimas deslizavam rosto a baixo. Seus olhos refletiam a dor daquele momento. Os telespectadores respiravam fundo, todos torcendo para que um raio caísse naquele momento bem na cabeça da malvada vilã. Os mais emotivos engoliam em seco.

Eleutério chegou bem próximo à Priscila Maria e lhe disse, com ênfase:

"Está vendo? Você também está perdendo seu marido. Onde pensa que ele foi agora? Ele não suporta mais ficar em casa. Não suporta mais você".

Sintonizada com as forças destrutivas, captou cada palavra do Espírito. Ainda amava o marido. O ciúme e a desconfiança a queimavam por dentro, impossibilitando-a de ser feliz. Assistiu ao resto da novela chorando como a personagem traída. Chorava, ainda, quando Suzyane entrou.

– Mãinha, não está bem?

Priscila Maria nada respondeu. Enxugou os olhos e perguntou:

– Viu seu pai por aí?

– Não. Não vejo o painho desde a manhã. Por quê?

– É que... Ele saiu.

– E que tem de mais? Por que mãinha não foi junto?

– Estava vendo a novela. Ele saiu zangado comigo.

– Ultimamente vocês dois não se entendem. O que tá rolando, afinal, "dona Priscila?"

– Sei lá. O fato é que *não está rolando nada,* entende? Acho até que ele tem outra.

– Não creio... Painho nunca foi mulherengo.

– Acho que seu pai nunca me amou de fato. Deve ter outra...

– Mãinha... mãinha... Não seja tão infantil! Ele não faria uma coisa dessas! Que ideia!

– Ah, minha filha. Você não conhece os homens. Tem só 20 anos e uma vida boa. É ainda muito inocente.

Suzyane riu. Lembrou-se das noitadas nas quais o pudor e a inocência deixavam a desejar.

– Não jure sobre minha inocência, mãinha. A vida moderna é diferente.

Mas a mãe já não a ouvia. Pediu silêncio. A novela seguinte havia começado. O "gancho" que a filha lhe oferecia para uma conversa franca, de esclarecimentos, de orientação, foi desperdiçado. Nem sequer foi percebida, pois a TV já mostrava as cenas apelativas do dramalhão seguinte.

Eleutério, que ouviu entediado o diálogo das duas, falou a si mesmo que a vez dela também ia chegar. Chamou-a de mimadinha. Vasculhou cada cômodo da casa. Queria certificar-se de que nenhum outro Espírito estava por lá, para lhe atrapalhar os planos.

Depois saiu para a rua. Já injetara veneno suficiente em Priscila Maria. Agora era a vez de fazê-lo em Escobar. E esperar o resultado.

CAPÍTULO XXIX

NOVA CIDADE, ANTIGOS PROBLEMAS.

A dor...
não é criação de Deus.
É consequência natural
dos sentimentos seus.

Não houve outro jeito. Quando Ulisses punha uma coisa na cabeça não a removia com facilidade. Assim, Noélia conseguiu a transferência para a faculdade de Salvador. No ano seguinte, ele iniciaria o curso de Direito.

Felipe e Kírian providenciaram tudo. Nos fundos da faculdade adaptaram uma edícula para eles. Dessa forma, Noélia estaria dentro do serviço e Ulisses Escobar praticamente dentro da classe. Unia-se o "útil ao agradável": ao mesmo tempo em que beneficiava os amigos, a faculdade contava com a presença deles a fim de evitar os amigos do alheio.

Tudo pronto e, finalmente, a vontade de Ulisses, ou melhor, a vontade de Eleutério, estava feita. Habitavam, agora, a cidade de Escobar.

Quando paramos para refletir nos acontecimentos do cotidiano, ficamos surpresos. Muitas vezes pensamos que decidimos tudo em nossas vidas; que tomamos o rumo norte, sul, leste ou oeste, à nossa única e exclusiva vontade. Assim nos parece. No entanto, nem sempre assim é. Às vezes somos coagidos a tomar alguma decisão. Mas e o tão falado livre-arbítrio? Temo-lo sim. Todavia, mesmo nosso livre-arbítrio está dentro de algumas limitações as quais não temos forças para romper, ou mesmo perceber. Assim, estabelecida a sintonia com o obsessor, passamos quase sempre a absorver e executar as suas sugestões. Nossa vontade é anulada pela vontade dele. Não há como simplesmente mandá-lo embora, pois elos do passado nos unem, reclamando acerto. Há, ainda, o livre-arbítrio dele (do obsessor), que se acha no direito de cobrar. As "promissórias" estão em seu poder. "Onde estiver o devedor, aí estará também o credor." Assim, permaneceremos unidos até que se esgote a última gota amarga da discórdia. Até que ele nos perdoe e siga seu caminho, ou que nós, modificados no nosso íntimo, cortemos toda possibilidade de envolvimento por parte dele.

Sábio, portanto, o ensinamento de Jesus quando nos exortou a deixar nossa oferenda no altar e primeiro acertar nossas contas com os inimigos. Conta paga, paz conquistada.

Quando a pedra no nosso caminho for um obsessor, não adianta arremessá-la longe de nós. Tampouco ignorá-la. Só nos libertaremos dela transformando-nos para o bem; resgatando as "notas promissórias", ou tornando amigo o nosso inimigo, pelo exemplo de amor.

Eleutério ainda tinha seu cálice transbordante do líquido amargoso; do fruto do desamor, e todos aqueles envolvidos haveriam de ajudar a esgotá-lo.

Tão logo Ulisses se instalou, deu início às investigações para localizar o pai. Sabia que tinha uma irmã quase da sua idade, apenas alguns meses de diferença. Estava um tanto curioso para conhecê-la. Não sabia, exatamente, como seria a sua desforra, ou se teria sangue frio o suficiente para ir até o fim. Mas, como uma criança inconsequente, achou que só fazendo poderia saber. *"Não vou amolecer agora que estou a meio caminho andado."*

Não tardou muito e realizou o seu desejo. Conheceu o pai, a esposa deste e sua irmã Suzyane. Aproximar-se dela, apresentar-se e conquistar sua amizade foi muito fácil. Suzyane era uma boa menina, embora a educação moderna um tanto permissiva a fizesse coquete e irresponsável.

– Você não vem sempre à praia, não é? – perguntou Suzyane.

– Não. Deu pra perceber não deu?

– Deu. Você está quase transparente de tão branco! – Riu.

– Se você prometer vir sempre, logo minha brancura desaparece.

– Humm... Bronzeado... você até que dá pra encarar.

Ulisses, que nunca fora espirituoso, ficou vermelho e não soube o que responder. Sentiu vontade de ofendê-la, de dizer que ela, nem toda bronzeada, daria para encarar. Conteve-se. Até porque Suzy era bem bonita.

A moça riu diante de sua reação.

"Gata safada. Hoje você me arranha, mas amanhã aparo as suas unhas. Espere pra ver."

– Ora, ora, não precisa ficar tão encabulado. É brincadeira. Você é porreta assim mesmo, brancão. Vamos, diga alguma coisa. Emburrou?

Ulisses soube interpretar muito bem o seu papel. Fingiu-se de muito amigo, sem, todavia, revelar à família dela sua verdadeira identidade.

Quanto ao pai só conseguiu vê-lo de longe. Seu coração tremeu no peito. Mesmo contra sua vontade, admirou-se de sua postura, impressionou-se com seu físico bronzeado e harmonioso. Notou que nada tinha fisicamente dele; que era mesmo, conforme todos diziam, muito parecido com a mãe. *"Melhor assim. Desse cara não quero nem a parecença."*

Eleutério o havia seguido até a praia. Se ele demorasse a encontrar Suzy ele ajudaria. Riu, quando o viu conversando com ela. Chegou-se ao ouvido de Priscila Maria, que segurava seu copo de bebida, e lhe disse, apontando Ulisses e Suzyane:

"Veja, minha cara senhora. Olhe bem aquele rapaz. Olhe bem, que ele ainda vai aprontar alguma. Quem avisa amigo é". Ia se ajustar a ela para usufruir a bebida, quando o líquido foi atirado na areia pela mulher. Irritada, chamou a filha.

Eleutério viu a bebida desaparecer na areia quente e falou um palavrão. Mas estava satisfeito, pois a sugestão dele fora inteiramente captada pela mulher de Escobar.

– Suzy...

– Máinha, o que foi? Que cara é essa?

– Não foi nada. É que você não se dá ao respeito, filha! Conversa com qualquer um, fica rindo à toa com estranhos!

– Máinha, acho que você bebeu demais. Não estou fazendo nada de errado. Aquele rapaz não é um estranho. É meu amigo. E olhe, ao invés de ficar me pajeando, vá pra junto do painho, que está ali contemplando o mar. Sozinho.

– Quando ele fica assim, extático, contemplando o mar, ele não está sozinho.

– Máinha... Máinha... – E se afastou, voltando para junto de Ulisses.

– Tudo bem? – perguntou o rapaz.

– Tudo.

– Aquela é sua mãe?

– Sim. Ela é "osso duro de roer". – Risadas.

– É bem nova, sua mãe. – *"Foi ela quem estragou a felicidade de minha mãe"*, sentiu vontade de dizer. E comprimiu um pouco os olhos, o que sempre fazia quando descontente.

Priscila Maria olhou o marido, ressentida. *"Ele nunca me convida pra sentar ao lado dele. Já percebi isso, que não sou lesa. Fica lá, de olhar perdido no mar... Bem sei que não é em mim que está pensando. É... a tal Noélia estragou mesmo a minha chance de ser feliz. Se ela estivesse casada com Escobar não estaria tanto tempo em seus pensamentos. Acho que fiz uma bestagem e tanto!"*

Eleutério observava os olhares ciumentos de Priscila Maria para o marido. Depois foi sondar Escobar. Os pensamentos deste não eram, de fato, para a família ali presente. Como se fora uma cena congelada, lá estavam uns olhos verdes, umas covinhas graciosas... *"Noélia. Eu sabia... O desgraçado ainda tem o topete de pensar na minha Helena. Miserável!"*

E se aproximando socou-o várias vezes na altura do estômago: *"Este é por mim; este é por Noélia; este é por Ulisses; este por Priscila Maria e finalmente, este, por conta da casa".*

Pego assim de surpresa, Escobar sentiu imediatamente uma dor terrível no estômago. Levantou-se. Pôde ver, de forma difusa, o vulto de Eleutério.

Compreendeu. *"O que terá contra mim esse pobre diabo?"*

Um bando de Espíritos que vadiava por ali encontrou Eleutério:

– Aleluia, aleluia, meu pai – disse um deles, debochando.

– Oi, cambada de desocupados! Que fazem aqui na minha praia?

– Sua praia? Ora, vejam! Que pretensão, seu *mãozinha*! O que faz você, aqui?

Foi outro quem respondeu:

– Precisa perguntar, mano? É claro que ele deve estar azucrinando alguém. É a única coisa que sabe fazer.

– Deem o fora. Isso aqui, com a presença de vocês, fede!

– Não temos mesmo a intenção de ficar. Temos coisa melhor pra fazer, *mãozinha*. – E seguiram fazendo algazarra e mexendo com as moças.

A sós, Eleutério disse a si mesmo: *"Agora, sim, está como eu quero. Todos juntos. Tudo ficará mais fácil. Até o Ulisses, a quem eu não dava nada, está me surpreendendo. Eles não perdem por esperar".*

CAPÍTULO XXX

PEDRA NEGRA

*O cenário e a dor,
nas moradas do além,
coerentemente refletem
o coração do morador.*

Era um lugar estranho. Névoa constante toldava o sol, ou talvez a lua, uma vez que não se podia identificar qual era a fonte daquela luz coada que rasgava em alguns pontos a cortina cinza-escuro que a tudo ensombrava.

As árvores anãs, cujos galhos lembravam braços secos, dominavam a paisagem. De espaço a espaço, aves sinistras voejavam. Aves de penas fuliginosas, cujos olhos penetrantes causavam arrepios. Alguns animais – ou não seriam animais? – lembravam seres humanos, de tal forma que se ficava na dúvida quanto à verdadeira identidade deles. O solo era úmido na maior parte do caminho. De quando em quando alguns lamentos se confundiam com o som metálico produzidos pelas aves. Em tal paisagem lúgubre é que caminha Eleutério, consultando, vez ou outra, um papel roto que traz consigo.

Pela desenvoltura do caminhar, contornando grandes lodaçais, afugentando com um grito agudo e ameaçador as estranhas criaturas voadoras, percebia-se que ele conhecia sobejamente aquele lugar.

Caminhou, ou melhor, volitou a alguns centímetros do chão por cerca de meia hora, sempre atento a todo movimento insólito do caminho.

Determinado, dirigiu-se a uma das muitas cavernas que existiam por ali. À porta, chamou com respeito. Veio-lhe atender um homenzinho baixo e carrancudo, cujas sobrancelhas grossas quase se uniam e lhe davam um ar de ferocidade. Não posso afirmar que era um Espírito humano desencarnado. Talvez fosse um duende, ou gnomo, ou coisa que o valha.

Eleutério se entendeu com ele. Após alguns metros caminhados gruta adentro, estava na presença de um Espírito singular, de nome não menos singular: Pedra Negra. Rosto anguloso que acabava em um queixo pontiagudo. Cabelos ralos e barba espessa e maltratada. A orelha direita, perfurada por grande argola, lembrava o costume cigano ou pirata. Olhos inexpressivos que, longe de intimidar, exprimiam certo desânimo. Tédio. Amargura.

– Por que me procuras, Eleutério? – perguntou ao recém-chegado.

– Porque preciso mais uma vez da sua ajuda, Pedra Negra.

– Não acha que já muito demora a sua vingança? É disso que vem tratar, não é?

– Sim. Não me demoro demais não, uma vez que os miseráveis ainda não pagaram. Eu sim, que sou a vítima, tenho sofrido nesse tempo todo. Ainda não consegui provar o gosto bom da vingança. Às vezes penso que não sou forte o suficiente, por isso venho a você.

Pedra Negra olhou demoradamente para o infeliz. Também ele, de uns tempos para cá, se sentia enfraquecido e entediado, buscando algo mais, que sabia existir, mas que ainda não encontrara.

– Tenho pensado se realmente a vingança vale a pena. Falo isso porque eu consegui me vingar. E não fiquei feliz. Depois que arrasei o meu algoz de outrora, vim a saber que coisa muito pior eu havia feito a ele num passado mais remoto. Devia ter seguido em frente, mas fiz-me seu carrasco sendo eu próprio pior do que ele.

– Mas esse não é o meu caso, Pedra Negra. Eu sei. Senti. Fui a única vítima. Só descanso quando me vingar. Mas estou estranhando você, meu amigo. Que bicho o mordeu? Que fala mansa é essa?! E aquele fero olhar que afastava os inoportunos?

— É que tenho pensado muito, ultimamente. Tenho ouvido os mensageiros da luz que me visitam periodicamente.

— Ah! Eu sabia que aqui tinha dente de coelho! Não acredito que se deixou enrolar pelo blablablá deles! Era só o que me faltava!

— Não é isso, Eleutério.

— Se não é isso, o que é, então? Deu para filosofar como os intelectuais?

— Olha aqui, seu pulha! Não lhe dou o direito de me sabatinar. Não confunda as coisas — Ameaçadoramente, ergueu os punhos. Os olhos, repentinamente, transformaram-se em duas labaredas acobreadas.

Eleutério desculpou-se de pronto. Enquanto o outro se mostrava manso, predisposto ao perdão, ele achou que podia humilhá-lo, porém, quando viu as garras assanhadas de Pedra Negra prontas para arranhar, depressa voltou à humildade fingida; a humildade que convinha a quem estava ali para pedir ajuda. Pedra Negra continuou, ameaçador:

— E, se queres mesmo saber, chego a pensar que eles têm razão quando nos aconselham a perdoar para também sermos perdoados. Eles, pelo menos, são felizes. Ao passo que eu... Que nós... — Seus olhos voltaram à calmaria e ele se calou sem concluir o que ia dizer.

— Se você acha... Eu já acho que é tudo balela. Esses mensageiros talvez nunca tenham sido injustiçados, traídos... Assim fica fácil falar em perdão.

Pedra Negra continuou calado. Eleutério, achando que ganhava terreno, continuou, convicto:

— Vamos lá, Pedra Negra! Onde está a sua determinação pétrea? Não foi a dureza do seu coração que lhe rendeu o apelido? Onde está aquele que se batizou Pedra Negra, porque afirmava que nada o amoleceria?

O Espírito Pedra Negra por um momento se empertigou. Chacoalhou a cabeça como a mandar embora os pensamentos bons que começavam a germinar. O bem ainda não se consubstanciara nele. Recebera aquela semente da Parábola do Semeador – a que caíra às margens do caminho – e não chegara a se aprofundar; a criar raízes.[3]

Assim, como se sacudido por ventos infernais, deu uma sonora gargalhada e abraçou Eleutério. Depois mandou vir à sua presença o criado, aquele que parecia um gnomo.

---

[3] *Parábolas e Ensinos de Jesus* – Cairbar Schutel. (N.A).

— Estrume de hiena, traga-nos alguma luz. Está escuro aqui dentro.

O homenzinho fez uma reverência debochada e saiu para cumprir a ordem. Como se só àquele momento dera pela presença de Eleutério, Pedra Negra lhe perguntou:

— Então, o que te trouxe a estas furnas umbralinas? Sei que por saudades não foi. Mas seja lá por que motivo for, caias fora logo. Tu cheiras a bode velho e tua presença me faz enjoar.

— Pedra Negra... Não sei por que gosta deste lugar! Por que não vem comigo? Iríamos nos divertir muito, lhe garanto. Sei que sua rudeza para comigo é apenas aparente. Já nos divertimos muito juntos.

— Sinto-me bem aqui. Já saí algumas vezes, assombrei muita gente. Vadiei por este mundo afora, mas me cansei e voltei. Agora deixa de prosa e vamos ao que interessa.

— Claro, amigo. É que preciso mais uma vez da sua ajuda.

Ante o olhar indagador do outro, acrescentou:

— Para localizar uma pessoa.

— E se lembrou de mim pelo meu faro de detetive, não foi?

— Você já me ajudou, há algum tempo, a localizar uma pessoa e por meio dela, como me garantiu, acabei encontrando quem realmente procurava.

Reportava-se a Felipe. Eram Noélia (Helena) e Ulisses Escobar (Abelardo) os referenciados. Mas o que eles realmente não sabiam, era que tal fato só teve êxito, porque o Plano Espiritual Superior assim o consentiu. Ao lado de Felipe ele poderia se modificar, aplacar sua revolta pelo exemplo de amor que presenciaria. Assim, muitas vezes, a justiça se faz. Geralmente, o obsessor, crente que Deus o esqueceu, não vê que tudo está sendo feito para ajudá-lo. Pedra Negra, sem o saber, fora o intermediário de um bem.

— Não vai me dizer que os perdeste de novo, seu imprestável! – disse, rindo à socapa e esmurrando levemente o peito de Eleutério.

— Claro que não! Tenho ficado ao lado deles infernizando-lhes a vida. Não tanto quanto eu queria, mas chego lá. Não fosse o abelhudo do Felipe...

— O que tem ele? Até onde sei, ele é um mensageiro da luz reencarnado. Já vejo o que estás passando... Os sermões... – Mas suas palavras não tinham mais o tom acre do passado. Eram cortadas por reticências que bem confirmavam a luta que travava consigo mesmo.

– Não tenho nada contra ele. Pra dizer a verdade até me sentia bem ao lado dele. Não fosse o fato de ele ter se metido na minha vingança...

– O que ele fez?

– Ensinou a traidora Helena, ou Noélia, como se chama agora, a se defender de mim; a fugir de minha influência. Basta sentir os meus fluidos e ela já se põe em guarda. Às vezes sou obrigado a ficar ali ao lado dela; a ouvir suas melúrias. Imagine o amigo, que um dia senti-me atraído fortemente a ela. Encontrei-a em repouso físico. Ela, em corpo periespiritual, claro, estava diante da cruz do Cristo Jesus, orando fervorosamente por mim. Já viu disparate maior? Seu tórax estava quase translúcido. Ela parecia um anjo. Tão bela...

– E ela te viu?

– Não. Eu me escondi. Não queria que ela zombasse de mim, de minhas mãos. Não queria que visse que sua praga pegou legal.

– Pegou mesmo. Feito mosca no mel – disse Pedra Negra com um suspiro profundo.

Eleutério ficou sério. Olhou as mãos e se lembrou do dia em que sufocara a filhinha de Helena. Tanto tempo já havia passado e aquelas cenas ainda estavam impressas nele como se tivessem acontecido no dia anterior.

Ficaram sem falar por alguns instantes. Ambos rememorando o passado.

– Lembranças. Malditas lembranças. Ficam gravadas a fogo! Imortalizam-se em nós não sei por que artes do demônio! – gemeu o obsessor.

– Nossa consciência é nosso juiz. Um juiz que não descansa, não dorme, tem mil olhos, não privilegia ninguém – completou Pedra Negra. – Afinal, o que queres de mim?

– Quero localizar outro miserável que agora está reencarnado. Ele nada me fez, mas preciso dele para concretizar a minha desforra contra Abelardo que, não sei se já lhe contei, se chama, agora, Ulisses Escobar e é filho de Noélia.

O gnomo serviçal, finalmente, chegou com uma tocha de luz esbraseada.

– Arre! Quanta demora, seu imprestável! Ponha...

O gnomo cortou a admoestação dizendo que, se continuasse com tais desaforos e impertinências, não mais ficaria ali. Lembrou a Pedra Negra que só não se fora, ainda, porque no fundo, gostava dele.

Falou fungando e ameaçador. E ante os olhos risonhos de Pedra Negra, que também tinha muita afeição pelo anãozinho, saiu pisando duro, carantonha fechada.

– Deixa comigo, Eleutério. Vou colocar alguns olheiros a nosso serviço. Mas isso não vai ficar de graça. Tu sabes que olheiros eficientes cobram caro.

– Eu providenciarei o pagamento. Sei como induzir pessoas a fazer despacho. Rango dos bons... Cachaça de prima, mano.

– Se pensas que eles se contentarão apenas com isso, não os conhece bem. Também ficarás ligado a eles. Terás de retribuir o favor quando eles necessitarem. Assim, "uma mão lava a outra".

– Isso é o diabo... Mas tudo bem. Assumo minha responsabilidade.

Pedra Negra avaliou vários pontos do acerto. Depois mandou o homenzinho procurar seus auxiliares. Ficou tudo acertado.

– Fico, mais uma vez, muito agradecido ao amigo.

– Não quero nem preciso do teu agradecimento. Trata logo de pagar uma parte do combinado. Senão...

A tocha bruxuleava na parede escura. Do lado oposto viam-se algumas argolas incrustadas na rocha. Pedra Negra fez questão de que Eleutério as visse.

– Sossega. Cumprirei a promessa. Já falhei alguma vez com você?

– Agora vai. Assim que tiver notícias mando te chamar.

Despediram-se. Pedra Negra começou a agir imediatamente.

Duas semanas se passaram até que Eleutério recebeu uma visita. Sem demora dirigiu-se novamente ao umbral, na gruta de Pedra Negra.

– E então, meu amigo. Alguma novidade?

– Amigo? Ora essa! Não sou amigo de ninguém, não. Só temos um trato. Um trato sujo!

– Claro. É só modo de falar. Eu não tenho amigos e nem preciso deles. Você me chamou para...

– ...comunicar-te que já sabemos onde está a gaiola onde teu passarinho se esconde. Veja. – E estendeu-lhe um relatório – Está tudo aí. Meu pessoal trabalhou rápido.

Eleutério percebeu que, decididamente, Pedra Negra não era mais o mesmo. Parecia que tinha pressa em se livrar dele. Alguma coisa havia se rompido dentro dele. Em outros tempos haveriam de comemorar tal vitória com festas e orgias. Agora, embora cumprisse seu trato, o fazia de forma discreta, sem arroubos de contentamento. Os olhos mostravam a insatisfação que lhe ia ao íntimo. Talvez nem toda semente do semeador tenha ficado às margens do caminho. Talvez alguma tenha conseguido cair em terra mais adequada e não se inutilizara, esperando, sob a terra, que o solo árido fosse arroteado e a chuva viesse para a germinação.

Nada é para sempre. A evolução tira-nos da inércia, empurra-nos para frente, sacode-nos, transforma-nos. O rio de águas pútridas, correndo no seu leito, indo de encontro às pedras, recebendo afluentes aqui e ali, resvalando nas cachoeiras, chega límpido ao seu destino.

O homem é um rio impuro. Nas lutas que é obrigado a ter, nas dores que sua incúria lhe impõe, interagindo com outras criaturas, tem de chegar puro e límpido ao destino que Deus lhe reservou. Ninguém foi criado para a infelicidade. A infelicidade é apenas uma farpa nos nossos pés; é uma situação passageira e anômala, pois que a criança não sabe ainda se conduzir na vida. Todavia, a criança cresce. Aprende. Deixa os pesados lastros na Terra que lhe serviu de escola. Ganha alturas. Já não é mais o verme que rasteja; é o pássaro que singra os céus.

Pedra Negra já chegara ao fundo do poço; o fim da infância já se aproximava. Cansava-se de lutas vãs. O tédio o consumia. Sem querer, seus pensamentos voltavam aos mensageiros da luz. Eram felizes trabalhando em nome do Cristo Jesus. Uma vez, um daqueles mensageiros lhe falara sobre Ele; da alegria que era servir, amar seu semelhante, perdoar. E ele, longe ainda de compreender, redarguiu, peçonhento: *"Se esse seu Cristo fosse tão poderoso assim, como entender a morte que teve? A morte humilhante na cruz? Ele sofreu como qualquer um de nós sofreria, no entanto, não era Ele o Messias tão anunciado?"*

Diante de tal petulância e irreverência, o mensageiro havia respondido, sereno:

— *A morte na cruz foi o ato mais corajoso que jamais se viu. Ele sofreu, sim. Sofreu porque tinha um corpo de carne. Poderia, claro, nada ter sofrido, ou ter simplesmente simulado um sofrimento, mas não é hipócrita. Não é ator. É amigo da verdade. Quis deixar o exemplo da dor bem suportada; da fé em Deus; do desprendimento que todos devemos ter em relação à vida na Terra. Se ele não se deixasse imolar, se tivesse morrido de velhice, sua mensagem não chegaria até nós. Ele seria apenas um herói a mais, um fanático, uma criatura extravagante. Uma lenda. Saiba, meu amigo, que eu fui um daqueles que gargalharam à sua passagem; que lhe atirou imundícies ao rosto; que o achincalhou. Segui-O durante todo o tempo de Seu martírio. Rindo como uma hiena doida, excitado no desejo de ver sangue, morte... Lembro-me de que a postura humilde Dele, o seu olhar de piedade, de mansidão, de compreensão, decepcionaram-me.*

Também eu tomei aquilo por fraqueza humana. Também eu aplaudi o gesto dos sacerdotes criminosos do Sinédrio. Também eu urrei pela Sua crucificação. Segui-o, todavia. No morro da caveira, como era chamado o Gólgota, começou a minha transformação. Foi quando vi a mãe dele, transpassada de dor, amparada por um dos discípulos, o imberbe João. Outras pessoas também faziam parte daquele grupo, alguns amigos e parentes do Mestre. Olhei o rosto abatido de Maria de Nazaré. As lágrimas que desciam... Pensei na minha própria mãe e senti que minha alegria era falsa, como falsas eram todas as provas incriminatórias apresentadas pelo Sinédrio Judaico contra Jesus de Nazaré. Foi com o coração aos pulos que presenciei o flagelo da crucificação. O Mestre se retorcia de dor, mas de Sua boca nenhuma reclamação contra tal aleivosia, nenhum pedido especial. Quando o madeiro foi levantado, já a Natureza começava a se revoltar. Vento forte começou a levantar o pó da terra. O céu escureceu como se a noite houvesse chegado antes da hora para, rapidamente, encobrir aquele crime. Creio que todos sentiram o que eu senti: Medo. Teriam os sacerdotes se enganado tanto? Seria, aquele que ali jazia murmurando alguma prece, realmente o Filho de Deus? O Messias há tempo tão ansiosamente aguardado? Ele viera e não fora reconhecido. Tremi de pavor. Pavor do que seria o mundo a partir de então. Pavor do que aguardava a todos nós, os pecadores que não conseguimos compreender tão altruístico gesto de amor. A maioria debandou do morro das caveiras. Poucos ficaram, entre estes, eu. Sentei-me ali, perto da cruz. Percebi que a guarda romana criticava os altos dignitários do templo judaico; que os desprezava, e também a Jesus.

O chão, salpicado de gotas rubras, de pessoas ajoelhadas com as mãos para o alto, parecia um estranho jardim. De repente, um relâmpago iluminou a cruz. Jesus tinha a cabeça arriada para frente. A coroa de espinhos dava-Lhe uma impressão paradoxal de poder e ruína. Aquele flash *estampou o rosto Dele por algum tempo, depois, como uma imagem sustentada por força incomum e desconhecida, permaneceu circunvagando o morro por algum tempo. Tive a sensação de que uma daquelas divinas duplicatas entrou em mim e lá ficou estampada para sempre a figura do agonizante. Foi como se a faísca tivesse me atingido. Faltaram-me o ar e a voz; os cabelos se me eriçaram, e eu, após voltar ao normal, não era mais eu.*

Chorei. Supliquei ali mesmo o Seu perdão. Fiquei ali até os soldados me enxotarem. Antes de me ir, quis sondar os olhos do crucificado, pedir-Lhe perdão pela minha cegueira, mas a divina cabeça pendia, inerte. Estrias sanguinolentas desfiguravam Seu rosto.

Tudo estava consumado. O cálice fora bebido até o fim. A mensagem do Cristo Jesus atravessaria os séculos, os milênios... O que faço, agora, é fazer com que o exemplo de Amor de Jesus penetre os corações dos aflitos, dos endurecidos no mal.

Tais palavras, impregnadas de amor cristão, falaram alto em Pedra Negra. Porém, ele ainda relutou. Não colocaria a cruz da humilhação no próprio ombro. E continuava lutando consigo mesmo, porque a confissão do mensageiro jamais o abandonara desde então.

Eleutério estava lendo o relatório. Pedra Negra relembrava o acontecimento.

– Assim que eu verificar que as pistas estão certas e encontrar o Antoniel reencarnado, quitaremos nosso acerto.

– Assim espero.

– De qualquer forma fico lhe devendo mais essa. Agora já vou indo.

Pedra Negra acenou com a cabeça.

Fora da caverna soprava um vento irritante. Eleutério protegeu bem o relatório e voltou para a companhia de Noélia.

* * *

Noite fechada. Escobar rolava na cama sem conseguir dormir. Eleutério estava ali, num canto do quarto, esperando-o sair em corpo perispiritual. Não lhe tinha ódio, porém ele lhe roubara o amor de Noélia para fazê-la sofrer. E para poder realizar a contento sua vingança, era também preciso feri-lo. Feri-lo naquilo que ele mais prezava: sua filha Suzyane. Também, e principalmente, para atingir e infelicitar Ulisses Escobar, o real ladrão de sua felicidade, ele não pouparia esforços. "Os fins justificam os meios" – dizia.

Escobar foi deixando o corpo material acomodado na cama e se dirigiu para a praia deserta pelo avançado da hora.

Eleutério seguiu-o. Escobar sentou-se na areia, olhando o mar, relembrando Noélia. Como fizera mal a ela! No entanto a amava. Amava-a e, estranho, a temia. Mas já agora, desembaraçado do corpo físico, lembrava-se dos motivos do seu temor. Era o passado, quando fora assassinado por Antoniel, cúmplice de Fátima Ambrósia, que logo após teve outra existência também muito curta, como Helena, e agora era Noélia Maria Cruz Van Opstal.

Eleutério aproximou-se, e Escobar sentiu-lhe os fluidos pesados.

– Então, ô meu... A vida não está nada fácil, hein? – disse o obsessor.

Escobar olhou-o surpreso. Aquele rosto deformado, aquelas mãos de garras... Onde já o vira antes?

Eleutério percebeu sua indecisão.

– *Não se lembra de mim, amizade? Conhecemo-nos num avião, há muitos anos, quando você fugia de São Paulo. Já nos vimos outras tantas vezes.*

– *Eu? Fugia? Do que você está falando?*

– *Ora, ora, não se faça de esquecido, seu dom-juan. Você engravidou uma pobre moça e a deixou sozinha com o problema. Que patifaria! O que acha que merece?*

Escobar levantou-se num átimo.

– Quem você pensa que é para me dar lição de moral?

– *Ahn... Então o distinto não me conhece é? Pois olha que eu tenho estado de olho em você faz muito tempo.*

Escobar olhou, surpreso. Desta vez não estava com nenhum medo.

– *Por quê? Posso saber?*

– Não tenha pressa. Logo você saberá. Tudo no seu tempo, mano.

Escobar percebeu que tinha diante de si o Espírito obsessor. Reconheceu Eleutério. E, prático como dizia ser, tratou de parecer amigo.

– Olha, amigo... Se alguma vez o magoei, peço perdão.

Eleutério gargalhou.

– Perdão? Perdão, mano? Você agora pede perdão!? Mas que papo é esse? Sou Deus agora pra perdoar?

– Perdão, meu Irmão...

– É fácil pedir perdão na hora do aperto, não? Mas não é a mim que deve pedir. É pra Noélia e seu bastardinho.

– O que você sabe de tudo isso?

– Tudo. Eu sei de tudo. Desde o princípio, malandragem. Ninguém esconde nada de um descascado.

De repente, como se puxado por um elástico, Escobar acordou no seu corpo físico. Sentou-se, assustado, na cama. Estava tenso. Molhado de suor e com uma sensação dolorosa. De remorso. De dor. De arrependimento. Correu para o quarto de Suzyane. A moça dormia, tranquilamente.

– Deu pra andar a noite feito fantasma? – perguntou Priscila Maria quando ele retornou.

– Acordei você? Desculpe-me.

A mulher virou-se do outro lado e continuou fingindo que dormia. Há tempos a insônia se lhe instalara. A alma gemia sob o peso das mágoas e arrependimentos.

* * *

Eleutério tirou o relatório que Pedra Negra lhe dera. Olhou-o, assinalando um lugar. O barzinho ali mencionado era o ponto de encontro dos notívagos. Para cada encarnado, dois ou três desencarnados que se revezavam na simbiose obsessiva para sentir as emanações etílicas.

O obsessor guardou o relatório no paletó roto. Em pouco tempo estava no bar. *"Sim, é este o lugar. Hoje é sexta-feira. Creio que logo mais encontrarei o outro safado."*

Mal acabou de pensar, e um jovem, bem vestido, alto, elegante, bem falante, entra no bar. Eleutério sorri satisfeito: *"Ei-lo! Como se parece com o mimadinho do Ulisses Escobar! Até a voz é parecida"*.

Para melhor olhá-lo chegou mais perto. Precisava também saber o nome que ele estava usando na atual reencarnação. Não precisou esperar muito tempo.

– Hermes? Que prazer em vê-lo, malandragem! – disse um jovem alegre e já meio alterado pela bebida.

– Gildásio! Seu cabra da peste! Onde tem andado?

– E você, animal? Sumiu, de repente. – Costumavam se tratar assim, "gentilmente".

– Por aí, mano. Mas quais são as novas?

– Nenhuma, Gil. O mesmo tédio de sempre. Eita vidinha besta, meu Irmão! Mas cadê meu copo? – e dirigindo-se ao garçom pediu uma cerveja estupidamente gelada.

– Alguma *mina* interessante?

Hermes abriu-se num sorriso.

– O dia em que eu encontrar, você será o último a ficar sabendo, seu conquistador abestado.

Eleutério queria testar o rapaz. Para tanto faria uma prova prática com ele. Tudo indicava que a sintonia entre ambos já existia, pois ninguém de sentimento mais elevado haveria de sentir-se tão bem naquele lugar.

Aproximou-se e... – *"Olá, vai ficar só na cerveja? Por que não pede uma coisa forte; um rabo-de-galo, uma batida de seriguela, por exemplo?"*

Imediatamente, Hermes chamou o garçom.

– Aí amizade. Traga-me uma batida de seriguela. Com cachaça das boas. No capricho e com pouco gelo, meu Irmão.

Eleutério exultou. Mas ainda não estava bem convencido.

"Cara! Batida de seriguela não! Eu quero um rabo-de-galo".

Mal acabou de soprar no ouvido do rapaz e...

– Mano... suspenda a batida. Vou querer "rabo-de-galo".

Realmente, Hermes podia ser controlado com facilidade. Obedecia docilmente a cada ordem recebida.

"Bom, muito bom. Agora deixe comigo" – falou a si mesmo o obsessor.

CAPÍTULO XXXI

A BONDADE É PERSISTENTE

*Não digas que cansaste
de amor falar ao infeliz.
A boa palavra é semente
que viceja no aprendiz.*

Na semana seguinte à visita de Eleutério ao umbral, Pedra Negra recebe novamente a visita daquele mensageiro que se modificara sob a luz do Amor de Jesus. Desta vez traz consigo uma surpresa: Clausius, que sempre fora caro ao Espírito trevoso. Há tempos Clausius vinha intercedendo por ele com preces que o alcançavam e iam, gradativamente, operando modificações. É bem verdade que o amor sincero opera milagres, transforma, reergue a criatura do charco às alturas. A força do amor é o principal elemento transformador das humanidades. Essa transformação pode até demorar, chegando a desanimar até os mais otimistas, porém, a semente plantada jamais fenece. Um dia viceja, espargindo sua luz. Assim, por muito tempo esteve a semente do amor de Clausius soterrada sob o peso colossal da deficiência moral-espiritual de Pedra Negra. Ultimamente, no entanto, as vibrações do seu intenso amor foram debilitando a crosta de indiferença que envolvia o infeliz. A aparência de lobo selvagem foi pouco a pouco se atenuando. Os olhos, dantes selvagens, já revelavam um pouco de candura que, de alguma forma, contrastava com a rudeza espiritual que ainda o dominava.

Tomando a frente, Clausius se aproxima dele. As vibrações de amor envolvem o Espírito errante. Este se ajoelha, mal contendo a grande emoção.

– Meu caro amigo de tempos imemoriais, levante-se. Hoje não é dia de tristeza, mas de muita alegria, pois resgatamos você para o Pai. – Abraçaram-se.

– Sei que não sou digno desse amor. Você, meu filho, jamais me abandonou, bem sei. Fui eu quem se amotinou contra Deus; que me fiz infeliz... Muito tenho errado e sofrido – falou Pedra Negra.

Clausius também estava emocionado. Sentiu em si a alegria de poder ajudar o próximo. Doravante daria nova direção àquela vida.

– Quero sair daqui. Trabalhar, aprender a servir o Mestre Jesus, que tanta paciência está tendo comigo. Estou cansado de tantos equívocos... anseio por abraçar a cruz do Cordeiro.

Avistando ao longe o mensageiro que lhe contara sobre o drama do calvário no dia da infame crucificação, Pedra Negra dirigiu-se a ele.

– Também a mim o Amor de Jesus arrebatou. Através dos seus olhos, pude sentir os olhos Dele. Por meio de sua boca, falou-me o Filho de Deus. Bendito seja para sempre, amigo.

– Bendito também seja você que, finalmente, encontrou o caminho.

– Bem sei que muito devo; que muita luta me aguarda. Por isso relutei em aceitar o Mestre. Mas estou exausto. O umbral é demasiadamente pesado. O "choro e o ranger de dentes" aqui é constante. Eu aprendi, a muito custo, a me defender aqui, mas nunca tive felicidade alguma. Iludia-me para continuar vivendo. Ria para não me afogar em lágrimas. Maltratava para ser temido e respeitado.

– Todos nós temos um passado de trevas a resgatar. Mas há muito serviço nos quais podemos nos redimir. Um dos Apóstolos de Jesus, Pedro, nos disse que o Amor e a Caridade cobrem a multidão de pecados.

O antigo impenitente deixava que as lágrimas se lhe aflorassem aos olhos. Não eram lágrimas de dor, de revolta, mas de agradecimento. De reconhecimento.

— Jesus afirmou que nenhuma de Suas ovelhas se perderia. Cedo ou tarde todas voltarão ao aprisco — disse Clausius, enquanto amparava o convertido.

— É que... muitos foram os meus erros. Haverá perdão para mim, Clausius, filho meu de antigas jornadas?

— Haverá sempre novas oportunidades para todo aquele que se arrepende sinceramente, meu pai. Como sabemos o tão propalado perdão de Deus não se dá conforme imaginamos. Na verdade não há perdão. Para que perdão houvesse, haveria, primeiro, de ter tido a ofensa. Ora, Deus-Pai não pode se ofender conosco. Seria o mesmo que nos ofendermos pelo que uma criança faz, ou um louco, ou um idiota...

— Quer dizer...

— ...que o perdão, como lei do menor esforço, não existe. Deus não premia nem castiga ninguém, informa-nos o Evangelho. Ele deixou o mundo assentado em leis. Tais leis, uma vez desrespeitadas, geram consequências. Consequências, não castigos. Tais consequências vêm a nós quer queiramos ou não. De forma que não há privilégios. Tanto vai padecer o pobre quanto o rico, o homem quanto a mulher, o bonito quanto o feio, ao se afastarem das leis. Tudo grandioso no universo. Pena que demoramos tanto para aprender!

Pedra Negra pensou por alguns instantes.

— É justo que assim seja. Não seria correto para aquele que sempre agiu no Bem e sempre refutou o mal ficar no mesmo nível daquele que só soube aviltar as leis humanas e divinas.

— O perdão é a oportunidade de se voltar atrás e tentar novamente. Quando estamos no fim da vida terrena, já mais experientes, dizemos assim: "Ah, se eu pudesse recomeçar! Faria tudo diferente". Aí está. Podemos sim voltar e recomeçar. E voltamos. Tantas vezes quantas forem necessárias. Para refazer o que fizemos malfeito; para aprender que todos nós pertencemos a uma mesma família espiritual.

— O Criador — disse o mensageiro — sabe que a criatura não está acabada; que não saiu perfeita de Suas mãos porque Ele assim o quis para que pudéssemos conquistar por nós mesmos a perfeição. E isso demanda tempo. Muitas experiências. Várias existências para uma só vida imortal.

— Começo a compreender, meus amigos. Deus me ampara, me socorre, me compreende, mas não derroga Suas próprias Leis, não é assim?

— Você realmente entendeu. É isso mesmo. Conforme o Mestre Jesus nos ensinou, "A cada um segundo seus atos". Mais claro é impossível.

Todos acabaram se emocionando.

— Clausius, podemos levar também o Asthor? Aquele a quem escravizei durante tanto tempo?

— Sim. Se for da vontade dele. Não violentamos o livre-arbítrio de ninguém.

Pedra Negra chamou o antigo criado, mas a hora dele ainda não havia soado e ele preferiu ficar ali mesmo.

— Ficarei tomando conta da gruta. Se um dia meu senhor voltar...

— Não sou seu senhor, Asthor. Nosso senhor é Deus. E só voltarei aqui para buscá-lo. Se assim me for permitido.

Abraçaram-se. Asthor, o gnomo, exalava a revolta que tinha no coração. Olhou com ruindade o mensageiro que orava a Deus agradecendo por mais aquela vitória da luz sobre as trevas.

Eleutério, que escondido a tudo assistira, viu com grande amargura aquela vitória do Bem contra o mal. Amaldiçoou os mensageiros da luz acusando-os de enganadores. De enfeitiçadores. Não mais poderia contar com a colaboração de Pedra Negra.

Por um momento, um raio de luz partiu do mensageiro em direção a ele. Envolveu-o. Se até Pedra Negra havia se rendido ao Bem? Mas foi apenas por um momento. A couraça ainda estava muito endurecida.

"Devo ficar atento. Esses mensageiros me lembram encantadores de serpentes. Quando menos esperamos nos deixamos seduzir por suas arengas."

Quase correndo, saiu dali. Agora que tudo estava tão bem encaminhado, que levara Ulisses e Noélia para Salvador, precisava agir depressa. Estava confuso. Não sabia por onde começar e por isso fora procurar o comparsa. Agora se lamentava, mais uma vez, pela transformação dele. No retorno, encontrou um grupo de Espíritos arruaceiros. Mudou seu caminho. Queria pensar no seu plano, no desfecho que com certeza lhe faria justiça.

"Preciso arquitetar um plano. Se Ulisses Escobar não fosse tão afoito, eu haveria de fazê-lo apaixonar-se pela irmã, só para depois me deliciar com

seu desespero quando descobrisse tudo. Mas agora eles já se conhecem, ele sabe de tudo, não vai cair na armadilha. Ainda bem que me lembrei do Hermes. Já está na hora de colocá-lo na jogada. Vou 'matar dois coelhos' com uma só cajadada."

Em passadas largas, chegou ao apartamento de Hermes. Ele refestelava-se com um copo de cerveja na mão. A mente vazia. Receptiva.

"Hermes, preste bastante atenção. Não acha que sua vida está que é um tédio só? Paradona... Sem emoção... Sem adrenalina... Não quer sacudir um pouco esse marasmo, ô gente boa?" – disse, com firmeza, o obsessor.

Hermes, de repente, sentiu-se aborrecido. A alegria de pouco antes se evaporara. Mas continuou ali, sentado. Apático. Eleutério continuou:

"Mas que diabo de jovem você é? Fica aí bebericando e a vida correndo lá fora? Vamos, vamos pra farra que a vida é curta, ô meu!"

– Mãnhêêê... – berrou o jovem sem se levantar do lugar.

– Que foi? Mas que droga! Não se pode mais ter sossego nesta casa? O que você quer, agora? – respondeu-lhe, Aurora, sua mãe, bastante agastada.

– Mãe, tô saindo. Se eu demorar não tenha chilique. Controle o "velho".

– Vá. Vá de uma vez.

– Preciso de grana.

– Não acha que já está na hora de arrumar um emprego? Pensa que sou banco? Tamanho homem... Não se envergonha?

– "Qualé", mãezoca. Vamos... Sei que você tá abonada. Passe algum pra cá e deixe de ser canguinhas, vai.

Aurora foi até o quarto e apanhou algum dinheiro.

– Boa menina! Sabe que te curto muito, "dona Orora?

– Deixe de graça. Vá. Vá antes que seu pai chegue.

Hermes lhe deu um sonoro beijo no rosto e saiu rápido. *"Não sei, não... esse moleque... O que andará aprontando? Que o Senhor do Bonfim o guarde!"*

Hermes era filho adotivo do casal Durval Medeiros Silva e Aurora Carlyn Medeiros Silva. Havia sido trazido para a casa deles quando era ainda recém-nascido. Fora um presente do Céu; ou melhor, da parteira Marizéa Carlyn, irmã mais velha de Aurora. Esta nunca concebera filho algum, e sentia, bem como o marido, a falta de um herdeiro. E Marizéa prometeu à irmã que o primeiro enjeitadinho que trouxesse à luz seria dela.

Assim foi. *"Minha pobre irmã é estéril. Uma pena. Tão jovem e tão bonita... bem de vida e sem nenhum filho.. Vou dar um jeito nisso."* Agora, que quase vinte e um anos são passados, Aurora se perguntava se havia educado bem aquele filho tão ansiosamente aguardado; se o excesso de permissividade não o botara a perder.

Eram três horas da tarde de um sábado demasiadamente quente.

Eleutério seguiu Hermes quase grudado nele e se dirigiram para o mesmo barzinho onde ele fora visto pela primeira vez pelo obsessor. Vendo-o instalado, o Espírito se afastou. *"Agora, cara Suzyane, é hora de você entrar na dança."* E, com um sorriso cínico disse: *"Olho por olho, dente por dente".* Mas percebeu, confuso, que tal afirmação não lhe trazia paz à consciência. Voltou ao passado distante. Viu-se aninhado no colo da mãe, que lhe cantava uma cantiga de ninar. Lembrou as lições de catecismo da escola rural, ministrado por uma das "Filhas de Maria" da paróquia. Lembrou o bom padre Euzébio com sua barriga rotunda, sua batina preta na qual respingos de sopa e vinho eram visíveis; sua mula avermelhada que não corria ainda que açoitada; que parava para pastar a grama do caminho, nem ligando para a pressa do padre. Por encadeamento de recordações, lembrou Jesus. Nunca entendera, ou aceitara, a passividade com que aquele "Cordeiro de Deus" deixara-se guiar para o "matadouro"; a paciência e compreensão que demonstrara ter; o Amor que conseguia sentir pelas pessoas, até para com as cruéis que O sacrificaram; que riram; que cuspiram Nele... Ele era mais Moisés com seu "dente por dente, olho por olho". Isso estava certo – afirmava. Mas quando assim pensava, sua alma se alvoroçava. Inquieta. Infeliz. E a figura serena... pacificadora... indulgente de Jesus, se lhe enchia a alma de paz e esperança. O "amai-vos uns aos outros, fazei o bem não importa a quem, se alguém lhe bater numa face ofereça também a outra, perdoai aos vossos inimigos, sede misericordiosos..." o sensibilizavam. Então pensava nos seus próprios erros e agradecia por aquele Jesus tão manso e cordato. Porém, quando eram os outros que erravam, longe de esperar e confiar, revoltava-se. Substituía rapidamente Jesus por Moisés. Já não havia acerto. O infeliz teria de sofrer todas as suas dores e um pouco mais. "Olho por olho, dente por dente" – pensava sem parar enquanto se dirigia ao palacete na praia de Itapuã.

Percorreu toda a casa e encontrou Suzyane em seu quarto. Tentou envolvê-la, mas ela estava pensando no rapaz simpático que conhecera há algumas semanas, Ulisses Escobar. Ignorava que se tratava do seu meio-irmão. *"Há algo de estranho nele. Parece que me quer, mas ao mesmo tempo sinto certa repulsa no seu olhar... Outro dia quis beijá-lo e ele se afastou, ficou sem graça... Parece que não está muito a fim de mim... Mas por que então é sempre tão gentil? Por que me procura sempre?"*

Tão envolta estava naqueles pensamentos, que Eleutério não conseguia se fazer ouvir. Todavia não se aborreceu. Era ótimo que a moçoila estivesse apaixonada por Ulisses. Caíra na armadilha mesmo sem a influência dele. *"Talvez possamos salvar o plano original. Fui precipitado ao envolver Hermes."*

Voltou, satisfeito, para perto do filho de Noélia. Era nele que concentraria seus esforços. Tentaria reverter a situação, uma vez que Ulisses também o ouvia perfeitamente. Nada, ainda, estava perdido. Seu plano com relação a Hermes ficaria em suspenso. Seria a sua carta escondida na manga do paletó; seu trunfo para ser usado em momento oportuno. Nada de precipitações. Mais tarde ele veria como tinha sido útil a seus planos aquela carta escondida. Mas não precipitemos os fatos. Tudo no seu devido tempo.

O jovem Ulisses estava contando à mãe como fora seu último encontro com Suzyane. Noélia estava preocupada e não o interrompeu. Queria saber até onde ele queria chegar com aquela brincadeira de mau gosto. Ao final, assustou-se. Estava enganada ou o filho tencionava ferir o pai usando-lhe a própria filha?

– Ulisses, meu filho! Não foi essa a educação que eu lhe dei! Deixe essa pobre moça em paz! Não percebe que ela não tem culpa de nada?

– Ela não..., mas o pai...

– Ulisses, eu não o sabia tão rancoroso! Tão cruel...

– Ora, mãe, não fique tão preocupada por Suzyane. Ela não é essa santinha que você imagina. É escolada. É das baladas noturnas, nas quais rola de tudo. Eu é que estou correndo perigo ao lado dela! Pode crer.

– A vida alheia não é da nossa conta! Pare de se encontrar com ela, estou lhe pedindo, meu filho!

Eleutério percebeu que Ulisses estava cedendo ao pedido da mãe. Na verdade, ele não era mau, e aquilo também o desgostava. Então, o perseguidor desencarnado agiu rápido. Envolveu-o. Ele não ofereceu nenhuma resistência. Assimilou a revolta.

— Olha aqui, mãe. Parece que não foi pouco o que aquele homem nos fez. Já esqueceu? Pois eu não! Nunca vou esquecer. Nunca! Não acha que está mais do que na hora de ele receber o troco? — E de seus olhos saíam chispas de ódio. O ódio que Eleutério lhe passava e que ele recepcionava tão bem.

Noélia sentiu que o chão lhe faltava.

— Ulisses... Aprendi... Aprendemos ambos, que não nos compete tomar a justiça em nossas mãos. Não nos compete julgar ninguém, meu filho! Também nós não estamos livres do erro. Só Deus tem condições de julgar.

Ulisses, ainda envolvido pelo obsessor, a interrompeu e disse bruscamente:

— Mãe, não se meta! Fique aí com seus conceitos cristãos. Eu vou até o fim. Ainda hei de ver aquele safado sofrendo tudo o que nos fez sofrer. "Olho por olho, dente por dente" — repetiu o que ouvia do obsessor.

— Esse ensinamento de Moisés, feito para uma humanidade que precisava ser governada por meio do medo, foi inteiramente substituído. Jesus o substituiu por "Perdoai setenta vezes sete vezes", — disse a mãe, ansiosa.

— Perdoe você, se quiser.

— Mas a pobre moça não merece nada disso! Filho, você está completamente bestializado!

— Bestializado ou não, se for preciso que ela sofra para a punição do pai, então ela vai sofrer. Paciência.

Eleutério mal se continha de felicidade:

"O estúpido do Abelardo vai construir sua própria forca. E eu vou ajudar no que puder".

CAPÍTULO XXXII

SUZYANE APAIXONA-SE PELO MEIO-IRMÃO

*A paixão é o tempo
contido entre
a alienação
e a ilusão.*

Mozart entrava pelos meus ouvidos, minha pele, minha alma... Parei por alguns instantes e fechei os olhos. Revi todas as personagens deste drama. Tinha em mim mesma a essência de todos eles e a empatia surgia naturalmente. Vi-me feita de retalhos vivos que se manifestavam, todos a um só tempo, como num bailado frenético em que cada qual sabe seu papel. Uma dança que não podia parar... como... nossos pensamentos.

Suzyane estava aflita pela longa ausência de Ulisses Escobar. Aquela alma, ainda virgem no amor, despertava. E sofria, mergulhada numa dor diferente, paradoxal, que ao maltratar trazia como bálsamo alguma coisa sacrossanta, inenarrável, indefinida, mesclada de suspiros e olhares perdidos.

Não havia como se enganar. Gostava dele. *"Mas que droga! Por que não pedi o endereço dele? Agora vou ter de esperar sabe Deus quanto tempo! Quando der na veneta dele...."*

– Minha mocinha está pensando em quê?
– Em ninguém, painho.
– Ele se chama... ninguém?

Suzyane suspirou fundo. Passou as mãos pelo rosto afogueado. Abraçou o pai.

– Mas que droga, painho! Você parece que lê a alma da gente! Assim não vale – gracejou.

– Então concorda. O cupido andou atirando flechas por aqui. Venha cá. Quero saber tudo. Detalhes. Esconda nada não.

– A mãinha não lhe contou não?

– Não. Ela anda emburrada comigo.

– Painho, há algum tempo conheci um rapaz. Você já deve tê-lo visto na praia. A mãinha já o conhece. Ele viu você de longe. Quando perguntei se gostaria que eu o apresentasse a ele, desconversou. Acho que ficou com receio, pois naquele dia você estava tão sisudo!

– Ahnn... danadinha! Eu sabia. Conheço muito bem os sintomas. Está apaixonada pelo rapaz, não está? Por que não o convida para nos visitar um dia desses? Hoje em dia é preciso ter cuidado, minha filha.

– A mãinha não gostou dele.

– Por quê?

– Sei não. Ela não quis falar, só disse que eu deveria me afastar dele; que ela estava com um mau pressentimento.

– Deve ser o sexto sentido materno. Tome cuidado, então.

– Deve ser é ciúme. Mãinha é possessiva por demais!

– A cisma de sua mãe é mais um motivo para que toda família o conheça. Na intimidade podemos ver muitas coisas. Convide-o, minha filha. Faço questão de saber quem roubou seu coração.

– Eu adoraria, mas ele sumiu, painho.

– Como assim... sumiu?!

– Encontramo-nos somente algumas vezes. Ele é esquisitão...

– Ele falou em namoro?

– Não foi preciso. Fomo-nos envolvendo... Na verdade ele é um tímido.

– Foram se envolvendo... Olhe lá, menina! Filha minha é pra namorar sério e casar logo.

— Eu acho que da parte dele é só amizade. Não quero precipitar nada.

Escobar beijou-a nas duas faces. Como amava aquela filha! No entanto, era permissivo demais. Negligenciava a educação dela ao não observar com quem ela saía, quem eram os seus amigos... Também a mãe, sempre chorando seu casamento malogrado, não lhe dava a atenção necessária. Vigiava o marido, e não a filha, a quem devia vigiar para poder orientar quando necessário.

— Suzy, você sabe onde ele mora?

— O pior é que não. Ficamos juntos só algumas vezes; mais como amigos, entende? Não pintou nada entre nós. Acho que não sou o tipo dele.

— Então, filha, o jeito é esquecer. Você é ainda uma menina e, se tiver de dar certo, dará. Agora sossegue, vamos...

— É muito fácil falar. Você sabe disso não, painho?

Escobar levou um susto. Nunca imaginou que fora tão transparente em relação ao amor do passado. Ainda agora, seus pensamentos estavam em Noélia. Ficou vermelho e gaguejou.

— Desculpe-me, painho. Não precisa ficar tão vermelho... Eu entendo... ninguém pode mandar no coração.

— Não sei o que dizer... mas posso lhe assegurar...

Suzyane o interrompeu.

— Não se avexe, painho. Também não precisa explicar nada, não.

Aproximou-se e o beijou no rosto.

* * *

Ulisses Escobar esteve muito tempo doente. Havia tido uma complicação pulmonar por causa de uma gripe malcuidada. Isso o retivera no leito por mais de um mês. Na convalescença, Noélia esteve sempre atenta, impedindo-o de sair.

Eleutério se desesperava por ver que seu plano, que ia de vento em popa, poderia não sair como ele planejara. *"A esta altura Suzyane já o terá esquecido. Volúvel como são esses jovens de hoje talvez nem mais se lembre dele. Infeliz. Tinha de ficar doente justo agora? O pior de tudo é que se assustou com a doença. Pensou que fosse morrer e resolveu não se vingar do pai. Até posso ver nisso as mãos dos mensageiros da luz."*

Eleutério não estava errado. Noélia, que não via com bons olhos as atitudes do filho, conversou com os amigos Felipe e Kírian. Fizeram preces e pedidos lá na casa espírita. Alguma coisa drástica teria de ser feita em benefício do próprio Ulisses. E a doença prolongada foi o caminho escolhido. Preso ao leito, o rapaz teria tempo de sobra para meditar, reconsiderar e se afastar de Suzyane. E a mãe não perdia oportunidade de lhe falar do Evangelho, de ler passagens interessantes como "Aquele, dentre vós, que estiver sem pecado, que atire a primeira pedra". – A mensagem milenar é sempre um convite à reflexão.

Suzyane não o havia esquecido, conforme o receio de Eleutério, porém, a imagem dele ficava cada vez mais nebulosa em sua mente. Já sentia dificuldades em relembrar seus traços fisionômicos.

Acresce dizer que aquela paixão pelo meio-irmão não era espontânea e nem se mantinha acesa por si mesma. Era como uma flor de estufa rodeada de cuidados para não murchar. Qualquer descuido, qualquer alteração na temperatura ambiente, ela feneceria. Nenhuma paixão é tão fulminante aos 20 anos. Eleutério sabia disso. Por essa razão tratava de avivar as brasas sempre que elas ameaçavam apagar-se. Era um fiel guardador daquela paixão, e até que o jovem pudesse assumir novamente o seu posto, ele não deixaria a moçoila esquecê-lo. Caso contrário, seus planos iriam por água abaixo.

Era com enorme desprazer e revolta que ouvia Noélia falar ao filho sobre a fragilidade da vida na matéria, da sutileza do liame que nos liga ao outro mundo, do quanto somos tolos e inexperientes quando nos envolvemos nessas questões tão pequenas qual é uma vingança movida pelo orgulho ferido etc. etc.

– Muitas vezes, Ulisses, quando oramos pedindo discernimento, ajuda espiritual, ela nos vem das formas mais inusitadas. Uma doença repentina poderá nos fazer refletir melhor sobre a vida e interromper uma decisão tomada.

– Você acha que esse é o meu caso?

– Nada posso afirmar, mas por que não? Afinal, nesse caso, o fim justificaria plenamente os meios.

– Poderíamos chamar a isso de ajuda indireta?

– Perfeitamente. Quando, por exemplo, perdemos o avião. Na hora ficamos desesperados, estressados, xingamos o trânsito, o pneu que furou no meio do caminho, mas depois ouvimos a notícia de que o avião caiu, ou sofreu um sequestro terrorista. Compreendemos, então, que tudo aconteceu para nos evitar o pior. Nossa hora ainda não havia soado... Não podíamos desencarnar, ainda. Entendeu?

O rapaz concordou.

– Muitas vezes, nem sequer imaginamos o trabalho que damos ao nosso guia espiritual – disse Noélia.

– O meu que o diga! – brincou Ulisses.

– Mas está tudo bem. Que Deus cubra de luzes esses abnegados amigos da espiritualidade, porque sem eles tudo seria mais difícil!

* * *

Cinco meses após esses acontecimentos e, mesmo com todos os cuidados de Eleutério, a paixão de Suzy por Ulisses Escobar era apenas uma boa lembrança. Afinal, a própria juventude é o antídoto contra os males do coração. Não se demorava "chorando o leite derramado". Se acabou, acabou. Paciência – dizia a si mesma, para desespero de Eleutério, que mais uma vez lamentava a transformação de Pedra Negra.

"Ele saberia como me ajudar. Já não sei mais o que fazer... Todos estão contra mim... No entanto eu sou a vítima. Eu é que fui traído. Onde está a tão propalada justiça? Onde está Deus, que não vê, não pune os malditos ladrões da felicidade alheia? E ainda dizem que devo perdoar? Isso é um acinte! Mas se pensam que vão me render; que vou hastear a bandeira branca estão muito enganados!"

No fundo, o obsessor já começava a hastear a bandeira branca.

A doença de Ulisses realmente o desviou dos seus intentos. Já não pensava em se vingar do pai. Arrependera-se sinceramente de ter usado a irmã para atingi-lo. Todavia, sua transformação ainda não estava sedimentada; ainda não se reconhecia forte a ponto de jurar que dali para a frente seria mais razoável em relação àquela questão.

CAPÍTULO XXXIII

ELEUTÉRIO PERDE, GRADATIVAMENTE, A SINTONIA COM NOÉLIA.

Depressa caminha o relógio.
Não volta o perdido instante.
E, sem enxergar o bastante,
a tola alma vagueia a esmo.

Eleutério decidiu que já esperara demais por aquela vingança. Quanto a Noélia Maria Cruz Van Opstal, sua antiga Helena, toda revolta havia sido absorvida pela paixão desvairada que recrudesceu com o reencontro. Havia, no entanto, perdido toda ascendência sobre ela. Respiravam em climas diferentes. Cada vibração negativa que o obsessor lhe mandava era retribuída por ela com outra positiva; de amor fraterno. Cada dia que passava, mais a fé e o entendimento vicejavam no coração de Noélia, trazendo-lhe agrados à alma. Sabia que muitas arestas ainda tinham de ser aparadas, mas tal realidade não amolentava seu desejo de seguir nas pegadas de Jesus. Saberia aproveitar muito bem a oportunidade recebida naquela reencarnação. A mãe Edileuza, há muito tempo na espiritualidade, também zelava por ela e pelo neto Ulisses Escobar.

Assim, quando Noélia percebia que o Espírito sofredor e alienado estava perto dela, tentando envolvê-la com seus fluidos densos para poder manipulá-la, imediatamente devolvia-lhe vibrações de paz e de reconforto. "Pagar o mal com o bem" – tal havia aprendido. E isso para o nosso próprio benefício, uma vez que quando revidamos maldade por maldade não estamos sendo justos como pensamos; estamos sendo tolos, pois há muito mais coragem, bravura e sensatez naquele que perdoa e segue adiante do que naquele que revida e fica para trás. Quem desce ao nível do agressor fica enredado em campos negativos e atrai a si mais sofrimentos. O ofensor? Não é nossa a obrigação de lhe dar corretivo. Há autoridades bem mais capacitadas para tal.

Assim, tolhido nos seus propósitos e recebendo constantemente as vibrações fraternas de Noélia, Eleutério ia também, aos poucos, modificando sua aura. Lá na sua intimidade espiritual gostaria também de ser arrebatado como o foi Pedra Negra. Mas ainda não conseguia manter-se equilibrado por mais de alguns segundos. Por muito tempo ainda viveria no erro. Os hábitos, longamente vivenciados, nos levam a um condicionamento e tendemos a caminhar sempre os mesmos caminhos. A transformação, para ser real, tem de contar com nossa determinação e entendimento.

Eleutério olhou suas mãos. Estava já acostumado àquelas garras. De repente, foi como que transportado magneticamente para junto de Noélia. Olhou-a. Chegou bem perto dela e a acarinhou. Ela se preparava para dormir. Estava em preces. Ao contato do Espírito, sentiu um tremor desconfortável. E seus pensamentos recuaram... Foram trazidos à tona. Ela se viu amaldiçoando Eleutério. E percebeu o grande mal que havia feito. Afinal, pensou, não fora muito melhor do que ele. Por alguns instantes viu aquelas mãos deformadas, que mesmo assim sabiam acarinhar. Lágrimas desceram-lhe pelos olhos, e a prece evolou-se-lhe do coração como um parto de luz!

"Meu Pai de misericórdia. Por quantas reencarnações ainda terei de passar até aprender que todos somos Irmãos? Para saber perdoar a fim de também ser

por Vós perdoada? Meu Pai, quando estarei apta a vivenciar o Evangelho de Amor que Seu Filho legou a todos nós?

Meu Deus... Dê-me a oportunidade de reparar o meu erro. Dê-me a oportunidade de ajudar; de esclarecer a todos que se aproximarem de mim. Ajuda-me, Pai amoroso, a ser melhor a cada dia. Ensina-me a calar ante a ofensa; a ter humildade ante o orgulho; a não dar guarida às ilusões que nos enceguecem. Finalmente, permita que eu possa de alguma forma ter ainda nesta vida oportunidade de reconciliar-me com esse infeliz que, bem sei, um dia prejudiquei. Derrame também sobre ele, Pai, o Seu Amor... a Sua Luz... "Pai nosso..."

Eleutério estava confuso. Ouvia os pensamentos de Noélia como se ela estivesse falando com ele, e aquela referência tão pessoal comoveu-o por alguns instantes. Mas, quando quis rezar com ela, a antiga personalidade aflorou. Reagiu. Lembrou-se dos mensageiros da luz e fechou repentinamente a porta do coração que se ia abrindo para a luz.

Num paradoxo de prazer e dor, amor e ódio, deixou o quarto e foi para a praia. Ali estaria livre das preces de Noélia e não se deixaria combalir. *"Estou mesmo ficando frouxo. Já passou da hora de pôr o plano B em ação, uma vez que o A foi prejudicado pelo estúpido do Ulisses. Em má hora o infeliz achou de ter escrúpulos."*

— Que fim levou o tal príncipe encantado que você disse estar amando? – perguntou Marimar a Suzyane.

— Pois é, Marimar... Não tenho visto o safado. Ele sumiu do mapa. Escafedeu-se.

Risos.

— Parece que a grande paixão foi tempestade de verão, né? Muito trovão e pouca chuva.

— Deus *tá* vendo... Ele era muito estranho pro meu gosto. Parecia me querer, mas...

— Mas o quê?

— Ele tinha um brilho estranho no olhar. Nunca consegui definir direito o que seria. Às vezes eu tinha a impressão de que me odiava. Pode?

— Você viaja na maionese, hein? – E rindo, acrescentou: talvez ele fosse um alienígena. Já pensou que demais?

— O fato é que não me esqueci dele não, Marimar.

— Isso é birra sua. Você não está acostumada a levar fora, então, embatucou. Fixou-se na ideia e a alimenta.

— Não é bem assim. Quando falei que gostaria de saber onde ele morava, o safado desconversou.

— Conheço o tipo — respondeu a amiga.

— Eu insisti e ele me disse: "Não se preocupe, eu procuro você. Já sei onde você mora e por enquanto é o bastante".

— É. O cara é escolado. Mas se fosse eu teria insistido em saber mais. A esta altura já estaria sabendo até o tipo sanguíneo dele.

Risos.

De repente, Marimar sentiu a presença de Eleutério, que caminhava com elas. Arrepiou-se toda:

— Credo! Acho que a morte passou por aqui! – disse, mostrando à amiga o braço com os pelos eriçados.

Suzyane persignou-se. Não sei se por efeito psicológico, também sentiu que os cabelos se lhe arrepiavam.

"Vai acreditando na morte, vai, que um dia você leva um susto. Eu já passei por ela e estou mais vivo do que nunca."

— Bem... deixa pra lá – falou Marimar com sumida voz – Se for algum Espírito, que siga em paz o seu caminho. Que o Senhor do Bonfim se apiede dele!

— Como lhe dizia, nem sei onde o cara está.

— Há quanto tempo vocês não se veem?

— Seis meses ou mais. Acho que se eu o vir novamente nem vou reconhecê-lo. Ah... deixa pra lá.

Suzyane queria parecer madura e prática, todavia era romântica e sonhadora.

— Uma paixão não se esquece fácil... Assim que você cruzar com ele seu coração vai dar tanto pinote no peito que você saberá que é ele.

As duas amigas dirigiram-se a um barzinho. Fazia muito calor e pretendiam tomar algum refresco.

De repente, um noticiário na televisão chama a atenção de Suzyane. Seu coração bate forte.

— Veja! É ele!

— Ele quem? *Pirô?*

— Psiu. Fique quieta, vamos ouvir. – E aproximaram-se da TV.

Um jornalista, acompanhado de um segurança, tentava filmar o rosto de um rapaz que tentava se ocultar das câmeras.

— (...) "E foram encontrados com este indivíduo vários papelotes de cocaína e *crack*. Suspeita-se de que ele seja um aliciador, pois foi surpreendido em um dos portões de um colégio na zona norte da cidade. Não tem passagem pela polícia e suspeita-se de que o nome declinado seja falso."

Após os vários comentários do jornalista sobre a proliferação do uso de drogas pelos adolescentes e até por crianças, o rapaz foi encaminhado para a prisão.

Ouvindo melhor, as moças compreenderam que não era uma notícia recente, mas um noticiário de um mês atrás. O tal jornalista, corajosamente, acusava a polícia de negligência, pois que aquele jovem que todos viram; que foi apanhado em flagrante com drogas fora libertado alguns dias depois. Alegação: falta de provas concretas. "O fim do mundo!" – encerrava a entrevista.

— Marimar, que mundo este! Que porcaria de vida! – disse Suzy, quase chorando.

— Não sei do que você está falando... Por que ficou assim depois daquela notícia? Quem era o tal traficante? Você o conhece de algum lugar?

— Tenho quase certeza de que era o Ulisses.

— Ulisses?!! O desaparecido? Então tá explicado seu sumiço. Tá com o rabo preso. Traficante!!

— Inacreditável!

— Mas... vem cá, você não dizia sempre que ele era um bom rapaz? Alguma vez ele tentou lhe passar drogas? Aliciá-la? Pode contar.

— Não! Claro que não! Mas isso não quer dizer nada. Talvez não quisesse se arriscar... Sei lá.

— Hoje em dia não se pode confiar em ninguém.

— Estou chocada. Por essa eu não esperava. Até por que...

— Até por que... o quê?

— Acho que amo mesmo aquele traste.

– Não seja burra! Como pode admitir que ama um traficante? Um aliciador? *Tá* de miolo mole?

Suzyane achou graça da estupefação da amiga.

– Infelizmente não se pode dizer ao nosso coração quem devemos amar ou não.

– Ridículo! Parece uma Julieta alienada, falando desse jeito. Isso não combina com a nossa época. Hoje somos mais pés no chão. A era José de Alencar acabou-se. Nada de... "(...) *e a meiga e inocente donzela, tez clara como as manhãs de sol, olhos cintilantes quais duas luzes celestes, teve um delíquio e ficou prostrada, fechada em sua alcova até o sol se pôr na fímbria azul do horizonte.*"

Risos. Choraram de tanto rir.

– Vejo que você também leu sua cota de Romantismo – disse Suzy.

– Quem não leu? Adoro o Romantismo. *Tá* certo que o J.A exagerava na dose. Pena não ter vivido naquela época. Acho que teria me dado bem – disse Marimar.

– A época em que as moças eram "donzelas pudicas" e...

– ... e não tinham "chiliques", mas, sim, "delíquios"– concluiu Suzy.

Riram novamente até que o riso de Suzy acabou em choro.

– Pare com isso. Vamos, seja forte, você sempre foi. Vai *"amarelá"* agora? Acabe seu suco, pague, que eu *tô* dura, e vamos pra delegacia onde ele esteve preso por alguns dias.

– Fazer lá... o quê?

– Acorde, Suzy! Vamos procurar saber onde ele está, o endereço que deu...

– Você tem razão. Vamos.

Saíram às pressas.

– Primeiro quero ter certeza de que é mesmo o Ulisses. Depois tirar satisfações sobre seu sumiço de mais de seis meses. Depois... Talvez...

– Depois o quê?

– Depois... tentar me reaproximar... aconselhar... tirá-lo dessa vida torpe. Mesmo que o amor tenha acabado ficará nossa amizade.

– Esta é a generosa Suzy! A Dona Quixote; a protetora dos traficantes pobres e oprimidos. Não acredito! Boa desculpa essa!

— Já falamos muito. Vamos mais rápido.

Informaram-se quanto ao endereço da tal delegacia. Lá chegando, pediram detalhes ao delegado.

— Ele disse chamar-se João Carlos da Silva, mas temos certeza de que o nome é falso.

— Soubemos que ele foi liberado.

— Falta de provas, minhas caras meninas.

— Falta de provas? Mas não foi encontrado com cocaína e *crack*?

— Ele alegou que nada sabia sobre tudo aquilo, que alguém, para incriminá-lo colocou a droga no bolso dele.

Suzyane e Marimar não esconderam a estupefação. Olharam com desprezo para o delegado.

— Não se preocupem, senhoritas. A polícia não dorme de touca. Para si mesmo, disse: *"Não queremos o laranja; queremos o mandachuva. Logo, logo, o tal João, ou seja l*á quem for, nos levará até ele".

CAPÍTULO XXXIV

A INDIGNAÇÃO DAS DUAS AMIGAS

*Quantas vezes caminhamos
desatentos sem olhar o chão?
Quanto tombo levamos!
Quanto sofrimento em vão!*

No domingo, logo após o almoço, as duas amigas foram à praia. Tomavam água de coco, quando, sob um guarda-sol, um jovem chamou a atenção de Suzyane.

– Essa não!

– O que foi? – perguntou, Marimar.

– Quem é vivo sempre aparece.

– O quê? – E Marimar acompanhou o olhar de Suzy, dando com um rapaz.

– Uau... Quem é o gato?

Suzyane aproximou-se mais. Queria ter certeza.

– Até que o gajo não é de se jogar fora – brincou Marimar, imitando o sotaque da avó portuguesa.

– Sabe quem é? – cochichou Suzy no ouvido da amiga.

— Quem me dera... Só conheço estrupícios.
— Não estou certa cem por cento, mas me parece que é o Ulisses.
— O quê? O traficante? O fujão? – quase gritou Marimar.
— Fale baixo, sua escandalosa! Não quero dar bandeira.
— Vamos lá. Deixa o interrogatório comigo. Tenho jeito pra detetive.
— Espera aí! Que neura! Já quer cair matando em cima dele? Dá um tempo, pôxa!

Eleutério, que viera com o rapaz, ou melhor, que praticamente o arrastara até ali certo de que encontrariam as jovens, disse, com energia:

"*Vamos lá, filhinha do 'papi'. Vá falar com aquele rapaz. Não estava louca pra encontrá-lo? Então. Não precisa me agradecer, eu o encontrei pra você. Vamos, sua molenga, mexa-se*".

A moça ouviu claramente a sugestão. Embora com receio e seguida de perto por Marimar que a empurrava, encaminhou-se para o jovem:
— Olá.

O rapaz tirou os óculos escuros e a encarou.
— Olá, beleza! – E levantou-se, prestativo.

Diante do olhar abobalhado de Suzyane, ele disse:
— Já nos conhecemos de algum lugar? Desculpe. Não sou bom fisionomista, mas acho que nunca a vi. Uma beleza como a sua eu não esqueceria de modo algum, pode crer.

Suzy indignou-se: "*Mas é mesmo um cara de pau! Que frieza! Como pode ser tão hipócrita?*"

Marimar olhou para a amiga e esta lhe confirmou com um gesto de cabeça. Era Ulisses. Não havia como negar.

Suzyane não conseguia falar e as lágrimas ameaçavam cair. Marimar, apontando o dedo indicador ao rapaz, lívida de cólera, disse:
— Escuta aqui, ô cara! *Tá* a fim de gozar com a nossa cara? Qual é a sua, hein? Não acha que está passando dos limites?
— Ora, ora... Que belezinha! Pena que são doidinhas, doidinhas. – E animando-se, passou as mãos pelos cabelos de Marimar.
— Tira as patas de cima de mim, seu pulha! Não pense que caio na sua conversa medíocre! Não sou nem um pouco parecida com a Suzyane. Tenho os pés no chão.

— Vamos embora, Marimar. Já chega. Você *tá* dando vexame, já estão todos olhando pra nós.
— Alguém quer me explicar o que está se passando? Vocês duas estão piradas? Ou estão chapadonas? *Crack* ou álcool? – disse o rapaz.
— Espere, Suzy. Vamos esclarecer os fatos. Como gente grande. Gente civilizada. Que se dane o povo curioso.
O rapaz estava se divertindo. Eleutério se impacientava com aqueles contratempos. Marimar, mais calma, tornou:
— Está bem. Vamos parar de brincadeira. Você se chama Ulisses, não chama? Conhece minha amiga aqui. Até já namoraram há alguns meses atrás; até você sumir do mapa. Confesse!
Eleutério, já bastante impaciente, começou a falar, energicamente, com o rapaz: — *"Seu idiota! Vai perder sua linda Suzy se ficar aí de bobeira. Que diferença faz se você se chamar Ulisses, João, Garibaldo, ou o raio que o parta?"*
— Ulisses?! Sim, claro. Sou Ulisses. *"É melhor concordar com essas doidas antes que elas me estapeiem aqui, na frente de todos."*
— E só tem isso a dizer? Esqueceu tão depressa assim nossa... amizade? Ulisses, você está tão diferente! Eu não conhecia este seu lado cínico. O que houve? Por que ficou esse tempo todo sem dar notícias? – lamuriou Suzy.
O rapaz ficou encabulado. Começava a compreender que aquilo não era uma simples brincadeira. *"Tem algo estranho no ar."*
— Vamos conversar sério, então. Como é mesmo o seu nome? – perguntou o rapaz.
Marimar ouvia e balançava a cabeça. *"Tem alguma coisa errada aqui. Não estou gostando nem um pouco disso! Muito já ouvi sobre amnésia... Talvez o gajo tenha perdido a memória..."*
Suzyane o olhava com olhos marejados de lágrimas. Ele insistiu.
— Como é mesmo o seu nome? – e virando-se para Marimar: — E o seu?
— Até meu nome você esqueceu... – Suzyane mostrava claramente sua decepção.
— É que... Desculpe. Não sou bom com nomes.
— Você está bem de saúde? – perguntou Marimar.
Suzyane teve uma ponta de esperança. Talvez o rapaz tivesse tido algum problema, alguma doença neurológica, ou talvez... Quem sabe lá

na delegacia onde ele ficou algum tempo lhe tivessem batido na cabeça, alterando, assim, alguma coisa lá por dentro. Já ouvira também falar em lavagem cerebral.

Quem a induziu a pensar em tal hipótese foi Eleutério, que não queria perder a oportunidade de pôr em ação o seu plano B; a sua carta escondida na manga do casaco.

O rapaz ia dizer alguma coisa quando o obsessor aproximou-se e lhe disse para dizer que sim; que ele havia sofrido um acidente, que bateu com a cabeça e ainda estava em tratamento.

Captando na íntegra a sugestão, o rapaz respondeu:

— Como você percebeu não estou bem de saúde. Tive alguns contratempos... Fui acidentado. Até precisei parar de estudar. Estou ainda, confuso, mas o médico disse que é natural, que devagar eu vou recuperando a memória. Espero que você me desculpe por eu ter esquecido seu nome...

Suzyane descontraiu-se. Ficou com o coração cheio de esperança.

— Eu sabia! Eu sabia, Ulisses. Você ficou muito diferente...

— Diferente?

— Sim. Não de fisionomia, que esta continua a mesma, mas diferente no modo de ser... Na personalidade... Até sua linguagem...

— Perdoe-me por não ter reconhecido você. Por mais força que eu faça...

Eleutério respirou aliviado. O rapaz era um bom ator, afinal de contas. Quem não estava muito convencida era Marimar.

— Eu sou a Suzy. Suzyane. Procure se lembrar.

Ele se concentrou. Segurou a cabeça com as mãos, franziu a testa, fechou os olhos... Gemeu...

— Sim, este nome me soa familiar... Muito familiar... Me diga com sinceridade, Suzy, o que fomos um para o outro?

Suzy ficou vermelha. Olhou para a amiga.

— Nós fomos quase namorados.

— Eu sabia! Em juízo são eu não deixaria uma beldade fugir de mim. — E tentou abraçá-la. Ela se afastou, embora quisesse tal abraço.

— E você? Como se chama? — perguntou a Marimar.

— Marimar. Mas não se preocupe. Eu nunca te conheci. Suzy te escondia de todas as amigas.

— É que bem sei as amigas que tenho – brincou.

— Então, prazer, Marimar. Espero ser seu amigo, também. Mas me diga uma coisa... posso ser um pouco indiscreto?

Marimar deu de ombros. O rapaz continuou, tentando ser espirituoso:

— Marimar... Este nome é porque seus pais gostam muito do mar?

Marimar deu uma sonora gargalhada.

— Claro que não!

— Então...

— Um "Mar" vem de Marluce, minha mãe; o outro, de Marinaldo, meu pai.

— Ahnn... Então *tá* explicado. Engenhoso. Mas pensou: *"Brega".*

Marimar deu um meio sorriso e olhou de soslaio o rapaz. *"Não que não goste dele, mas há algo que não me convence... Há alguma coisa destoante no céu de Itapuã... O tempo dirá."*

Depois de alguns minutos já estavam todos descontraídos.

— Ulisses, lembra-se dos nossos papos?

O rapaz fez expressão de ressentido. Suzy logo percebeu.

— Desculpe-me. Que tola que eu sou! Você já explicou que não pode se lembrar. Tenha calma, não se esforce tanto. Com o tempo tudo vai voltar ao normal.

— Então éramos namorados...

— Para dizer a verdade éramos quase somente bons amigos.

— Mas eu devia estar doido era naquele tempo! Como só ter amizade com alguém como você?

— Arre! Que papinho tedioso! – reclamou Marimar.

Risinhos sem graça.

— Suzy, me diga. Já tem namorado, agora? Tem me traído?

— Não. Na verdade eu ainda tinha esperança em relação a você. Acho que...

— ... sente algo por mim? Que ótimo! Eu também sou doido por você. Aonde iremos hoje?

— Suzy, eu quero lhe falar em particular... – Marimar estava desconfiada. Não sabia muito bem do quê. Era a segunda vez que seu sininho fazia plim-plim.

– Não temos segredos entre nós, não é Suzy? Pode falar, maninha! – disse o rapaz.

– Não é nada. Deixa pra lá – disse Marimar.

Suzyane estava empolgadíssima. Fechou-se como uma concha e não ouvia mais ninguém. Já segurava com intimidade o braço do rapaz e não cabia em si de felicidade. *"Desta vez não vou dar sopa pro azar. Vou procurar saber tudo sobre ele... Onde mora, quem é sua família... Quero levá-lo para casa e apresentá-lo aos meus pais. Quem sabe ainda não serei muito feliz?"*

Eleutério congratulava-se pelo *"reatamento"* daquele namoro. *Finalmente vou conseguir me vingar de todos. Vingar-me-ei por tabela do safado do seu pai, cara senhorita! Agora é apenas uma questão de tempo.*

O sol já buscava o lado oposto do mundo, porque além mares, outras criaturas careciam de sua luz. Salvador ficava aos cuidados da lua cheia. A noite era inteiramente dela.

Marimar afastara-se. Não era boa para segurar vela – repetiu a si mesma. Logo mais Suzyane foi encontrá-la.

– Ora, se não é a Julieta... Onde ficou seu Romeu?

– Já se foi. Mas você não parece satisfeita. Está com ciúmes?

– Ciúmes de você? Olha bem o tamanho do meu pé, benzoca! Estou sim é preocupada com você. Não sabia que era tão derretida! Parece manteiga no sol.

– Não fique preocupada por mim. Estou feliz! Encontrei-o, finalmente. Mas o que você queria falar comigo em particular?

– Do jeito que você está empolgada nem sei se vai adiantar; se não vou só gastar saliva; queimar velas com defunto à-toa.

– Tente.

– Senta aí.

– Às suas ordens, majestade.

– É sério. Nunca falei tão sério em toda a minha vida.

– Deixe de mistério. Fale logo, que já está ficando escuro.

– Você deve tomar cuidado com o Ulisses. Ele não me inspirou muita confiança. Aliás, nenhuma. Conheço muito bem o tipo.

– Você não o conhece tão bem quanto eu. Relaxe, Marimar.

– Não diga que não avisei. Não diga que não alertei você para os buracos do asfalto. Se cair num deles e se ferir, não culpe a ninguém senão a você mesma.

– Nunca imaginei que você fosse tão ciumenta. Isso chega a ser cruel. Pensei que você fosse minha amiga, mas vejo que me enganei. Não quer a minha felicidade. Está com dor de cotovelo...

Indignada, Marimar fulminou-a com os olhos. Levantou-se como uma novilha braba.

– Nunca imaginei que você fosse tão absurdamente infantil, Suzy. Ciúmes? Ciúmes? Ora vejam! Que pretensiosa!

– Você confirma isso cada vez mais.

– Olha aqui. Pra mim chega! Dane-se!

– Pra mim também chega, sua falsa!

Ambas já gritavam, chamando a atenção de algumas pessoas.

– Nunca mais fale comigo, sua idiota! – disse Marimar, dando-lhe as costas e saindo quase correndo.

A plateia que se formou bateu palmas.

– Sua mulher ficou danada – comentou um rapazola que vendia castanha-de-caju torrada.

– Seu moleque estúpido! Não é o que sua mente suja está pensando. Somos, ou éramos, amigas.

Todos riram. Com certeza preferiram acreditar na maldade do moleque.

Na semana seguinte, Suzyane convidou o namorado para conhecer sua casa e falar com seus pais. Estava triste por ter perdido a amizade de Marimar, mas decidiu não se preocupar. Mais tarde lhe pediria desculpas.

– Você vai gostar da minha família, Ulisses.

– Suzy, não acha muito cedo? Estamos juntos há pouco tempo.

– Está bem. Não há pressa.

– É assim que se fala, gata! Deixe os velhos pra lá.

– Ulisses, esse seu linguajar não me agrada nem um pouco. Antes do acidente você não falava assim.

O rapaz deu uma estrondosa gargalhada.

– Que é que tem o meu linguajar?

– É tão vulgar! Não combina com você.

– Talvez eu não combine com você, patricinha!

Suyane se chocou com a resposta. Mas estava apaixonada e nada mais viu além de um costume grosseiro que ela haveria de tirar com o tempo. O rapaz, sabendo-se amado, quis tirar proveito da situação.

— Olhe, Suzy, é melhor a gente dar um tempo. Cada qual ir pro seu lado. Eu estou sempre a aborrecendo com o meu linguajar...— e se afastou dela, fingindo estar ofendido.

— Por favor, Ulisses... Desculpa, vai. Não quis ofendê-lo.

— Mas ofendeu. Você acha que é melhor do que eu, bem sei.

— Seu tolo. Que posso fazer para me redimir?

— Aceitar um convite meu.

— Um convite? Qual?

— Hoje tenho uma festinha íntima na casa de um amigo.

— É que meu pai faz um fuzuê danado sempre que saio à noite. Minha mãe sofre de enxaqueca e quando está preocupada sempre surgem crises.

— Então não lhes conte a verdade. Diga que vai à casa de uma amiga; que vai dormir por lá. Combine com a Marimar.

— Não posso. Nós brigamos.

— Sério? É pena, ela quebraria nosso galho. Então o jeito é eu ir só. Sentirei sua falta. — Mas ele não tinha a menor intenção de ir só. Sabia que ela daria um jeito.

— Espere. *Tá* bom, pode deixar. Vou dar um jeito.

— Grande Suzy! Passo na sua casa às onze e meia, *falô?*

— Não. Um pouco mais tarde. Quero ter certeza de que todos já estejam dormindo. Não toque a campainha. Estarei no jardim aguardando você.

Eleutério, que sempre os acompanhava, ficou radiante.

À hora acertada, a moça saiu de mansinho do jardim e entrou rapidamente no carro do namorado. O cuco da sala anunciou o avançado da hora.

CAPÍTULO XXXV

O DESENCARNE DE PRISCILA MARIA

*Que não haja precipitações
nas nossas ações diárias
que a dor chega depressa.
Difícil é mandá-la embora.*

Noélia, desde a doença de Ulisses, não mais dele se descuidara. Percebia que ele não mais tocava no assunto da vingança e que mudava dia a dia a sua personalidade. Tornou-se introspectivo, de olhar perdido no nada. Amadurecera anos em poucos dias. *"A doença deve ter deixado alguma sequela psicológica"* – pensava.

– Meu filho, você está bem? Bem de saúde?

– Estou. Não se preocupe.

Noélia não queria lhe falar sobre Suzyane e Escobar, mas se não falasse não poderia saber as intenções dele. Arriscou-se:

– Você tem se encontrado com aquela moça?

– Com a Suzyane, minha meio-irmã?

– É. A filha do Escobar. Tem falado com ela?

Ulisses levantou-se, olhou a mãe e nada respondeu. Parecia aborrecido em ter de falar. Aprazia-lhe muito ficar em silêncio, mas como a mãe insistisse na pergunta, respondeu com evasivas. Despediu-se dela e saiu dizendo que não se preocupasse mais; que aquilo já era passado.

A mãe ficou remoendo as dúvidas. O fato era que, após aquela doença, o filho mudara muito. Tornara-se arredio. Até o extremado amor que sempre demonstrara por ela parecia abrandado. *"Talvez seja oportuno eu visitar Escobar e cientificá-lo de tudo. Não quero que Ulisses lhe faça nenhum mal, ou à sua filha. Alguma coisa me diz que Ulisses só está dando um tempo. É bom que Escobar esteja prevenido."*

Eleutério, o obsessor que estava por perto, como um cão de guarda em torno de Noélia, sentiu um ciúme atroz de Escobar; aliás, sentia ciúmes até de Ulisses, a quem atribuía sua maior desdita.

Ao saber das intenções de Noélia, sua Helena de outrora, resolveu visitar Escobar e preveni-lo: que ele não ousasse reatar o antigo amor; que ele deveria saber que Noélia lhe pertencia por direito e nada deveria fazer para contrariar o que lhe era devido.

Encontrou-o lendo um livro. Aproximou-se. Tentou envolvê-lo. Escobar sentiu sua inamistosa presença e, imediatamente, buscou na oração um socorro.

O obsessor não esperava por isso. Nunca soubera ser o rival um religioso. *"Covarde! Fugindo da raia na hora do aperto."*

Após algumas tentativas infrutíferas – não conseguia estabelecer a conexão imprescindível para a comunicação – Eleutério saiu amaldiçoando a tudo e a todos.

A prece sincera é um dos antídotos contra as investidas obsessivas.

Na semana seguinte, Noélia leu nos jornais a morte repentina de Priscila Maria, a esposa de Escobar.

O jornal sensacionalista dizia que a pobre mulher sofrera um infarto do miocárdio ao saber que sua única filha, Suzyane, era dependente de drogas.

Estremeceu. *"Que tristeza! Pobre Escobar... Imagino o quanto deve estar sofrendo. Será verdade que a filha se tornou dependente de drogas? Santo Deus! Ela não passa de uma garota! Deve ter a idade do Ulisses."* Apesar de tudo, da decepção que sofrera em relação a Escobar, Noélia não lhe queria mal.

Repentinamente, aquele pensamento foi crescendo... crescendo... A inquietação tomando sua alma de assalto. Não! Seria desumano demais. Será que Ulisses tinha alguma coisa a ver com aquilo? Teria mesmo desistido de se vingar do pai, conforme dera a entender? Teria a coragem de desgraçar a própria irmã, uma inocente? – pensava Noélia, num crescente desespero.

Desnorteada, foi falar com o filho. Este estava em seu quarto lendo um livro e não percebeu que a mãe o olhava. *"Bem que notei sua transformação, seu olhar distante... Estará ele, agora, com problemas de consciência?"* Como o filho demorasse a perceber sua presença, ela o chamou.

– Mãe, o que foi? Você está estranha, aconteceu alguma coisa?

Ela lhe entregou o jornal.

– Então, finalmente a vida fez a vingança. Nada como um dia atrás do outro.

– Não fale assim, meu filho. Ele é seu pai! E não é tão culpado assim. Já lhe falei do meu, do nosso, passado espiritual. Nada acontece por acaso e não nos compete revidar erro por erro, maldade por maldade.

O jovem simplesmente balançou a cabeça. Noélia continuou:

– Aí diz também que a moça... a Suzyane... é dependente de drogas. Você sabia?

– Nunca me interessei muito em saber detalhes da vida dela. Faz muito tempo que não a vejo.

– Espero que você não tenha nada a ver com isso. Seria lastimável se...

– Não continue, mãe. O que pensa que sou? Acha que eu teria coragem de viciar alguém? Ainda que esse alguém seja a filha do Escobar?

– É que você um dia me disse que faria a filha sofrer para atingir o pai...

– No auge da revolta se fala muita bobagem. Sempre fui impaciente; sempre quis ver as coisas acontecerem rápidas; conforme o meu desejo, mas mudei. É proibido mudar?

– Não, filho. Quando se muda para melhor é louvável. É preciso muita coragem para abandonar defeitos e conquistar virtudes.

– Então, mãe... fique tranquila. Há muito que desisti da vingança. Sempre que volto a pensar nisso, alguma coisa me chama a atenção. Você se referiu a existências passadas, e eu acredito e entendo. Também eu tenho ouvido os ecos da alma. Parece que um grande livro é desenrolado à minha frente, e vejo-me ali como grande devedor... Então tremo. Fico cheio de remorsos sem saber do quê. Você pode me entender, mãe? Tem sido angustiante.

Noélia o abraçou.

– Claro, meu filho. Eu sinto isso constantemente. Estou aliviada. Por um momento pensei que você estivesse por trás dessa tragédia.

– Ainda não desci a tanto, mãe. Agora vamos. Tire esses pensamentos ruins da cabeça. Eu mudei para melhor, acredite.

Levantou-se. Fechou o livro e beijou o rosto cansado da mãe.

"Detesto essas cenas melífluas" – disse Eleutério.

– Desculpe, Ulisses, por eu ter pensado mal de você.

– Esqueça. Pretende ir ao enterro?

– Se nunca visitei Escobar antes, não será agora que vou fazê-lo.

CAPÍTULO XXXVI

SUPERESTIMANDO A DOR

*Paciência é uma virtude
difícil de conquistar.
Cedo morre o impaciente
por não saber esperar.*

Escobar sentia que a terra se abria e enorme boca o tragava. Todo o passado veio à tona. Viu-se jovem; cheio de sonhos; ilusões de tudo conquistar a qualquer preço. Trouxe à lembrança queridos olhos verdes... mar de Itapuã. Onde andaria a sua Noélia? Teria ela criado o filho? Por que não tivera coragem de assumi-los? Desejou que o tempo voltasse atrás; queria reescrever de novo aquele capítulo de sua vida. Quisera ter aprendido a ser paciente, a esperar.

Um soluço de dor veio acordá-lo daquelas reminiscências. Seu coração batia descompassado, tinha a boca amarga, os membros doloridos e a alma intranquila. Não sabia se pranteava a esposa morta ou a filha, tão jovem e já com o futuro comprometido. Talvez devesse prantear a si mesmo, suas ilusões, seu tolo orgulho, seu medo, sua vida.

Após o desenlace da mãe, Suzyane ficou ainda mais dependente das drogas. Já não se importava com nada. A vida tornara-se-lhe um fardo difícil de carregar. A cada hora que passava com o maldito vício, mais perto estava da loucura. E do túmulo.

Só agora Escobar se dava conta de sua negligência paterna. Envolvido sempre consigo mesmo, valorizando sua dor e esquecendo-se nele mesmo, não tinha olhos para perceber que do seu lado caminhavam outras criaturas tão carentes quanto ele mesmo.

A hora do enterro chegou. Suzyane estava indiferente a tudo. Repetia que a mãe, agora, fora libertada da gaiola de ouro na qual, voluntariamente, se encerrava. Não derramou uma lágrima sequer. Reprimiu-se. Queria ser mais forte do que a dor e, para tanto, deixou-a acorrentada nos escaninhos da alma.

O caixão foi novamente aberto na capela do cemitério. Um homem aproximou-se e pediu para fazer uma oração. A expressão da falecida estava serena. Quase feliz. Alguns curiosos se aproximaram, persignando-se com expressão de pesar. A prece do caridoso homem havia espalhado no ambiente eflúvios de paz, de aceitação, de amor. Foi nesse instante que a dor, fortemente algemada por Suzyane, conseguiu se libertar. Seu grito ecoou dolorido. Ela abraçou o corpo rijo da mãe e deixou que as lágrimas molhassem aquelas faces sem vida. Escobar amparou-a, compadecido, e tentou acalmá-la.

Na presença da morte todos nos sentimos tão pequenos! Tão vulneráveis! É ela que nos faz pensar na vida. Repensar nossos atos. Jurar que vamos nos tornar melhores; cultivar mais a vida do Espírito. No entanto, tão logo assumimos novamente nosso corre-corre diário, esquecemo-nos dessas passadas intenções. A morte ficou lá, no cemitério. Nós estamos cá, do lado da vida. E novamente corremos em busca de tudo aquilo que um dia ficará aqui; que não poderá ser levado conosco. E novamente nos esquecemos de que, dentre todas as dúvidas que se tem, a única certeza é o fim da vida orgânica.

É pena que quase sempre esquecemo-nos da preparação adequada para a grande viagem de retorno à Pátria Espiritual. E chegamos lá despreparados. E sofremos. E lamentamos não ter aproveitado o tempo para nosso avanço.

Na manhã seguinte ao sepultamento de Priscila Maria, Escobar chamou a filha para uma conversa séria. Já dera algumas dezenas de voltas ao redor da escrivaninha do seu escritório, impaciente e casmurro, quando a filha entrou.

– Suzyane, agora somos apenas nós dois, minha filha. Sei que nesse tempo todo você se ressentiu com minha ausência, minha falta de orientação... Amparei você somente materialmente. Perdoe-me.

Suzyane bocejou. Estava ainda sonolenta. O pai olhou-a, mas não teve coragem de censurá-la. Ainda que tardiamente tentaria ser mais afetuoso, mais paciente; esquecer-se-ia de si mesmo para dedicar-se à filha.

– Fala, painho... O que *tá* pegando?

– Precisamos conversar como dois adultos que somos.

– Vá direto ao assunto. Estou podre! Velório é uma barra!

– Suzyane, é preciso que você me diga quem foi seu aliciador. O maldito que a iniciou nas drogas. Fale. Prometo que não vou denunciá-lo. Quero apenas saber quem foi.

– Ora, painho, por que eu precisaria de um aliciador? Quis experimentar... Só isso. E agora... bem, devo admitir que não consigo parar. Sei que vou morrer; que estou acabando comigo, mas não paro. É mais forte do que eu...

Escobar abraçou a filha. Olhou-a ternamente.

– Suzy, você é a minha única filha. Apesar do meu jeito você sabe que a amo muito. Sua mãe se foi. Pobrezinha. Merecia ter sido feliz. Fui um desastre como marido e pai.

– Vamos tentar esquecer, painho.

– Esquecer? Como poderia? Mas não é sobre o passado que quero falar. Quero-lhe comunicar que já arrumei sua internação. Não conseguimos nos livrar sozinhos desse vício, minha menina. Ele causa dependência física; destrambelhamento psicológico. Você precisa de ajuda médica.

Suzyane levantou-se. Cingiu o pescoço do pai. Chorou. Disse estar arrependida e pediu perdão. Haveriam de superar tudo. Ser felizes. Por que não?

– Quero que você me conte tudo. Não esconda nada de mim, promete?

– Prometo.

– Desde já lhe asseguro que pode contar comigo. Saberei compreender. Serei paciente e procurarei ser um bom pai, pois agora só temos um ao outro.

– Painho... Eu é que não fui boa filha. A mãinha... coitada. Morreu por minha causa. Eu sou uma assassina!

– Não diga mais isso. A culpa é de quem aliciou você, de quem não a respeitou como devia.

Escobar tentava ser paciente e esperava a confissão da filha, que continuava chorando.

– Está bem. Não precisa nem me dizer.

De repente o pai se encheu de uma revolta mal contida:

– Foi esse tal de Ulisses, não foi? Eu deveria saber que ele é mau-caráter. Nunca quis vir até aqui, fazer amizade... Tanto tempo com você... bem o tipo ordinário!

– É... Foi ele, painho. Ele me levou a conhecer a turma dele. Lá rola de tudo. Eu quis experimentar. Jurei pra mim mesma que seria só daquela vez, mas...

Escobar não viu mais nada. Tudo escureceu ao seu redor. Foi tomado de um ódio mortal contra o infeliz. *"Farei o desgraçado se arrepender de ter nascido"* – esbravejou. Já tinha alguém em quem descarregar sua ira.

Foi com medo que Suzyane viu o ódio nos olhos dele. Porém, não fez nada para abrandar tal sentimento. Pensava que seria muito benfeito a Ulisses. Afinal ele a esnobava. Nunca quisera nada com ela, embora ela tivesse tentado várias vezes envolvê-lo. *"Eu sempre fui para ele como uma irmãzinha. Sexo comigo? Nem pensar. Parece que tem asco de mim, como se eu fosse uma tuberculosa. Só ficava comigo pelo meu dinheiro. Quanto à droga... não posso culpá-lo. Eu sabia o que estava fazendo."*

Há muito tempo Suzyane deixara de ser uma menina inocente.

A verdade sobre aquelas acusações, porém, era outra. O namorado interesseiro não queria nada com ela por um único motivo: interferência espiritual. Toda vez que ele se aproximava dela com intenções libidinosas, seu anjo da guarda e outra entidade mais harmonizada a ele, tornavam-na indesejada aos olhos dele. E ele perdia todo o interesse por ela. Era isso feito através de imagens fluídicas captadas facilmente pelo rapaz. Os Espíritos ainda primários, aqueles que não têm ainda amadurecimento espiritual, mas que não são maus, tornam-se mais propícios a determinadas tarefas. Seus fluidos, mais condensados, sintonizam melhor a matéria física. Era o caso do Espírito que acompanhava o guia espiritual de Suzy nesses serviços intercessórios. Entrava com facilidade na faixa vibratória mais animalizada e mostrava quadros fluídicos ao rapaz. Então ele perdia todo o interesse por ela.

Mais uma semana transcorreu. Suzy não concordou em ser hospitalizada. Alegava que não queria deixar o pai sozinho e que faria o tratamento em casa. Mas ia adiando. Queria estar presente para ver o que o pai faria em relação ao namorado. Era apenas assistida por uma psicóloga que fora amiga de Priscila Maria.

Depois de conversar e insistir na internação da filha, Escobar saiu. Trazia o coração carregado de fel, e em sua mente só agasalhava o desejo de se vingar daquele que, segundo cria, fora o causador da infelicidade da filha e consequentemente da sua.

Eleutério imaginou que seria mais feliz pela tragédia doméstica, porém, o que sentiu foi um misto de dor e loucura.

CAPÍTULO XXXVII

AUMENTANDO OS DÉBITOS

O revide é o veneno que mais abre a chaga.
O perdão é o antídoto que a cicatriza.

O homem que acabava de entrar no restaurante tinha o rosto encoberto por um cachecol de lã, apesar de não fazer frio. Perguntou por Escobar. O garçom lhe apontou uma mesa. Escobar levantou-se e o cumprimentou, puxando uma cadeira.

– Recebi seu recado, doutor. Estou às suas ordens.
– Obrigado. Quer beber alguma coisa?
– Cerveja.
– Agora vamos acertar os detalhes.

Escobar baixou a voz e aproximou mais sua cadeira. Quase cochichando, colocou o homem a par de seus planos. Era um caso especial, um corretivo que queria aplicar em um malandro que lhe desrespeitara a filha. Não entrou em detalhes desnecessários. Acertaram o preço.

– Vou já adiantando, doutor. Quero cheque, não. Quero grana. Dinheiro vivo. Quanto ao serviço o doutor sabe que é garantido. Sigilo completo. Boca de morto. Depois disso tudo... nunca conheci o doutor e o doutor nunca me conheceu.

– Tudo bem. Tudo bem. Pra mim também é preferível dinheiro vivo.

– Claro, doutor. Dinheiro tem assinatura não. – Riu.

– Então, ouça bem: não quero que mate o safado. Se o fizer será por sua conta e eu o denunciarei à polícia. Entendeu?

– Sou burro não, doutor. Nada de morte. Ainda bem. Eu não gosto de matar quem nada me fez.

– Então... ratificando: Não quero que mate o desgraçado. Não precisa chegar a esse extremo. Só quero que lhe dê uma boa surra; que ele saiba o porquê de estar apanhando. Depois quero que o traga até mim. Em minha casa. Compreendeu?

O matador profissional revirou os olhos em sinal de impaciência.

– O cara só vai levar um "coro". Depois, uma água com sal por cima pra desinfetar. – Falou e riu, expondo dentes desalinhados e escurecidos pela nicotina.

– Isso é com você. Mas vai ter de ser muito discreto, não quero que o meu nome venha à baila de jeito nenhum.

– Meu serviço é de "prima". Costumo deixar pistas não, senhor.

Escobar olhou para todos os lados. O garçom, que os observava, virou o rosto e continuou lavando copos.

Do bolso do paletó, Escobar tirou um maço de cédulas. Contou uma parte delas e a entregou ao homem. Guardou com cuidado a outra parte.

– Isto é apenas a metade – disse ao homem.

– Trabalho assim não. Sempre recebo tudo na hora.

– Eu também tenho o meu jeito de trabalhar. Quem poderá me garantir que você fará mesmo o serviço? Que não me deixará na mão depois de embolsar o dinheiro?

– Tenho palavra, doutor. Dei mancada nunca não.

– Eu também sou homem de palavra. Fique com a metade agora. Depois que cumprir sua parte, pago o restante. Tem de ser assim, senão nada feito.

O homem contemplava a grande quantia em suas mãos. Depois a guardou, sorrindo. Acabou de uma só vez a cerveja e se levantou. Estendeu as mãos para Escobar e se foi.

Escobar ficou pensativo por algum tempo. Sabia que não era prudente aliar-se àquela classe de gente. Mas concluiu que faria novamente, se fosse preciso. *"O safado vai ver em que vespeiro se meteu. Vai apanhar que nem cachorro sem dono. Vai aprender a respeitar as filhas dos outros."*

Alguns dias mais se passaram.

– Suzyane?

– Estou aqui, painho.

– Vamos hoje para o hospital. Você precisa de ajuda médica, minha filha.

– Mas, painho..., estou me dando bem com a psicóloga.

– Não é suficiente. Vamos. Arrume-se. Vamos agora mesmo. Já combinei com o médico.

– É que... hoje não posso. Sério. Combinei de me encontrar com a turma.

– Tem coragem de já cair na gandaia?! Onde está seu sentimento pelo que aconteceu há bem pouco tempo com sua mãe?

– É por isso mesmo que preciso sair. Sufoco aqui, presa! Aqui, tudo me lembra a mãinha... Não aguento mais! – E as lágrimas já se lhe deslizavam pelas faces.

– Minha filha..., você sempre consegue o que quer com choro. Já estou farto disso. Não adianta. Arrume-se. Temos de ir hoje. Agora. Vamos, tire essa minibermuda e coloque um vestido decente.

A contrariedade vincava o rosto de Escobar.

A moça torcia nervosamente as mãos. Sua pulsação estava acelerada e por todo o corpo um suor porejava, dando-lhe a sensação de constante umidade. Os olhos, desesperados, injetados, inquietos. E o desejo de se satisfazer a qualquer custo. Síndrome de abstinência. O organismo exigia a sua cota de droga.

– Painho..., hoje não! Por favor!

Os nervos do pai estavam tensos. De repente, sentiu que a agressividade, ainda não totalmente morta dentro dele, voltava à vida e o incitava à violência. Perdeu o controle sobre si mesmo e sacudiu violentamente a filha. Depois a esbofeteou. Uma, duas, três vezes.

Suzyane, perplexa – jamais o pai lhe havia batido –, arregalava os olhos.

Tentava se defender levantando os braços, mas as bofetadas a atingiam, avermelhando-lhe as faces. Por um momento pensou que o pai havia enlouquecido. Jamais o vira tão agressivo.

A entrada da empregada, que acudiu gritando assustada, trouxe o pai à consciência. A filha aproveitou aquele minuto de trégua e fugiu em desabalada carreira.

Escobar fez menção de segui-la. Era necessário levá-la ao médico, ele bem sabia o que poderia acontecer se o tratamento demorasse muito. No entanto, sentiu-se desanimado. Seguiu-a para ver aonde ela iria e para conhecer seus "amigos" e tentar, com a ajuda deles, convencê-la a ir ao médico. Mas Suzyane correu por entre a multidão. O pai perdeu-a de vista e retornou, amargurado. As lágrimas escorriam abundantes. Não acreditava que tivesse agredido aquela filha que lhe era a razão precípua da vida.

Sempre correndo, a moça entrou em uma casa escura onde os amigos estavam reunidos.

Escobar, ao regressar daquela perseguição, vê uma mulher chegando à sua casa. Reconhece-a.

"Noélia! Meu Deus... é ela! Enfim, a revejo!" – Enxuga rapidamente os olhos. O coração bate apressado. Quer correr, mas anda mais devagar. É preciso, primeiro, sossegar o coração. Apassivar a alma.

Estão um diante do outro. Trêmulos. Mudos pela emoção. O passado... os desencontros... a dor... saudades... remorsos... desejos reprimidos...

"Seus olhos estão mais verdes ainda... Ah... Se esses olhos tivessem me acompanhado sempre" – pensa Escobar. Foi ela a primeira a falar:

– Escobar! Quanto tempo, meu Deus! No entanto parece que foi ontem... Você está mudado...

Não consegue continuar. A emoção lhe embarga a voz; os olhos piscam apressadamente. É imperioso reter as lágrimas.

Escobar demora-se no aturdimento da surpresa. Olha fixamente aquela mulher que um dia ele deixara esperando um filho seu. Só sabe que a ama com seu amor desconfiado de sempre. Por fim, a voz consegue se soltar.

– Noélia! Você nada mudou. Continua linda!

Noélia chora. É mulher. Não precisa de pretextos.

— Vamos, pare de chorar. Sorria. Jamais me esqueci como se acentuavam estas covinhas quando você sorria – diz Escobar enquanto a encaminha para o interior da casa.

A empregada, que o vira sair tão agitado, surpreende-se com a alegria que vê escancarada, no rosto do patrão. Olha para Noélia, que a cumprimenta sem jeito. *"Que depressa o seu Escobar recuperou o bom humor. Pobre dona Priscila Maria... Ela que enviuvou, isso sim"*. – E a maledicente criatura não desgruda os olhos dos dois.

— Quando chegou de viagem, Noélia?

— Eu estou morando em Salvador.

— Aqui? Desde quando?

— Há mais de um ano.

Escobar pediu que lhes servissem um refresco. Queria perguntar tantas coisas, mas, confuso, se perdia. Queria saber, principalmente do filho. Todo aquele tempo não procurou saber do destino dele. Achou melhor assim, uma vez que nada poderia fazer ante o rumo que sua vida tomara.

— Você se casou, Noélia?

— Como poderia?

— Eu queria lhe perguntar... Ó meu Deus! Nem acredito que você esteja aqui, na minha casa. Noélia... Eu... Nada; ou melhor... – Ia assim, querendo saber, porém com medo de perguntar. E se ela confirmasse o aborto? Ele não se perdoaria por isso. Era monstruoso demais saber que mandara assassinar o próprio filho!

— Escobar, não quer saber o destino que dei ao nosso filho?

— Quero. Estava louco pra perguntar. Sinto tanto! Fui tão inconsequente! Arrependo-me de tudo o que fiz. Que pulha me sinto.

Estavam sentados, um diante do outro. Olho no olho. Era a hora da verdade. A hora que, demore o que demorar, sempre chega.

— Diga, Noélia. E o nosso filho? Você não fez o que lhe pedi, não é mesmo? Pelo menos teve mais decência do que eu, não teve?

— Tive. Mais decência e mais amor. Houve momentos, quando o desespero era grande, que pensei em abortá-lo, mas aconteceu tanta coisa...

Escobar uniu as mãos erguendo-as para o alto.

— Louvado seja Deus! Ele vive, então? É homem ou mulher?

— Nem isso você procurou saber?

— Não tive coragem. Queria esquecer. Recomeçar... Sei que fui um egoísta, um crápula. Mas diga logo, por favor.

— Nosso filho é hoje um homem feito.

Escobar não conseguiu segurar a emoção. Juntou as mãos de Noélia. Beijou-as e chorou, compungidamente.

— Um filho... Um filho... Um homem feito. Um irmão para Suzy... — Não esquecia a filha um minuto sequer enquanto conversavam.

— Ele está cursando o primeiro ano de Direito. É um belo rapagão.

— Parece-se com qual de nós dois?

— Comigo. Tem alguma coisa que faz lembrar você, também.

— E os olhos dele? São também verdes?

— São idênticos aos olhos do meu avô holandês. De um verde mais acentuado do que os meus. Quando olho pra eles, parece que vejo o querido avô Marzílio Van Opstal.

— Qual o nome dele?

— Ulisses Escobar Cruz Van Opstal.

Escobar sentiu-se feliz por Noélia ter dado seu nome ao filho. Mas sentiu um baque no coração ao lembrar o namorado misterioso de Suzyane que também se chamava Ulisses. *"Estou ficando paranoico. Não existe só uma Maria no mundo."*

— Só o seu sobrenome... — falou quase a si mesmo.

— Numa sociedade tão machista e de valores tão diferentes e injustos, nem que eu quisesse acrescentar o seu poderia.

— Claro. Não havia mesmo outro jeito. Mas você poderia ter me procurado. *Tá* certo que eu não poderia me casar com você, mas teria assumido meu filho; lhe dado o meu nome de família.

— Já lhe ocorreu que eu também tenho o meu orgulho? Por que deveria mendigar seu nome de família? Por que buscar mais sofrimentos e decepções?

— Desculpe-me, Noélia. Mais uma vez você está certa, e eu errado.

— O nome que dei a ele é honrado. Eu muito me orgulho dele. Ulisses foi meu avô materno, que Deus o tenha. Homem generoso como poucos.

— Ulisses... ele sabe que tem um pai, aqui?

— Sabe. Por essa razão insistiu tanto em vir morar aqui.

— Mas ele nunca me procurou... E o gênio, a personalidade dele?

— Desde pequeno, talvez porque eu o mimasse demais, sempre foi meio rebelde. Brigão. Casmurro. Por qualquer coisa, *fecha o tempo*.

— A falta de um pai deve ter colaborado pra isso. Levarei pra sempre comigo esse peso na consciência.

— Ele sentia ciúmes dos colegas e amigos que tinham seus pais. Creio que até hoje é complexado por causa disso. Mas o pior já passou.

Noélia não teve coragem de lhe contar que a intenção do filho era se vingar dele. Percebia, agora, o quanto Escobar fora infeliz. Lembrando-se do sonho que explicava o porquê do medo dele em relação a ela, teve pena, e desde então compreendeu aquela dualidade que habitava nele. Também ela não estava isenta de culpas, bem sabia.

Escobar queria saber mais sobre o filho.

— Ele sabe de tudo? Não me odeia?

— Nunca quis jogá-lo contra você. Quando era pequenino e perguntava pelo pai, eu dizia que você estava viajando. Depois, quando cresceu um pouco mais, eu fui contando a verdade. Suavizei o quanto me foi possível. Não queria que ele tivesse ódio no coração. O ódio corrói por dentro, abre chagas; dói. Quando criança, ele sentiu muito a sua falta. Não fosse a presença carinhosa de Felipe e Kírian as coisas teriam sido bem piores... Ah, Escobar, como teve coragem?

— Talvez você não acredite, mas naquela ocasião eu já havia decidido voltar e assumir você, nosso filho, sua mãe doente, enfim, assumir minha responsabilidade, mas engravidei minha namorada. O pai dela pressionou e eu precisei casar. Eu devia a ele o meu emprego. Devia-lhe o cargo, que já estava, desde então, prometido. Enfim, fui egoísta e ganancioso. Queria levar uma vida folgada; ter uma posição de destaque. Reconheço, agora, tardiamente, o quanto fui tolo, como a verdadeira felicidade não está ligada a nada disso. Noélia, acredite. Fui justamente castigado. Seus olhos têm-me acompanhado sempre. O remorso tem azedado a minha vida.

Falaram sobre tudo, desde o momento em que ele fugira. Escobar tinha os olhos repletos de lágrimas que enxugava constantemente.

— Não foi feliz com sua falecida esposa?

— A consciência nunca me permitiu ser feliz. Também não soube fazer minha esposa feliz... Tampouco minha filha. Acho que carrego comigo um estigma: infelicitar todos aqueles que me querem bem e, mais ainda, a mim mesmo.

— Suzyane... bela moça. Como está?

Escobar olhou-a, surpreso.

— Você conhece a Suzy?! Desde quando?

— Não a conheço, na verdade. Apenas a vi algumas vezes. Cheguei a conversar com ela, sem me identificar, claro. Ela é a sua cara.

Escobar lembrou o incidente com a filha. Sentiu o rosto arder de vergonha ao recordar que a havia esbofeteado.

— E quem lhe disse que era a minha filha?

— Nosso filho. Escobar... é preciso que você saiba. Eu vim aqui para lhe dizer uma coisa séria.

— O quê?

— Ulisses e sua filha se conhecem. Viam-se, saíam juntos...

Um soco no estômago não teria efeito pior. Escobar ficou branco como cera. Um gosto amargo veio-lhe à boca. Noélia assustou-se. Ele se levantou e foi até a janela. Abriu-a. Faltava-lhe o ar.

— Não é possível, meu Deus! *"Ulisses, a quem há poucos dias mandei surrar... Ulisses... É cruel demais! Odeio meu próprio filho! A vida brinca comigo."*

— Ele pretendia usar Suzy contra você, mas desistiu a tempo; não é mau-caráter. Faz tempo que se afastou dela.

Escobar virou-se e deu um murro na mesa. Tremia.

— Escobar..., sei que é duro, que não é fácil, mas Ulisses só queria se vingar de você. Eu não queria lhe dizer, mas já agora não há como esconder. Portanto, não o culpe tanto. Você foi quem desencadeou toda essa miséria... Não guarde ódio do nosso filho, que não passa de mais uma vítima – e reprimiu as lágrimas. Precisava ser forte.

— Ahn, meu Pai... quão ignotos são os caminhos da justiça! Como somos infantis ao tentar driblar a Lei Divina!

— Ulisses me garantiu que há meses não vê sua filha. E também posso lhe garantir com a mais absoluta certeza de que nosso filho não é viciado e nem viciou a Suzyane.

— Ele está mentindo, Noélia. Já sei que foi ele. Continuam se vendo, sim. Ele, para me agredir, usou minha filha. Pobre filha! Está pagando pelos erros do pai...

— Você não pode afirmar isso! Ele mesmo me disse que havia desistido da vingança.

— Mas não desistiu. Haja vista que nem você tem certeza do que me afirma, uma vez que veio aqui para me prevenir. Se era vingança o que ele queria deve estar satisfeito. Viciou minha Suzy em drogas... Perdeu-a. E será que fez apenas isso? Que mais nos aguardará daqui pra frente, Noélia?

Toda alegria que sentiram pelo reencontro depois de tanto tempo ficou nas dobras daquela tristeza imensa. Depois Escobar se lembrou do que mandara fazer a Ulisses e teve um sobressalto. A boca se lhe amargou ao perceber que a vida do filho corria perigo. Por mais que quisesse odiá-lo percebeu que o amor paterno era mais forte e odiou-se por ter tomado a vingança em suas mãos.

Pôs Noélia a par dos atuais acontecimentos; da confissão de Suzyane e de sua saída de casa; da contratação de um matador profissional para aplicar um corretivo em Ulisses.

Noélia ouvia tudo. Era, agora, a sua vez de ficar estarrecida. Escobar temeu que ela desmaiasse, tal o seu estado de angústia.

— Não se preocupe. Não mandei matá-lo, graças a Deus. Fui bem claro; só mandei que lhe aplicassem um corretivo.

— Você aprendeu depressa o modo de vida dos coronéis... Mas diga que não é verdade, Escobar! Não pode ser! Eu venho aqui para ajudar, para prevenir, e você, pela segunda vez, quer matar nosso filho!

— Não! Não diga uma coisa dessas. Eu estava cego. Queria vingar minha filha...

— ...e ele queria se vingar de você... Tal pai, tal filho. – Trêmula, se levantou.

— Preciso correr. Preciso prevenir Ulisses. – E olhando Escobar com rancor lhe disse que, se alguma coisa de ruim acontecesse ao filho, ela jamais o perdoaria; que para tudo havia um limite e ele havia extrapolado o seu.

Escobar ficou mudo olhando a mulher se afastar. Depois correu para o telefone. Precisava cancelar a ordem dada ao assassino contratado. Todavia, não o encontrou em parte alguma. *"Deus! Que fiz eu na minha insanidade?*

CAPÍTULO XXXVIII

UM CASO DE PERDA DO LIVRE-ARBÍTRIO

*Firme no seu timão,
embora nuvens distantes
antevê as tempestades,
o sábio capitão.*

Felipe, Kírian e os dois filhos foram visitar Noélia e Ulisses. Eram férias escolares e os amigos estavam preocupados com as informações de Noélia a respeito do que se passava em Salvador.

Naquela mesma noite, Felipe pediu orientação espiritual ao mentor do centro espírita onde trabalhava.

Foi informado de que Eleutério estava por trás de tudo. Ainda não se dera por satisfeito e queria ser a mão de ferro que esmagaria seus desafetos do passado. Assim, foi determinado que ele reencarnasse compulsoriamente[4]. Durante algum tempo ele perderia o direito de agir conforme sua vontade.

---

[4] Quando o Espírito age no mal por muito tempo, perde o poder de decisão. Como uma criança, que não tem discernimento, obriga os pais a responderem por ela.

Felipe agradeceu aquelas informações do Plano Espiritual. Orou e, mais confiante, reconfortou Noélia. Com o obsessor reencarnado, a paz voltaria. Teriam, todos, um interregno nas suas lutas. Um armistício.

— Felipe, já lhe contei que Ulisses corre perigo. Proibi-o de sair de casa por alguns tempos. Concorda comigo?

— Claro. É o mais sensato. Vou falar com o Escobar.

— Sei que ele já deve ter tomado providências para sustar a ordem dada. Afinal é filho dele. Ele se emocionou ao saber que tinha um filho. Não quererá matá-lo.

— E o que Ulisses diz de tudo isso?

— Está amedrontado, mas jura que não tem nada a ver com tudo isso. Não sabe me dizer por que Suzyane mentiu sobre a relação deles, uma vez que estavam afastados há muito tempo. Garantiu-me que jamais teve qualquer contato com viciados. Acha, agora mais do nunca, que está sendo vítima de alguma obsessão. Tornou-se mais introspectivo e passou a fazer o Evangelho comigo toda semana. É ele quem prepara a mesa, quem coloca os copos com água para a fluidificação, quem traz o Evangelho e quem lê uma das lições de Emmanuel, para a preparação.

— Quantas vezes, de um fato negativo podemos tirar grande proveito. "Se tivermos olhos de ver" – disse Felipe.

— Quando fazemos as vibrações, percebo que ele aceita de boa vontade quando peço pela paz de Escobar e sua família.

— É bom sinal, Noélia – comentou Kírian.

— Mas, incoerentemente, me pergunta se não seria melhor denunciar o pai à polícia, contar que ele contratou um matador profissional. Quando eu lhe digo que o melhor é esperar, que já temos desgraças demais, ele apenas meneia a cabeça. Sei que também está meio perdido. Mas tudo há de passar.

— Deus é Pai, Noélia. Não ouviu o que Felipe disse? Que já deram um basta ao obsessor? Que ele terá de reencarnar quer queira quer não?

— Kírian..., fico pensando como pode ser... Se todos temos o nosso livre-arbítrio...

— Temos mesmo. Até certo ponto. Ele é conquista do Espírito em evolução, todavia, temos limites impostos pela nossa própria ignorância.

— É difícil entender uma reencarnação compulsória, mesmo porque o livre-arbítrio é ponto pacífico da nossa doutrina – disse Noélia.

— É verdade. Porém ele não nos é retirado para sempre, mas provisoriamente. É como tirar a faca das mãos de uma criança para evitar que ela se fira. Entendeu?

— Mas sabemos que as experiências são necessárias...

— Sem dúvidas. Só que muitas vezes são abertas exceções pela desigualdade das armas. Muitas vezes, a criatura está próxima de cometer algum deslize fatal e é impedida por alguma força sobrenatural. São os amigos que deixou à retaguarda quem a ajudam. Tiram-na do jogo por algum tempo; até que ela esfrie a cabeça. Nada está irremediavelmente escrito. Ninguém nasce com seu destino pronto. O determinismo não impera no reino hominal. Temos provas, carmas, não destinos fatais. Se assim fosse de que adiantaria tanto esforço; tanta luta?

— Agora vejo com mais clareza. É muito justo – confirmou Noélia.

— Muitos Espíritos – prosseguiu Kírian – perdem temporariamente o direito ao livre-arbítrio. Mais tarde, quando compreendem, são gratos por isso. Muitas são as reencarnações compulsórias. Deus sabe esperar, porém, muitas vezes o remédio amargo tem de ser tomado pelo bem do paciente. À medida que ele evolui, vai fazendo cada vez mais uso do seu livre-arbítrio para ser responsável, ele mesmo, das decisões que vier a tomar em sua vida; para não dizer que seu destino – se destino houvesse como algo já anteriormente determinado – foi injusto.

— Você tem razão. Pena que nem sempre compreendemos os avisos que nos chegam das mais variadas maneiras. Mas Kardec abordou o problema da reencarnação compulsória?

— Sim. Espere um pouco.

Kírian foi buscar *O Livro dos Espíritos*, que sempre levava consigo. Abriu-o na página 156, pergunta número 262-a:

"Quando o Espírito goza do seu livre-arbítrio, a escolha da existência corpórea depende sempre exclusivamente da sua vontade, ou essa existência pode ser imposta pela vontade de Deus, como expiação?"

Resposta: "Deus sabe esperar: não precipita a expiação. Entretanto, pode impor certa existência a um Espírito, quando este, por sua inferioridade ou má vontade, não está apto a compreender o que lhe seria mais proveitoso, e quando vê que essa existência pode servir para a sua purificação, o seu adiantamento, e ao mesmo tempo servir-lhe de expiação".

Noélia ouvia a amiga e sentia suas forças se revigorarem.

– Com respeito ao nosso irmão sofredor e obsessor, muita ajuda lhe foi oferecida e teve muitas oportunidades para compreender e se conformar. Porém, sempre obstinado, cristalizou em si o desejo de vingança. Fez-se surdo a todas as advertências. Vê somente aquilo que quer ver. Quanto mais tempo persistir no erro, mais sofrerá no futuro.

– Como tudo é grandioso na obra de Deus! – exclamou Noélia.

Conversaram ainda por algum tempo.

CAPÍTULO XXXIX

REMEDIAR O MAL

Vícios deprimem a alma,
corroem o corpo.
Em mísero inseto
o gigante transforma.

Fazia já quinze dias que Suzyane fugira de casa.
Por mais que a procurasse, a fim de interná-la para o tratamento necessário, Escobar não a encontrava em parte alguma.

Não bastasse tal, não conseguia localizar o homem que contratara para dar uma corrigenda no namorado dela, que poderia ser seu próprio filho. As suspeitas, porém, não eram confirmadas por Ulisses, que sempre se dizia inocente. O caso parecia sem solução. Confuso. Intrincado.

Escobar sentia-se de mãos atadas. Impotente diante da inusitada peça que a vida lhe pregava. E mais uma vez amaldiçoou o momento em que fugira às suas obrigações; que pensara só em si mesmo. Agora compreendia que os olhos de Deus estão em toda a parte e que bem tola é a criatura quando pensa que ninguém a está vendo.

Alguns dias mais se passaram sem que Suzyane desse sinal de vida. A polícia já havia sido acionada e a imprensa explorava o caso com sensacionalismo barato, ignorando a dor dos familiares.

Certa noite, Escobar é despertado por fortes pancadas na porta.

Debaixo de um temporal diluviano, o homem contratado por ele espera a porta abrir-se e entra, apressado e nervoso.

– Desculpe pela má hora, doutor. Este temporal chegou de surpresa...

Escobar demorou alguns segundos para tomar ciência do que ocorria. Ia mandar o homem se sentar quando viu que ele estava encharcado. Molharia o sofá da sala. Melhor que ficasse em pé mesmo, até porque não queria que tal visita se prolongasse.

– Onde você estava metido, homem? Procurei você por toda a parte. No telefone que você me deu ninguém atende. Onde diabos tem andado?

– Precisei viajar. Por que tanto "berrero"? Acaso pensa que manda em mim? Olha aqui, vim acertar, ou melhor, receber a outra metade. Quero sair de Salvador pela manhã.

Trêmulo, Escobar olhou-o.

– O serviço está pronto. Deu um pouco de trabalho pra localizar o tal homem. Precisei "molhar a mão" de um sujeito e espero ser reembolsado. Deu pra *trazer ele* aqui não. Tinha polícia pra todo lugar.

Escobar sentiu que ia desmaiar. Apoiou-se no espaldar de uma cadeira. Um gosto amaro lhe veio à boca.

O homem aproximou-se mais.

– Tá passando bem não? Ou é a emoção da vingança?

– Meu Deus! O que você fez? Espero que, como combinamos, não o tenha matado. Saiba que me arrependi. Procurei você para sustar a ordem, mas você sumiu, cara!

– Agora é tarde pra arrependimentos, doutor.

– O que você fez, desgraçado?

– Acho melhor segurar a língua, chefe. Tenho nada a ver com seu arrependimento, não! Trato é trato. Vim pra receber a outra parte, depois quero me escafeder daqui. Se o doutor roer a corda...

– Sempre honro meus compromissos. Mas me diga o que aconteceu. Onde está o rapaz? Você não o matou, não é?

– Matei, não... espero. Cumpro apenas as ordens recebidas. Se o trato fosse de morte, o preço seria outro.

— Graças a Deus. Mas onde ele está? Fale logo, ou melhor, leve-me até onde ele está. Preciso ajudá-lo. – E foi buscar a chave do carro.

— O doutor é louco ou o quê? Primeiro me manda surrar o homem, depois quer ajudar o safado? *Tô* fora.

— Mas você disse que não houve crime. Ou está mentindo? Vamos, fale de uma vez!

— "Gato escaldado tem medo até de água fria", doutor. Me dê o restante do pagamento. Estou encharcado até os ossos. Preciso entrar no primeiro bar e tomar um conhaque. Estou gelado. Posso me sentar um pouco? – E antes que Escobar respondesse, esparramou-se no sofá.

— Não lhe dou mais nada até ver o rapaz. Quero ver se ele está realmente vivo; se você cumpriu o trato. E se levante daí imediatamente. Não vê o quanto está molhado? Vamos lá, que já demoramos por demais.

— Eu posso te apagar agora mesmo. Depois vasculho a casa e pego o dinheiro. Vão dizer que foi assalto. Roubo. Estou armado! Me aborreça não, que pode não ver o sol nascer. E vá pro inferno, com seu sofá.

— A morte pra mim seria um alívio. Já estou morto faz tempo. E saiba que, por falta de confiança, fiz uma declaração envolvendo você. Fiz até seu retrato falado, portanto, não tenha ideias. Espere-me aqui mesmo, vou mudar de roupa e pegar uma lanterna. Para o seu, e o meu bem, obedeça-me. Já volto. E levante-se do meu sofá!

O homem ficou na sala, xingando Escobar de todos os nomes feios que conhecia. Serviu-se sem-cerimônia de uma bebida forte. – *"O cara não bate bem, acho melhor não arriscar o pelo. Espero que a surra não tenha matado aquele calhorda. O cretino tinha a força de mil demônios."*

Não demorou mais que dois minutos e Escobar estava de volta.

— Vamos. A chuva já passou. Espero em Deus que Ulisses esteja vivo. Nem quero pensar o pior.

Saíram às pressas. Depois de algum tempo, quase fora da cidade, o malfeitor lhe indicou um lugar ermo... escuro... cheio de pedras. Desceram do carro. O homem foi na frente, tentando não escorregar nas pedras, olhando, desconfiado, para todos os lados. Ali não havia chovido muito e isso facilitava a busca.

Já no terreno arenoso, algumas marcas chamaram a atenção de Escobar. Era um sulco, sugerindo que alguém se arrastara dali. À luz da lanterna, também viu marcas de sangue. – *"Meu sangue! Meu próprio sangue derramado! E por minha ordem... minha cegueira!"*

Lágrimas que ele não disfarçava desciam-lhe rosto abaixo.

O malfeitor não podia vê-lo chorando, mas ouvia os soluços reprimidos. – *"Cada tipo me aparece. O diabo do doutor endoidô de vez."*

– Foi aqui que deixei o safado. Bem se vê que *tá* morto não, porque se arrastou daqui. Pra onde foi o infeliz?

Reviraram cada moita e olharam atrás das pedras maiores. Nada encontraram.

– Não acha melhor deixar pra amanhã? Com a luz do dia é mais fácil. E eu estou encharcado, posso pegar uma pneumonia.

– Nem pensar. Amanhã poderá ser tarde demais!

De repente, Escobar se lembrou de que em tempos idos fora um bom médium. Via os Espíritos, falava com eles, recebia orientações... Depois, por falta de uso a mediunidade "enferrujou". Como a enxada deixada sem uso.

"Mas quem sabe não serei, ainda, capaz de captar alguma orientação espiritual?"

Pediu silêncio ao acompanhante. Sentou-se numa pedra e clamando por misericórdia pôs-se a orar com muita fé. A nuvem que envolvia a lua desapareceu. A tênue claridade tornou esbranquiçada a figura de Escobar. O malfeitor julgou que ele enlouquecera e tentou ser mais brando. – *"Com gente de miolo mole é melhor facilitar não."*

– Vamos lá, amizade. Tenha calma, pô! Já vamos encontrar o rapaz.

– Por favor, sente-se aqui e reze comigo.

– Rezar?!! *Tô* fora, meu Irmão.

– Então, por favor, me deixe rezar. Não me interrompa, porque preciso de toda concentração.

– Rezação é coisa de comadres, é não, doutor?

– Fique quieto, por favor.

Em seguida ajoelhou-se ali mesmo na areia úmida.

"Senhor Jesus, bem sei que não mereço a Sua misericórdia; que muito tenho errado; que desprezei as possibilidades de um viver mais cristão quando não

assumi o que me competia assumir. Mas, meu Jesus!, estou arrependido, e o Senhor mesmo nos ensinou a ter caridade até para com os assassino, para com os deserdados da sorte. Derrame, Mestre, o Seu Amor sobre nós. Ilumina-nos com sua luz que afasta as trevas mais densas. Abranda nossos corações. Faça-nos encontrar e salvar mais uma vítima dos meus equívocos. Pai Nosso..."

Enquanto se entregava de coração realmente arrependido, o amigo espiritual que há muito não conseguia influenciá-lo pela falta de sintonia, envolveu-o.

Escobar levantou-se, rápido. O outro o seguiu, visivelmente emocionado. Aquela prece, de alguma forma, o atingira também. Era a semente jogada. Permaneceria no escuro da inconsciência durante algum tempo, mas um dia haveria de germinar.

E aquele amigo espiritual continuava falando àquela alma desorientada, mas fervorosa na fé.

Escobar sentia-se renovado. Caminhava rápido. O malfeitor o seguia pensativo. A casca grosseira que o envolvia deixou que um pouco de luz entrasse.

Escobar, sempre se guiando pelas orientações mediunicamente recebidas, estava mais tranquilo.

Não longe dali estava o rapaz. Cabeça banhada em sangue, respiração difícil.

— Graças a Deus! Graças a Jesus! Graças ao amigo espiritual que orientou meus passos! Vamos – disse ao malfeitor – Ajude-me a carregá-lo para o carro.

"Meu Deus! É a cara da Noélia... É meu filho. O filho que rejeitei. Ah... como estou sendo castigado!"

Dali seguiram para o hospital. Todas as providências foram tomadas, mas o diagnóstico não era bom: traumatismo craniano. Se sobrevivesse poderia ficar com graves sequelas.

Escobar acertou o resto do pagamento com o malfeitor. Este, ao contar o dinheiro, foi também envolvido pelo guia espiritual de Escobar, que o exortou a modificar sua vida. Porque estivesse mais sensibilizado pelos recentes acontecimentos, pela recente prece que, malgrado sua vontade, não pudera deixar de acompanhar, conseguiu captar alguma coisa da orientação espiritual.

– Bom, se já contou o dinheiro deve ter visto que não lhe falta nada. De qualquer forma, mesmo tendo você exagerado na dose, fico-lhe grato por ter me ajudado a encontrar e transportar o rapaz. Nosso relacionamento termina aqui. Até nunca mais.

O malfeitor enfiou o dinheiro no bolso. Deveria estar feliz, mas não estava. Algo o incomodava. Ele ainda não sabia o que era.

CAPÍTULO XL

O OUTRO

*Antes de qualquer ação,
sempre vem o pensamento.
Em seguida, vem a reação
de conformidade com o feito.*

Numa casa de pescador, bem longe do centro da cidade, Suzyane dormia. Desde que fugira de casa, ali passava seus dias. Na vadiagem. Desalentada como uma morta viva; promíscua, ora dormindo com um namorado, ora com outro. Ninguém identificaria nela resquícios da educação que tivera. Chorava constantemente. Não via mais razão para continuar vivendo. Seu raciocínio, antes tão lógico, agora não conseguia concatenar as ideias, que se tornavam turvas, confusas, desprovidas de sentido pelo efeito das drogas degenerativas.

Não lhe faltava, todavia, a ajuda espiritual. Por intermédio das preces e pedidos de Noélia e Escobar em favor dela, dois Espíritos diferenciados foram incumbidos de zelar por ela. Deveu-se a isso o fato de ela não ter caído ainda mais.

Um fato positivo foi seu encontro com um pescador chamado Dráuzio. Era um bom homem e já estivera ligado afetuosamente a ela num passado não muito distante.

Não foi difícil, para esses dois amigos da espiritualidade, promoverem a reaproximação daquele bom pescador com Suzyane. O amor do passado reacendeu, e Suzy conheceu um tempo de relativa paz.

– Em que triste figura se transforma aquele que se deixa levar pelas drogas! – disse uma das entidades espirituais à outra.

– Parece que nosso tratamento está sendo inócuo. Ela não está respondendo a ele como seria desejável. Para a eficácia da ajuda, o doente tem primeiro, que desejar a cura. Não é o que está acontecendo.

– E a pobrezinha está querendo deixar a vida.

– Ela se ilude como muitos. Não sabe que, se se matar, despertará mais viva do que nunca na outra vida. Terá seus sofrimentos aumentados enormemente.

– Não sejamos pessimistas. Felizmente parece que tudo se arranjará em breve. E postou-se ao lado da moça, pedindo a Deus clemência por ela, que ainda não passava de uma menina.

* * *

Providencial foi a presença de Felipe na casa de Noélia. Assim que tomou ciência do que ocorria, ou seja, de que Eleutério continuava a plantar seus espinhos, pôs-se à luta para modificar de vez aquela situação.

– Presumo, Noélia, que ainda nesta noite o Espírito Eleutério seja levado, compulsoriamente, conforme fomos informados.

– Levado? Pra onde?

– Para a prisão num corpo físico. Para a reencarnação.

– Que Deus se apiede dele. Pobre coitado. Tanto tempo e nada progrediu...

– ...porque ficou preso ao passado. Porque não confiou na Justiça de Deus. Mas não vamos lhe atirar pedras. Como já disse Jesus, não são aqueles que têm saúde que precisam de médico, mas, sim, os doentes – afirmou Felipe.

– Ele é um doente – completou Kírian.

– Hoje, na hora do Evangelho, vamos orar por ele para que tudo dê certo e ele possa também progredir, ter paz... Mas e o Ulisses? Tem passado bem?

— Ele viajou para espairecer um pouco. Estava muito abatido.

Noélia contou aos amigos tudo o que descobrira sobre ele e a filha de Escobar. Falou de sua visita ao antigo namorado. Emocionou-se. Disse que a viagem de Ulisses a São Paulo foi mais para se esconder de Escobar, que havia contratado um matador profissional para dar um corretivo no rapaz.

— Isso é de arrepiar, Noélia! Claro que quando ele soube...

— ... deve ter sustado a ordem. Era o mínimo que podia fazer. Mesmo assim achei melhor não arriscar.

Estavam conversando quando Escobar chegou.

— Graças a Deus consegui encontrá-la, Noélia. Vim aqui para procurar Felipe a fim de conseguir seu endereço.

— Pois é. Eu moro aqui mesmo, nos fundos da faculdade. Mas o que você veio me dizer? Ulisses não está...

— Eu sei. Por isso preciso falar com você.

Felipe e Kírian iam saindo, quando Noélia pediu que ficassem. Não havia segredos entre amigos.

Vendo o ar contristado de Escobar, sua afobação, teve maus pressentimentos.

— Onde está meu filho? Onde está meu filho? Você veio me dizer...

— Calma, Noélia. Está tudo bem. Seu filho... Nosso filho passa bem. Está hospitalizado. Eu o internei. *"Meu Pai, permita mesmo que ele esteja bem. Jamais me perdoarei se ele morrer por minha culpa."*

Ele não podia, naquela hora, falar da gravidade do estado do rapaz.

— Como tudo aconteceu? Vamos fale logo! Eu lhe disse Escobar que jamais lhe perdoaria se algo acontecesse a meu filho. Enlouqueço só de pensar...

— Noélia, depois que você me contou que Ulisses é nosso filho, tentei sustar a ordem dada, mas não encontrei o homem... aquele que, num momento de cizânia, contratei... Eu juro que...

— Fale de uma vez! Deixe de arengar! Não aguento mais! E eu que o mandei para São Paulo... Como foi que o encontraram?

Noélia cambaleou. Kírian conduziu-a a um sofá. Escobar correu para junto dela.

Repentinamente, Noélia lembrou:

— Mas o que você está dizendo? Ulisses... hospitalizado? Não pode ser! Não faz ainda uma hora que falei com ele por telefone! Falei também com a mãe do amigo dele. Ele está hospedado lá. Isso é loucura, gente!

— Você falou com ele?!

— Falei. Há uns quarenta minutos. O que está se passando? Diga Escobar.

Escobar achou que Noélia enlouquecera de dor e ansiedade. Culpou-se ainda mais. Realmente ele nascera para trazer infelicidade àquela mulher. No entanto, a amava.

— Noélia, acalme-se – disse Kírian.

Felipe perguntou o que o havia levado até ali.

— Nem sei como começar. O fato é que consegui chegar a tempo.

— Chegar a tempo de quê? – perguntou Felipe, com toda a calma que possuía.

— A tempo de salvar Ulisses.

E contou detalhadamente tudo o que aconteceu desde a visita de Noélia.

— Isso tudo é muito esquisito. Como pode estar ele num hospital, ferido, inconsciente, se eu falei com ele? Espere aí, vou ligar de novo para São Paulo – disse Noélia.

Para frustração dela ninguém atendeu ao telefone.

— Não sei... Talvez você esteja estressada e julgou...

— Ainda não estou louca, Escobar! Embora você esteja colaborando muito pra isso! – desabafou.

Escobar deixou que toda lágrima reprimida se lhe aflorasse aos olhos. Noélia teve vontade de aconchegá-lo ao peito e dizer que ainda o amava. Vontade de enxugar aquelas lágrimas, acarinhando-o como tantas vezes desejara. Porém, a razão intrometeu-se entre a emoção e ela ficou rija. Sofrida. Indiferente.

— Mas o que estamos esperando? Vamos agora mesmo para o hospital. Lá esclareceremos o mistério – falou, sensatamente, Felipe.

Saíram rapidamente.

— Sabemos que não é hora de visitas, mas só queremos dar uma olhada no doente, disse Escobar ao enfermeiro.

— Sinto muito. Eu obedeço às ordens recebidas.

Felipe tocou levemente o braço do enfermeiro e lhe explicou que se tratava de um caso de identificação e, se ele não pudesse atendê-los, falaria com o responsável.

O enfermeiro concordou:

— Vou abrir uma exceção. Só dois minutos, por favor. Ele está entubado e ainda inconsciente.

— Que Deus o recompense – disse Felipe.

— Meu Deus! – gemeu Noélia.

Entraram. Noélia dirigiu-se, quase correndo, para o boxe indicado. Olhou demoradamente o rapaz. Todos se aproximaram e também olharam.

— Cristo Jesus! Será que enlouquecemos, todos nós? Este não é o Ulisses! É a cara dele, mas não é ele! Não estou entendendo mais nada!

— Noélia, você está nervosa. Acalme-se, senão vai ficar doente.

— Estou nervosa, sim, Felipe, mas não estou doida. Este não é o meu filho.

— Tem certeza? – perguntou Escobar. – Veja, ele é a sua cara! Tem até as covinhas acentuadas...

— Acho que uma mãe sabe reconhecer o seu próprio filho. No entanto... ó Deus, parece um sósia do Ulisses!

Felipe e Kírian observaram mais uma vez o rosto do rapaz. Estava roxo em vários pontos. Com vários hematomas, mas se parecia muito com Ulisses.

O enfermeiro foi chamá-los. Saíram. Todos estavam confusos. Sentaram-se. Felipe pediu licença e foi procurar um lugar tranquilo, onde pudesse se concentrar e, se possível, ter alguma inspiração.

"Procure saber de Noélia onde ela deu à luz o filho e como tudo aconteceu." – Veio-lhe à mente de forma muito clara.

Esperou mais um tempo, porém nada mais lhe foi dito e ele voltou para junto dos demais.

Escobar segurava as mãos de Noélia, que parecia já refeita do susto. Ninguém estava entendendo o que se passava. Aquele jovem, com certeza não era Ulisses. Mas como explicar tanta semelhança?

— Noélia, disse Felipe. Em qual hospital mesmo você teve o Ulisses? Você estava com uma tia sua, não estava? Lembro-me de que Kírian não pôde acompanhá-la, porque estava acamada.

— Estava com minha tia Ediana.

— Onde ela mora agora? Ainda está viva?

— Se está viva eu não sei. Ela morava em Araras. Há muito tempo perdemos o contato. De qualquer forma ela não se lembraria, é a pessoa mais desantenada que eu conheço.

— Pena. Ela poderia ajudar. Você se lembra de quem fez o parto?

— Não. Num hospital público isso é muito difícil saber. Mas me diga o que tem isso de importante, agora?

Felipe coçou a cabeça. Todos estavam atentos ao que ele diria. Felipe era uma dessas pessoas diferenciadas, cujo falar revelava sempre bom-senso e espiritualidade elevada.

— Você esqueceu que teve gêmeos univitelinos? Dois meninos?

Noélia deu um riso nervoso.

— Como poderia esquecer? O irmãozinho de Ulisses nasceu com problemas respiratórios e viveu pouco tempo. Mal pude vê-lo; foi enterrado pouco tempo depois.

— Foi o que nos informaram...

Todos os olhares convergiram para Felipe.

— Você está dizendo que a criança pode não ter morrido?! – perguntou Kírian.

— Mas... Deus meu! – Noélia começou a tremer. Compreendeu o alcance das dúvidas de Felipe.

— Quem veio avisar da morte do outro gêmeo?

— Lembro-me muito bem. Foi minha tia e uma enfermeira do hospital. O que você está pensando?

— Sabe o nome dessa enfermeira?

— Não. Faz tanto tempo. Ela já era uma senhora de certa idade. Pode nem estar viva.

Escobar, ainda mais confuso, perguntou:

— O que o senhor está pensando? Por favor, explique-se. Será que... Santo Deus!

— Algo me diz que aquele bebê que enterramos não era um dos seus gêmeos. Isso tem acontecido em muitos hospitais. Por negligência ou...

Felipe parou no meio. Não estava bem certo, mas era uma probabilidade.

— Ou o quê? Por favor, Felipe, diga de uma vez – disse Noélia.

— Ou interesses outros. Dinheiro, por exemplo. Para vender a criança ou favorecer alguém. Não lê jornais? Isso tem acontecido amiúde.

Noélia ficou branca. Sentiu a cabeça rodar e sentou-se.

— Enterramos outro bebê, tenho quase certeza. Tudo leva a crer que um dos seus filhos foi roubado, Noélia.

— Mas, se enterramos o bebê errado, como ficou a outra mãe? Não quereriam os pais fazerem eles mesmos o enterro?

— Talvez não contaram a ela que tivera mais de uma criança... Ou "bondosamente" a mesma enfermeira que roubou seu bebê, tenha lhe dito que o hospital se encarregaria do enterro. É claro que, quando se faz algo dessa natureza, pensa-se em tudo.

— Acha que isso pode ter acontecido? Quem seria tão infame para fazer uma coisa dessas? Não permita meu Deus! Estou ficando louca!

O sangue abandonara o rosto de Noélia.

Escobar foi chamar uma enfermeira. Pediu-lhe um calmante para Noélia.

— Perdoem-me. Nada disso estaria acontecendo se eu tivesse sido mais decente.

Ninguém contestou tal afirmação.

— Precisamos contatar essa tal enfermeira, Noélia. Pena que você perdeu o contato com sua tia... Saberíamos o que realmente aconteceu. Temos de providenciar exame de DNA.

— É verdade, Felipe. Precisamos também contatar a família deste que aí está. Imagino como os familiares devem estar aflitos pela ausência do rapaz – disse Kírian.

— Eu e meu sogro contratamos um detetive para procurar Suzyane. Podemos lhe pedir que procure, também, a família desse outro e também a tia de Noélia, a que estava com ela no hospital. *"Será que tenho dois filhos?"*

Tão logo Escobar acabou de falar, entrou um casal distinto conduzido pelo mesmo enfermeiro. Foi introduzido no CTI – Centro de Tratamento Intensivo, onde estava o suposto irmão gêmeo de Ulisses Escobar.

— Meu filho! Hermes, meu filho! O que fizeram com você? Ahn, meu pai, em que estado você está, meu pobre filho!

— Acalme-se, Aurora. Ele vai ficar bom, tenha fé em Deus! — disse o senhor Durval Medeiros, também muito chocado pelo estado do filho.

Ao saírem foram abordados por Felipe. Aurora olhou para Noélia. Ficou impressionada com a semelhança física que existia entre ela e Hermes. Também a Durval não passou despercebida tal semelhança. *Santo Deus! O que mais nos aguardará?* — disse Durval que, de repente, perdera o autocontrole.

— Por favor, os senhores foram visitar o rapaz que foi agredido e ainda está inconsciente? — perguntou Felipe.

— Sim. É nosso filho. O senhor o conhece? — perguntou Durval.

— Não. Como ele se chama?

— Eu gostaria de saber por que tanta pergunta. Qual o interesse de vocês em meu filho se nem o conhecem?

Aurora estava aflita. Amava aquele filho mais que tudo na vida.

— Desculpe-me, senhor...

— Durval Medeiros.

— Eu sou Felipe. Esta é Kírian, minha esposa; este é Escobar e esta é Noélia. Vamos procurar um lugar mais confortável para conversar. Temos algumas coisas a esclarecer.

Instalados nas poltronas da sala de espera, Felipe relatou aos espantados pais de Hermes o porquê de estarem ali. Por fim, perguntou:

— O rapaz... Hermes, o senhor disse?

— Sim. Hermes.

— Desculpe-me pela pergunta indiscreta, mas tenho de perguntar: ele é filho consanguíneo de vocês? Ou é adotivo?

Aurora, que até àquela hora estivera silenciosa, chorando pelo filho, respondeu-lhe abruptamente, quase agressiva:

— Mas o que o senhor está insinuando? É claro que ele é nosso filho! — Agarrou o braço do marido. — Vamos embora, Durval. Precisamos conversar com o médico que está cuidado do Hermes. Vamos, homem de Deus!

Durval, mais sensato, pediu que ela se acalmasse.

— Aurora, calma. Vamos conversar... Ver o que os amigos querem... — E virando-se para Felipe:

— Ele é nosso filho, sem dúvida alguma. Qual o motivo da pergunta?

Noélia continuava pálida e trêmula. Escobar nunca fora tão solícito.
– Quando ele nasceu? Qual ano, mês... Diga logo, em nome de Deus! – falou Noélia.

O pai de Hermes não omitiu nenhum detalhe. Aurora já não conseguia reprimir-se e soluçava ruidosamente. Não entendia por que aquelas perguntas estavam sendo feitas ao marido, nem por que ele respondia a tudo com tanta paciência.

– Deus meu! Agora está tudo claro. Mesmo hospital, mesmo ano... mesmo dia... – gemeu Noélia.

O senhor Durval e esposa esbugalharam os olhos...

– Ora essa... O que exatamente vocês estão dizendo? Que coisa mais fora de propósito! Como podem afirmar uma coisa tão grave assim? Acha que eu lhes roubei um filho? É isso? Ora, senhores, podemos abrir um processo por calúnia – disse Aurora.

– Calma. Calma, minha querida – falou o marido.

– Depois de tanto sofrimento para ter o meu filho, um parto difícil... – Nesse momento parou. *"Meu Deus! Meu filho estava tão fraco que nem chorou... Na hora pensei que ele estivesse morto... Deram-me um calmante e dormi horas seguidas. Com o tempo percebi que ele não se parecia com ninguém da minha família... tampouco da de Durval... Os mais chegados também diziam isso..."* – Mas não ousou ir além na dúvida atroz que lhe assaltava o Espírito.

"Teria o hospital trocado um dos gêmeos por algum bebê morto? Fora algo premeditado por alguém a pedido de Durval, ou pura desgraça de um hospital mal administrado? Isso é, agora, difícil de esclarecer, pois muito tempo já se passou" – pensava Escobar.

Felipe explicou tudo aos pais de Hermes. Mesmo com a afirmativa deles, de que tinham meios de provar que Aurora também dera à luz um menino naquela mesma data e maternidade, não convenceram Felipe. Havia muita coisa estranha no ar, e a questão teria de ser esclarecida. Para tanto, primeiro pediriam exame de DNA.

– Escobar, você está entendendo, agora? Nosso outro menino não morreu!

– Vamos agora mesmo à polícia – disse, exaltado, Escobar.

— Calma. Não há necessidade alguma desse alarde todo, disse Felipe. Vamos conversar. O seu Durval e dona Aurora vão entender.

Aurora, como uma leoa que defende a cria, levantou-se:

— Ninguém! Ninguém no mundo vai tirar meu filho de mim. Prefiro morrer a viver sem ele. Morrerei. — E, chorando, rogou:

— Por favor, deixem tudo como está. Vocês já têm o outro... De qualquer forma não sabiam da existência de Hermes.

— Senhor Durval, conte-nos como tudo aconteceu. Não adianta esconder algo que um exame comprovará.

Durval respirou fundo. Segurou as mãos da mulher e lhe disse:

— Querida, espero que você me perdoe. Talvez você até já saiba que nosso filho morreu logo ao nascer.

Aurora assentiu com a cabeça; não conseguia falar, sacudida que estava pelos soluços. Durval continuou, contando o passado:

— Você tinha acabado de dar à luz um menino muito fraquinho. Estava dormindo quando eu retirei o bebê morto de seus braços. A enfermeira entrou e me pegou chorando. Deve ter ficado com pena de mim e disse, de forma meio velada: "Aí, no quarto ao lado, uma mocinha solteira deu à luz. Dois meninos lindos!". Eu apenas sorri e ela se foi prometendo voltar dali a instantes. Eu já ia providenciar para que o corpo de nosso filho fosse levado para o necrotério, quando a enfermeira voltou com outra mulher que dizia ser a tia da jovem mãe dos gêmeos.

Todos prestavam atenção ao relato. Noélia e Escobar nem piscavam. Durval continuou:

— Aquela mulher me propôs a troca dos bebês. Eu pagaria uma quantia razoável para as duas e elas se encarregariam de tudo. Na ocasião eu não tinha a maturidade e o discernimento que tenho hoje e aceitei. Quando minha Aurora acordasse, ali estaria nosso filho. Nunca disse isso a ela. Aurora é inocente. Se desconfiou depois, tudo já estava feito.

— Durval, como pôde? — gemeu Aurora.

— Arrependi-me, depois. Mas estava feito. Para meu consolo lembrava as palavras da tia: "O senhor está até fazendo uma caridade. Minha sobrinha é sozinha, coitada. Foi enganada pelo namorado. Como poderá criar duas crianças? E ainda tem de trabalhar".

Todos estavam comovidos. Noélia, chorando muito, abraçou Durval e Aurora:

— A principal culpada foi minha tia. Mal posso crer!

— Devemos ir à polícia. Isso não pode ficar assim! – desabafou Escobar.

— Não devemos decidir nada no calor das emoções. Por enquanto não devemos fazer nada – argumentou Felipe.

Durval e Aurora agradeceram. Estavam emocionados e envergonhados.

— Desculpem-nos se puderem. No fundo eu desconfiava... Ele é sua cópia, dona Noélia. Lembra, também, um pouco, o senhor Escobar – disse a chorosa Aurora.

— Sim. Embora reconheça que o verdadeiro pai seja o senhor, pois eu... Escobar não concluiu o que ia dizer. Seu rosto ficou vermelho.

— Dona Noélia, seu Escobar, pelo Amor de Deus não o tire de nós. Ele é tudo que temos. Foi criado com muito amor. Por favor... – repetia dona Aurora, em cujo rosto o medo e o desespero eram bem visíveis.

— Dona Aurora, isso não é tão fácil assim. Agora que sei... Quando o vi ferido, inconsciente, senti uma dor estranha...

— Senhor Felipe, senhor Escobar, por favor, não é preciso envolver a polícia nisso. Também o Hermes vai sofrer muito. Podemos viver perto de vocês, como uma só família. Acho que até o outro seu filho... Ulisses, não é? – disse Durval.

— Ulisses Escobar – confirmou Escobar.

— Pois é. Até ele vai ficar feliz em saber que de repente tem um irmão. Um irmão que é a cara dele. Por favor, vamos nos entender sem botar polícia nisso... Nós amamos verdadeiramente nosso filho e enlouqueceríamos se o perdêssemos.

Noélia e Escobar estavam indecisos. Por fim decidiram esperar.

Voltaram a olhar o enfermo. Depois trocaram os endereços. Despediram-se.

— Agora tudo se encaixa. A orientação do plano espiritual foi fundamental para clarear os fatos.

— Ulisses não mentiu quando disse que desistira da vingança; que não havia sido ele quem viciara Suzyane – disse Noélia, com certo alívio.

— Mas essa moça, sua filha, Escobar, afirmou a você que namorava

Ulisses, que ele a apresentara para uma turma da pesada... Ora, como, apesar da parecença de ambos, ela não percebeu a diferença? Por mais parecidos que eles sejam sempre a mãe e a namorada sabem ver alguma diferença.

– Suzyane reclamava com a mãe que Ulisses nunca a tratara como namorada. Na verdade só ela o namorava. Agora... Não sei como Hermes entrou nessa história. O fato é que minha filha conviveu com Ulisses por pouquíssimo tempo. Depois ela comentou que Ulisses desaparecera; que nunca mais o vira e que se o encontrasse novamente talvez nem o reconhecesse mais.

– Foi na época da doença dele. Ficou hospitalizado por muito tempo. Depois eu não o deixava sair, com receio de recidiva da doença. Foi por esse tempo que ele também se modificou. Saía muito pouco. Ficou casmurro. Parece que vivia em constantes combates com a vida, disse Noélia.

Escobar continuou.

– Depois ela contou em casa, que Ulisses tinha, afinal, aparecido, mas que estava completamente diferente. Não diferente de fisionomia. Diferente na personalidade. Era outro – afirmara Suzy.

– Faz sentido. Ulisses Escobar, por intervenção espiritual, acabou entendendo e deixou a irmã em paz. Tempos depois, Suzyane deve ter encontrado o Hermes e o tomou por Ulisses. Não sabemos por que ele não esclareceu que seu nome não era Ulisses e sim Hermes – disse Kírian.

– Quando ele estiver melhor, ele mesmo nos esclarecerá tudo – concluiu Felipe.

– Pelo que Suzy me contava dele, Hermes deve ter uma personalidade bem diferente da de Ulisses. Usava muita gíria, tinha amigos viciados... Talvez ele mesmo seja um dependente de drogas – comentou Escobar.

– Se ele não é um rapaz decente; se levou Suzyane para o mau caminho conforme informação dela mesma, então... meu Deus, não permita...

– O quê? Por que está tão aflita, agora, Noélia?

– Escobar, Hermes é tão irmão de Suzy quanto Ulisses. E se ele tem maus modos... se não sabia que era meio-irmão dela... não poderia ter tido relações mais íntimas com ela? Seria incesto... Ah, meu Deus!

— Depois saberemos. Mas... Agora me lembro. Suzy, mais de uma vez, se queixou do desprezo do namorado. Não. Não creio que tenha havido nada entre eles. Deus não haveria de permitir.

Escobar estava certo. Felipe e Kírian haviam pedido a ajuda dos Espíritos, em favor de Noélia, na casa espírita que frequentavam. O Plano Espiritual tomou conhecimento de tudo por intermédio de Eleutério, pois que foi ele quem trouxera Hermes à cena, conforme já narramos em outro momento. Como o obsessor perdera a oportunidade da vingança usando Ulisses, pois que este desistira, ele usou Hermes, que era muito parecido com o irmão e cuja história o obsessor conhecia. Haveria de ferir Escobar por tabela. Porém, as coisas não saíram exatamente como ele imaginara. Na hora da vingança do ofendido, no caso, Escobar, ele, Eleutério, encaminharia as coisas para que a responsabilidade recaísse toda sobre Ulisses Escobar. Com sorte – imaginava Eleutério –, Ulisses poderia até ser assassinado pelo próprio pai. Noélia teria de se separar do seu eterno rival. E rejubilava-se ante tal perspectiva.

— Assim que Suzyane for encontrada, tudo será esclarecido. Vamos telefonar imediatamente para Ulisses. Ele precisa retornar imediatamente de São Paulo. Será que vai se alegrar ao saber que tem um irmão? – disse Noélia.

Felipe, que estivera apenas ouvindo e meditando, disse com sua natural tranquilidade:

— Estou com uma intuição... Quase uma certeza.

— Que intuição?

— Noélia, Kírian, vocês se lembram daquele Espírito obsessor que já nos deu tanto trabalho?

Noélia arrepiou-se ao lembrar.

— Como poderia esquecer?

— Acho que foi ele quem armou o circo. Como Ulisses desistiu da vingança, o obsessor colocou Hermes no lugar dele. Deve mesmo ter inspirado Hermes a não desmentir que se chamava Ulisses. Um obsessor do quilate dele pode fazer muitos estragos. Decerto acompanhou tudo de perto pra nada sair errado.

— Agora me ocorre que a reencarnação compulsória dele pode dever-se a isso. Ele envolveu, na sua vingança, até quem nada tinha a ver com ela – disse Kírian.

– Parece que tudo se aclara. Pobre Ulisses, quanto eu desconfiei dele no caso da Suzy! – Noélia revelou.

No dia seguinte, Ulisses retornou e foi posto a par de tudo. Ficou curioso para conhecer o irmão. Mas tratou o pai com frieza, atribuindo a ele toda a culpa por aqueles novos e deploráveis acontecimentos.

CAPÍTULO XLI

A REENCARNAÇÃO COMPULSÓRIA DE ELEUTÉRIO

Corpo materno,
sagrada oficina
a serviço da vida.

As nuvens corriam céleres no céu. Ora cobria, ora descobria a lua. Cortinado volúvel que não se decidia onde ficar.

Embaixo o mar no seu eterno marulhar.

Ondas dançavam no movimento monótono do sobe-e-desce até chegarem à praia, onde rebentavam voluntariosas, lambendo a areia.

Na pequena cabana de pescador, Suzyane está dormindo. Seu sono é agitado, povoado de estranhos e insólitos lamentos. Dráuzio ressona ao seu lado: boca aberta, saliva escorrendo pelos cantos. Às vezes resmunga alguma coisa; fala da pescaria, do mar, dos ventos...

São aproximadamente três horas da manhã.

Um clarão se aproxima da cabana. A princípio parece que a lua desceu, como um grande abajur, sobre aquela praia. A areia adquire tons prateados, como se minúsculos grãos de luz a envolvesse.

Não é a claridade da lua ou das estrelas. São criaturas humanas, se bem que muito mais etéreas. São os Espíritos do Senhor no divino ministério da vida.

Um deles carrega nos braços, frágil Espírito, completamente adormecido; com seu perispírito miniaturizado; preparado para assumir nova existência; nova personalidade na Terra. A mãe, Suzyane. O filho, Eleutério. O futuro reencarnante, porque exorbitasse do seu livre-arbítrio, estava sendo levado, compulsoriamente, à nova existência. Se permanecesse por mais tempo se degradando no mal, mais se comprometeria com as Leis Divinas; mais difícil seria o seu resgate.

Chegam respeitosos. Não veem o pequenino ser como um obsessor, mas como um filho de Deus, que muito já amou e que merece ser amado. Sabem que a Natureza não cobra da semente a germinação extemporânea. Só após o cultivo da terra, muita chuva, bom adubo, espera-se que ela dê seus frutos.

Antes de qualquer providência, oram a Deus-Pai pedindo pelo bom termo daquela reencarnação.

Um deles, com passes magnéticos, ajuda Suzyane a sair do corpo denso. Quer, ainda uma vez mais, exortá-la ao nobre compromisso da maternidade. Deverá ela receber Eleutério como filho querido ao coração. Deverá ser tal filho, razão suficiente para fazê-la voltar ao seio da família e abandonar o vício maldito. Assim, faria um bem a si mesma e a Eleutério.

Suzyane sai do corpo como quem deixa um pesado fardo. Tem o organismo material e perispiritual intoxicados pelo uso das drogas. Está titubeante. Insegura. Confusa. Não consegue perceber o que se passa ao seu redor. Porta-se como uma dementada. Atoleimada, como quem não sabe se vive uma realidade ou uma quimera, esfrega os olhos. Apalpa-se. O coração está arrítmico, causando-lhe desconforto. Por alguns instantes pensa em sua mãe, no seu pai... Chora. Não consegue enxergar os Espíritos amigos, mas sente que alguma coisa fora do comum está acontecendo na cabana.

O benfeitor envolve-a e lhe fala da necessidade de receber aquele ser, agasalhá-lo no seu útero, amá-lo. Lembra-lhe que a vida está lhe dando oportunidade de redenção. Redenção de si mesma e redenção de Eleutério.

Suzy continua confusa. Reclama molemente, mas não tem coragem de lutar contra aquela ideia; tudo lhe parece ser outra viagem, outra estranha aventura onírica das muitas que a droga lhe proporciona.

No corpo físico estendido sobre um colchão, finalmente, a corrida dos gametas masculinos chega ao seu final. Somente um vitorioso. Chegou e fechou "a porta" atrás de si. O milagre da vida se repetirá uma vez mais. O Espírito encarregado daquele renascimento se emociona e uma lágrima lucila nos seus olhos.

Eleutério-bebê-Espírito é aninhado, inconsciente, no útero de Suzyane. Tal modelador biológico será o condutor e orientará, célula a célula, na formação do novo corpo orgânico do infeliz Espírito. Fisicamente tudo perfeito, exceto as mãos, pois o modelador biológico, ou perispírito, apresenta ali uma deformação. O "molde" está defeituoso. O futuro corpo obedecerá a esse "molde". Ninguém burla a grande Lei.

Suzyane é reconduzida ao corpo físico. Parece nem notar aquela presença intimamente ligada a ela. Não sabe, ainda, que dali a nove meses será mãe.

Todos os trabalhadores espirituais retornam exceto um deles que ficará com Suzyane até o nascimento de Eleutério (se a futura mãe assim o permitir). Nem sempre a vida tem o respeito que merece, mas responderá sempre à altura do seu desrespeitador. Ação e reação. Tudo harmônico e justo nas Leis de Deus-Pai.

Na manhã seguinte, Suzyane sente, inconscientemente, que algo está diferente dentro dela. No meio da noite algum intruso invadiu-lhe as entranhas. Não é uma sensação agradável e ela se irrita.

A entidade espiritual que não retornou chama-se Mirtes. Deverá cuidar da mãe e do filho. É muito bonita. Usa uma espécie de túnica cujo tecido não encontro similar na Terra a fim de descrever. É uma túnica comprida que lhe cobre os pés. Ela caminha quase sem tocar o chão e tem nos pulsos alguma coisa parecida a um relógio. Nas primeiras horas após a ligação do perispírito de Eleutério com o embrião, ela se mantém ajoelhada perto de Suzy, com as mãos, de dedos longos e finos, estendidos sobre o ventre da mãe.

Dráuzio está esquentando o resto do peixe que sobrou do jantar e que será comido com o pão já endurecido. Tira do mar o sustento de ambos.

Mirtes aproxima-se e lhe fala sobre a grandeza e o privilégio de ser pai. Procura despertá-lo para a responsabilidade que assumiu ao fecundar o útero de Suzyane. Ele não registra as palavras com os ouvidos materiais, mas sente-se, naquela manhã, mais tranquilo e em paz consigo mesmo. Chama carinhosamente a companheira e lhe serve o café da manhã.

Mirtes se aproxima novamente, acompanhada do guia espiritual da gestante. Tudo está em ordem. Lá está Eleutério-bebê-Espírito aninhado no seu ventre, já ligado aos primeiros movimentos da multiplicação celular do embrião. À medida que este for se desenvolvendo, mais se vai encurtando o cordão fluídico que liga o perispírito à matéria densa. Ao termo da gestação já estarão completamente integrados.

Por hora, tudo bem. Suzyane está tão envolvida com fluidos grosseiros, que demorará algum tempo para entender que, em seu corpo, outra vida se agita, que também para ela se inicia nova fase, nova oportunidade de capitulação.

CAPÍTULO XLII

A FUTURA MÃE TENTA O SUICÍDIO

Com a vida brigar,
querer dela se libertar,
é a sandice assinar.

O detetive contratado pela família de Suzy a fim de localizá-la não estava obtendo êxito na sua investigação, porque a procurava longe dali e ela estava bem próxima, na cabana do pescador Dráuzio.

Suzyane não podia compreender a reviravolta que sua vida sofrera. De menina bem colocada na sociedade local, sem nunca ter sofrido qualquer tipo de problema, agora se via perdida dentro de si mesma. *"Que significado tem minha vida? Por minha causa a mamãe morreu... deve estar sofrendo... decepcionada comigo... devo também morrer... esquecer tudo... mergulhar no nada..."*

Tais pensamentos projetavam imagens no espaço, quadros depressivos que mais e mais a predispunham ao desânimo. E a essas ondas mentais se juntavam outras (lei das afinidades), retornando à origem mais fortalecidas, confundindo ainda mais a mente de Suzy. Tal círculo vicioso é difícil de ser quebrado, uma vez que requer determinação e discernimento por parte do emissor.

Os humanos reencarnados e muitos desencarnados não atinam na força e importância do pensamento e, em vista disso, tornam-se muitas vezes suas primeiras vítimas. Pensar é criar. Podemos criar o belo e o feio; formas-pensamento que nos ajudam ou nos precipitam aos abismos, pois, sendo vistos por outras mentes, estas se aproximam de nós e nos incitam à realização. E como o modelo já foi plasmado, delineado, fica-se a poucos passos a sua concretização.

Os quadros mentais projetados por Suzy diziam da sua intenção de se matar. Como um autômato, foi caminhando rumo ao mar.

Um a um os desencarnados que vadiavam nas imediações da praia foram-se achegando a ela. Os verdadeiramente maus a incentivavam:

– É isso aí, garota. Venha pro nosso lado, que este seu mundo é mau.

E riam excitados, pois viam ali uma oportunidade de se locupletarem com seus fluidos energéticos. Outros, porém, que já não se sentiam tão predispostos ao mal, apenas observavam por curiosidade. Não se aproximavam muito dos verdadeiramente maus, porque tinham medo. No fim da "festa", se sobrasse alguma coisa, eles saberiam aproveitar também.

Estranho cortejo se formava. Uma vez tomada tal decisão, Suzy lembrou o pai e lhe pediu, uma vez mais, o seu perdão.

Nesse momento de lassidão, de arrependimento, ela abriu a porta da alma e pôde ouvir também as palavras sensatas do bem. Seu guia espiritual apareceu trazendo consigo o Espírito Mirtes que zelava pelo bom termo da reencarnação de Eleutério. Envolveram-na:

– Minha menina! A que desvario te entregas? Acaso te esqueces de que a vida não te pertence e sim a quem a deu a ti? – disse-lhe o anjo da guarda.

Suzy estacou, de repente. Mais sensível, agora, pôde registrar na alma conturbada a advertência amiga. Mirtes também lhe rogou:

– Acalma-te, Suzy! Não sabes o que te espera se enveredares pela porta do suicídio. Sofrerás tanto, tanto, que quererás morrer novamente, se isso fosse possível.

Por um instante, ela teve medo. Mas os Espíritos conturbadores, porque não vissem Mirtes nem o guia espiritual de Suzy, continuaram suas investidas:

– O que espera? Vamos lá. Venha... nós a ampararemos. – E seguiam na frente dela, mostrando o caminho da irreal libertação.

A influência do mal, todavia, estava contrabalançada pela do Bem. Suzy não estava nas mãos dos obsessores, mas contava com a intervenção de dois amigos do Plano Espiritual. Mas a ela caberia decidir, para que mais tarde não inculpasse ninguém pelo seu desacerto. O livre-arbítrio é conquista do Espírito e traz consigo a responsabilidade do ser.

E Suzy preferiu seguir o mal. Sua mente girava sempre naquele monoideísmo prejudicial. Nada via senão seu objetivo. O nada. Mergulhar no nada... parar de sofrer... esquecer...

Assim pensando, foi-se encaminhando mar adentro.

Vendo-a na iminência de cometer mesmo o suicídio, os benfeitores tentaram intervir uma vez mais, porém ela se fechara definitivamente àquelas sugestões. A camada de fluidos densos que mais a envolviam e o efeito das drogas que lhe desequilibravam o perispírito não permitiram que ela assimilasse de forma mais lúcida as advertências benéficas.

E cada vez mais ia adentrando o mar revolto. O suicídio parecia inevitável. Preocupado, porém sereno, o guia espiritual ligou-se a seu superior e pediu ajuda, pois não conseguiria sozinho salvar sua pupila da morte[5]. Tudo aconteceu em frações de segundos. Recebeu esclarecimentos de como proceder e ainda o reforço de um Espírito especialista na arte da hipnose, que seria providencial para aquele momento em que duas vidas estavam em perigo.

Suzy continuava sua caminhada para a morte: *"Sim, chegou minha hora... quero descansar... dormir para nunca mais acordar... mamãe... quero ficar com você... perdoe-me. Matando-me mato também este intruso que está aqui, bem acomodado no meu ventre"*.

Nas suas entranhas, o Espírito Eleutério debatia-se em sono agitado. Não percebia o perigo que estava correndo. Se estivesse consciente talvez até estimulasse a mãe a prosseguir nos seus intentos, pois que fora levado compulsoriamente à reencarnação. Felizmente, pela metamorfose da reencarnação, sua atividade mental estava suspensa temporariamente.

---

[5] Muitos pensam que o anjo da guarda precisa ter muito mais evolução do que seu pupilo. De fato ele tem de ser superior àquele a quem vai proteger, senão seria "um cego guiando outro cego", todavia, não necessariamente muitíssimo mais evoluído, o que dificultaria a sintonia, a conexão com o protegido ainda muito imaturo.

O guia espiritual de Suzy, Mirtes, e o recém-chegado acercaram-se dela, que já se debatia nas ondas enfurecidas do mar de Itapuã.

O hipnotista agiu rapidamente. Fez com que Suzy esticasse o corpo e boiasse. A moça, porque estivesse "desligada" da vida material e mais ligada na espiritual, ouviu e obedeceu às ordens recebidas. O Espírito lhe repetia, seguidamente e num ritmo monótono, que se mantivesse boiando; que ele viera lhe resgatar a alma, que ela obedecesse, portanto.

Mirtes deixou-a aos cuidados do hipnotizador e foi até a praia. Um homem regressava com seu caiaque. Agiu rapidamente, sugerindo a ele que olhasse mar adentro e salvasse a moça que estava se afogando.

Imediatamente, o homem viu Suzy boiando. Nadou com furor e num instante a puxou para a praia.

Alguns curiosos a cercaram. Chamaram os bombeiros e Suzy foi encaminhada para um hospital. Junto, seguiram seu guia e Mirtes.

Ao acordar do transe hipnótico, Suzy percebeu que seus planos foram frustrados. As duas entidades abraçaram-na e lhe inspiraram fé e coragem para as lutas que a aguardavam.

CAPÍTULO XLIII

CONFUSÃO DESFEITA

Na grande jornada,
quando no leme o Senhor,
não precisaremos de nada,
senão cultivar o amor.

No dia seguinte ao espancamento de Hermes, Ulisses chega de viagem e vai visitar o irmão, que já havia melhorado um pouco embora ainda fosse muito grave a sua situação.

— Realmente ele se parece comigo. É tão estranho, isso... – diz Ulisses, sem conseguir desviar os olhos de Hermes.

— Ele nos foi roubado, Ulisses. Teria sido uma companhia para você. *"Talvez que a falta do seu pai não tivesse sido tão significativa, caso tivessem tido um ao outro."*

— Sabe, fico pensando que talvez tenha sido melhor, mãe... Criar um já foi barra! Imagine isso tudo que você passou em dose dupla. E olha que este aí não me parece nada calmo, haja vista a surra que levou.

— Você não sabe o que está dizendo, menino! Eu os criaria da mesma forma, e seria uma felicidade maior ainda, vendo os dois crescerem juntos. Mas o que está feito está feito, não há como voltar no tempo. Quanto à surra que ele levou... Acho que o pobrezinho não teve culpa de nada. Aliás, essa surra era destinada a você, sabia?

Ulisses sorriu. Voltou ao leito de Hermes:

– Obrigado, mano. Irmão é pra essas coisas.

Noélia o repreendeu, embora em seu coração já não houvesse mais lugar para a revolta. Aprendera, ao longo do seu caminho, a se resignar, confiar, esperar...

Faz uma prece silenciosa para o filho doente e acaricia suas mãos. Num instante, apenas numa fração de segundo, vê-se feliz ao lado de Escobar e dos filhos. Foi uma visão. Como alguém que vê uma miragem no deserto. Mesmo assim, sentiu felicidade dentro de si. Logo tudo entraria nos eixos. Aqueles dias de mais estreita convivência com Escobar mostraram-lhe que nada, afinal, estava irremediavelmente perdido.

O viver é uma somatória de experiências. O organismo vivente, desde sua origem nas águas tépidas do oceano, vem evoluindo. À medida que o Espírito Eterno, emanado um dia da mente do Criador, também evolui, arrasta consigo a evolução da forma. Caminhando juntas, matéria física e inteligência extrafísica (corpo e Espírito), através do tempo e das experiências adquiridas, efetua-se a religação com o Criador.

Oxalá pudéssemos nós considerar cada existência apenas como um degrau da grande escada que temos de subir até a conquista da perfeição. Quem dera pudéssemos encarar a dor apenas como aviso, ou quitação das promissórias, ou mais acertadamente, como uma consequência do nosso afastamento da Mente Maior que nos deu a vida. Que bom seria se pudéssemos viver tão cristamente a ponto de ser a fé para o descrente, o alimento para o faminto, a água para o sedento...

– E agora? O que vamos fazer? – perguntou Ulisses, olhando para o irmão recém-conhecido que ainda não saíra do coma.

– Ainda não sei. Tenho pena dos pais adotivos. Eles o amam...

– Pena? Por acaso eles tiveram pena da gente?

– Eles não são sequestradores, meu filho. Há coisas que não entendemos.

– Eu acho mais é que eles perderam o bebê deles e negociaram a troca com a tal enfermeira. Não acha isso mais provável? "Ora, essa mãe solteira com dois e eu sem nenhum?" O senhor Durval deve ter pensado.

— Não podemos e nem devemos julgar, Ulisses. As coisas nem sempre são como parecem. E não sabemos, de fato, o porquê disso tudo – disse Felipe.

Felipe não se demorou na visita ao enfermo. Empenhara-se em ajudar na localização de Suzyane. Escobar e o sogro não mais sabiam o que fazer e viviam dias de indescritível sofrimento.

Dono de uma mediunidade maravilhosa, conforme já é sabido, Felipe via Suzyane através de uma bruma, sempre alienada, confusa, sofrida. Quanto mais lúcida, mais o remorso se lhe acicatava a alma. Acusava-se de ter matado a mãe e de estar matando o pai. Assim, movia céus e terra para obrigar Dráuzio a lhe trazer a erva maldita. Porém, nem isso a estava satisfazendo. O organismo exigia mais, sempre mais...

Primeiro foi como uma sombra indistinta que caminhava em sua direção. Suzyane tremeu. Tentou levantar-se e não conseguiu. Tentou gritar, chamar alguém, pedir socorro. Tudo em vão. Estava impossibilitada de se mover, como se de repente uma paralisia a tivesse tomado, mas deixado sua mente lúcida para seu maior escarmento.

A sombra amorfa se aproximava devagar, tomando mais forma enquanto chegava mais perto. Suzyane tinha os olhos esbugalhados como duas esferas prontas a saltar. Foi quando ouviu a voz da estranha visitante, que conseguiu soltar seu grito de pavor. Sua mãe. Era sua mãe quem ali estava. Era uma sombra do que fora.

A moça desmaiou. Dráuzio, que acabava de chegar, socorreu-a. Friccionou-lhe álcool nos pulsos, deu-lhe leves batidas no rosto e, finalmente, com a ajuda de Mirtes, ela voltou à consciência.

— Suzy, o que aconteceu? – perguntou, Dráuzio.

Estremunhada, ela abriu os olhos, mas nada disse.

— Suzy... Vamos, menina! Fique calma... O que aconteceu, afinal?

— Ela veio se vingar de mim.

— Ela quem?

— Ela agora já sabe que eu estou aqui, na cabana.

— Ela quem? Vamos, fale criatura!

— Ela. Mãinha. Aquela que eu matei.

— Ora, você não sabe o que diz. Sossegue. Foi tudo uma arte de sua mente. Essa droga que você usa está causando alucinações. É bom parar com isso enquanto é tempo.

— Não foi alucinação. Era ela. Eu a matei de desgosto.

E, virando-se para Dráuzio:

— E você? Por que ainda está comigo? Por que tem me ajudado? Não sabe que eu não presto? Que sou uma matricida?

— O que sei é que vou levar você de volta ao seu pai. Imagino como ele e também seus avós devem estão sofrendo. Suzy, isso não é justo! E você precisa de tratamento médico.

Dráuzio assim falava sob a inspiração do protetor espiritual. Era um bom homem e conseguia ser fiel a quase tudo que o Espírito lhe falava.

— Painho... Coitado. Não merece a filha ordinária que tem. Eu devia morrer! Assim todos teriam paz. Eu já tentei uma vez... fui enganada... nem no inferno estão me querendo...

— Quanto asneira você diz! Vamos lá, levante-se. Hoje vou fazer uma moqueca daquelas!

— Máinha... Ela veio aqui. Pode acreditar. Deve estar magoada comigo.

— Não sei se acredito nessas coisas de Espíritos. Nunca parei pra pensar. Creio em Deus. Às vezes, quando estou em alto-mar, onde tudo é água e céu, sinto que estou no seio do Criador. Ele está em mim e eu estou Nele. A imensidão líquida não me atemoriza e sim me reconforta.

Suzyane bateu palmas. Ria e chorava ao mesmo tempo.

— Ora, ora, um pescador filósofo!

— E por que não? Jesus foi o maior filósofo que o mundo já conheceu e era dado à pescaria. Vê-se que temos muito em comum. Também Seus Apóstolos eram quase todos pescadores. É o que diz a bíblia.

Enquanto falava, mais para distrair Suzy, ia fazendo a moqueca e o arroz para acompanhá-la.

Suzyane ficou mais tranquila. O protetor exercia nela uma influência positiva, propiciando-lhe recursos magnéticos e sensibilizando-a com palavras carinhosas.

— Você vai mesmo seguir com aquele navio, Dráuzio? Vai se livrar de mim?

— Não, sua boba! Não vou me livrar de você. É que preciso pensar na vida. Um amor e uma cabana só funcionam em romances.

— Eu decidi voltar pra casa. Você tem razão, preciso de tratamento médico. Fico com pena do painho... Tenho tido sonhos tão estranhos...

— Que sonhos?

— Sonho sempre com uma criança. Uma criança feia que me chama de mãe. Essa criança...

Suzyane parou de falar e persignou-se.

— O que foi? O que tem a criança?

— É uma criaturinha mirrada, com cara de bichinho assustado, e as mãos não têm dedos. Têm garras. Garras miudinhas, de pontas retorcidas. Eu fujo dela e me escondo, mas quando vejo, ela está comigo novamente. Grudada em mim. Às vezes choraminga e pede pra voltar pra casa. Eu não entendo.

O pescador ficou pensativo.

— Acho que todos esses sonhos estranhos são os efeitos da droga. Você tem de parar enquanto ainda é tempo. Enquanto está viva.

— Sei que tenho, mas e força pra isso?

— Vou levar você pra sua casa logo após o almoço. Lá, você vai se tratar, ficará boa.

— Tenho medo... Ainda não sei se é isso que quero...

— Você não tem mais querer ou não querer. Vai ficar aqui sozinha? Eu vou sair do Brasil. Quem vai lhe trazer comida? Cuidar de você?

— Foi bom enquanto durou.

— Não, minha cara! Não foi bom.

— Poderia ter sido.

* * *

Suzyane foi recebida com muita alegria pela família. Estava magérrima. Tinha os olhos encovados, a pele ressecada pelo sol parecia couro curtido, os cabelos desalinhados... porém, estava mais submissa. Deixou-se internar sem um lamento.

Somente na segunda semana a gravidez foi descoberta. Escobar ficou chocado, mas não censurou a filha, queria apenas saber quem era o pai, para tomar as devidas providências.

Suzyane, tão espantada quanto à própria família, falou de Dráuzio e da impossibilidade de se comunicar com ele.

— Painho, eu não quero esse filho. Não quero! Peça ao médico para fazer o aborto. Nas minhas condições... Que poderei oferecer a ele? Meu maldito vício? Melhor que ele não nasça.

Escobar lembrou-se de que tivera a mesma atitude da filha quando soube que Noélia estava grávida. Sugeriu, na ocasião, o aborto. Porque ela se negasse a fazê-lo, deixou-a. Covardemente. Agora estava vendo o que resultou de tal gesto egoísta e inumano. *"Meu Deus! Estou recolhendo exatamente o que plantei. Tal qual Ulisses Escobar, meu neto não terá pai. Que estranhos, mas lógicos, caminhos a vida dispõe..."*

— E então, painho, vai me ajudar a fazer o aborto? Vai conversar com os médicos, não vai? Prometo que depois disso levarei outra vida e lhe darei, ainda, motivos para se orgulhar de mim.

— Minha filha, você não sabe o que está dizendo. Não faça nada agora! Eu lhe suplico, aceite esse filho. Deus sempre sabe o que faz. Quem sabe ele não veio para tirar você desta vida que leva? Para salvar você do pior? Quem sabe, um dia, ainda não vai agradecer a essa criança?

Felipe ouviu as ponderações de Escobar e ficou agradavelmente surpreso.

— Suzy, nada acontece à revelia da vontade de Deus. Se você vai ser mãe, é porque assim tem de ser. Muitas vezes, por desconhecermos os caminhos utilizados por Deus para fazer cumprir a justiça, erramos desastrosamente. Enfiamos as mãos pelos pés e no final saímos prejudicados. Tenha fé, paciência, resignação. Receba com amor esse Espírito de Deus, e um dia quem sabe, não será ele quem lhe estenderá as mãos? Não será ele o instrumento de sua redenção? — ponderou Felipe.

Não tanto pelas palavras em si mesmas, mas pela vibração nelas contida, tais conselhos chegaram até a futura mãe saturados de magnetismo e de amor.

— Bem sei que sou uma errada, uma torta na vida; que já dei e ainda estou dando muitos sofrimentos aos meus familiares, então... se painho quer mesmo esse neto, eu o terei.

— Que Deus a abençoe, filha!

— Não fique tão entusiasmado. Eu o terei para atender à sua vontade, mas ele é todo seu. Eu posso dar a vida a ele, mas não posso lhe dar o meu amor. Sinto repulsas só de tê-lo junto a mim.

— Não diga isso! Sei que não é de coração que fala.

— Painho... Eu não presto! Eu matei a mãinha... Deixei você viúvo... Agora, mesmo depois de tudo, não titubearia em abortar esse filho que não pedi!

— Cale-se, pelo Amor de Deus! Você está nervosa, não está sendo sensata. Está falando sob emoção. Sei que quer parecer dura, castigar-se, mas também sei que não fala de coração.

Mais alguns meses transcorreram e Suzyane teve alta hospitalar. Também Hermes já se havia recuperado um pouco e estava na companhia dos pais adotivos. A memória, todavia, ainda não lhe havia voltado. Todos concordaram em não lhe contar, por enquanto, a verdade sobre seu nascimento. Haveria muito tempo para isso e no momento ele não estava capacitado para entender.

Noélia e Escobar o visitavam frequentemente. Ficaram grandes amigos de Durval e Aurora. Vendo tanto amor por parte deles, resolveram não procurar a polícia a fim de reivindicarem seus direitos de pais biológicos, até porque talvez Hermes fosse o principal prejudicado. Ademais, os pais adotivos não eram culpados pela insanidade da enfermeira.

O tempo passava, e Hermes não apresentava nenhuma melhora psíquica. Vivia como um homem sem passado. Uma criança totalmente dependente. Aurora dizia, chorando, que cuidaria dele o resto da vida, caso ele não ficasse bom.

Suzyane foi informada de tudo. Ficou perplexa quando soube que Hermes não era Ulisses. Depois riu. Quando estava muito nervosa, sempre ria. Só depois é que chorava.

— Pobre Ulisses! Quase que "pagou o pato". Ele que é, de longe, muito melhor do que Hermes. Mas como eu poderia saber? Vi Ulisses somente algumas vezes. Depois ele sumiu por um bom tempo. Quando Hermes apareceu, julguei que fosse ele. *Cara de um... focinho do outro.*"

— Mas por que ele lhe disse chamar-se Ulisses? – perguntou Escobar.

— Na verdade ele não disse. Eu é que o chamei de Ulisses desde que o vi. Não passou pela minha cabeça que ele pudesse não ser o Ulisses.

— Só não entendo por que ele não desfez o engano – disse o pai.

— Ele nunca falou o nome verdadeiro porque, no fundo, é um malandrão. Percebeu que eu amava Ulisses e se contasse a verdade... Saiba que ele me explorava. Arrancava de mim toda grana que você me dava. Nem parece ser irmão de Ulisses. Acho que os pais adotivos não souberam criá-lo. Ele é da pesada!

— Estranho ouvir você falar assim, afinal ele é também seu irmão.

— Ora, painho. Só pelo sangue. Nada mais. Não é o sangue que traz o amor.

Suzyane suspirou fundo e ficou pensativa.

— O que acho extraordinário é que Hermes, apesar de tão safado, nunca abusou de mim. E ele não sabia, realmente, que eu era sua irmã... Eu cheguei a ficar complexada com o desprezo dele. Se não o visse com outras meninas, na intimidade, duvidaria da sua masculinidade.

— Deus tem recursos dos quais nem suspeitamos, minha filha. O fato é que agora nossa família aumentou de novo. Você tem dois irmãos e está esperando um filho.

— Dois irmãos... Um filho... Para quem era filha única, sinto-me espoliada. Não sei se vou me acostumar.

CAPÍTULO XLIV

QUEM FAZ O QUE PODE MERECE O SALÁRIO DA PAZ

Por mais agressivas sejam as lutas,
sempre temos providencial armistício.
Levantar a alma do chão é preciso,
antes de galgar etéreas alturas.

Felipe regressou a São Paulo com a família. Todos os problemas pareciam resolvidos. Nenhum laço consanguíneo o ligava àqueles amigos, porém, sabemos que os verdadeiros laços são os espirituais. E, se os leitores estão lembrados, Felipe e Ivan Maldonado D'Assumpção eram reencarnações do mesmo Espírito. Fora, num passado distante, pai biológico de Abelardo (hoje Ulisses) e de Eleutério, e pai adotivo de Noélia, então chamada Helena.

Suzyane conseguiu se livrar das drogas, mas as indisposições da gravidez maltratavam-na muito. Por mais que se esforçasse não conseguia amar o filho que esperava. Em sonhos via-o idiotizado, com as mãos deformadas.

Estava no sétimo mês de gestação e por mais que sua avó materna insistisse para levá-la consigo, ela não quis deixar o pai sozinho naquele casarão.

Escobar se desdobrava para satisfazer todas as vontades da voluntariosa filha. Sempre olhava para aquela barriga que ia crescendo e se perguntava quem seria o Espírito reencarnante. Então, lhe vinha à lembrança aquela criatura que vira, pela primeira vez, no avião: Eleutério, cujas mãos tanto o impressionaram.

Estava vivendo uma fase de paz, ou pelo menos de armistício. Os cabelos brancos já era maioria em sua cabeça. Visitava Noélia e os filhos com frequência. Hermes não falava. Só o olhava, com olhos desprovidos de inteligência, de vida. Ulisses Escobar ia pouco a pouco vencendo a má vontade para com ele. Já conversavam como dois bons camaradas. E o amor por Noélia, que ele sempre trazia preso e amordaçado, ressurgiu com ímpetos mal contidos. Também ela, que jamais o havia esquecido, nutria esperança de ainda ser feliz ao lado dele. Solidão já é ruim por si mesma. Solidão na idade adulta... Ninguém merece.

Acertaram que logo após o nascimento do neto de Escobar e da melhora de Hermes, casar-se-iam.

A amizade colorida de Ulisses e Laura evoluiu para namoro sério.

Escobar e Suzyane conversavam no jardim, quando as primeiras contrações começaram. Mãe e avô de primeira viagem se apavoraram. Rapidamente chegaram ao hospital. Dali a pouco toda família se alvoroçava diante do leito de Suzy.

O parto foi difícil. Parece que o nenê não queria deixar o tépido ninho materno para enfrentar o mundo. Todos aguardavam tensos na sala de espera.

– Quem é o papai? – disse uma enfermeira.

– Eu sou o pai de Suzyane. Como minha filha está? E a criança?

– Está tudo bem. Mãe e filho passam bem. Seu neto não é muito grande, o que foi providencial no parto. – E sorrindo, acrescentou: – Vai ter muito tempo para crescer e engordar.

De repente, a enfermeira ficou reticente.

– Meu neto nasceu perfeito? Podemos vê-lo logo?

Sem jeito, a profissional respondeu que sim, porém que havia um probleminha...

– Que probleminha? – E o coração de Escobar disparou de ansiedade.
– O doutor Moacir logo vai lá no quarto conversar com os senhores. Eu não estou autorizada a falar. Desculpe. Agora preciso ir.

Liliana, a bisavó, começou a chorar, discretamente. O marido também estava tenso.

– Calma, disse Noélia. Nem sabemos ainda o que é. Talvez seja alguma coisinha à toa.

Minutos depois, o médico procurou Escobar.
– Senhor...
– ... Escobar, doutor. O que foi?
– O senhor é o avô, não é?
– Sim. O que houve?
– O menino nasceu bem. Tem boa saúde. Só as mãos não estão perfeitas. Sinto muito.
– O que há com mãos dele? – E se lembrou imediatamente das mãos perispirituais de Eleutério.

Elvira e Liliana, as duas avós, choravam.
– Podemos ver minha filha e meu neto? – perguntou Escobar.
– Logo mais. Vou pedir que a enfermeira o traga para o quarto. Vão todos para lá. Suzyane ainda está dormindo. Dê-lhe a notícia sem muito alarde.

O recém-nascido chorava a plenos pulmões enquanto era banhado e vestido pela enfermeira. Em seguida foi levado ao quarto.

– Olha que pulmões o danadinho tem! – falou para amenizar o clima de tristeza que ali imperava.

Liliana correu primeiro para Suzyane, que ainda não acordara da anestesia. Depois foi conhecer o bisneto, que estava nos braços de Escobar. O avô de primeira viagem chacoalhava-o desajeitadamente para fazê-lo parar de chorar. Depois o aconchegou ao peito, amorosamente. Lágrimas cintilaram nos seus olhos. O choro da criança foi diminuindo pouco a pouco até cessar de vez.

– Podemos, agora, saber qual o defeito dele? – perguntou à enfermeira.
– Claro. – E tomou o pequenino nos braços. Pôs sobre os pés da cama de Suzy. Todos se aproximaram.

— Uma pequena anomalia — ela disse.

Os frágeis bracinhos foram descobertos. Os dedinhos apareceram. Rosados. E as unhas... Retorcidas e curvadas não pareciam pertencer àquele bebê de rosto miúdo, mas tão bonitinho.

Escobar deixou que as lágrimas reprimidas seguissem seu curso natural. Depois beijou aquelas pequeninas mãos rosadas, que, entretanto, não diminuíam seu amor pelo neto. Era este uma extensão da filha querida.

Noélia tremia. Sentiu grande desconforto ao olhar o pequeno. Acariciou, com um dos dedos, uma de suas mãozinhas. Imediatamente as garrinhas se fecharam, segurando fortemente seu dedo. Embora sabendo que isso é um reflexo natural e indica saúde, Noélia se assustou e puxou rapidamente a mão. O menino acordou e se pôs novamente a chorar. Noélia, então, no fundo de sua alma ouviu sua própria voz, em pranto. No desespero da dor, gritava: *"Maldito! Maldito! Você matou minha filhinha. Matou Abelardo. E agora está me matando! Eu o amaldiçoo. Que estas mãos, que mataram meus entes queridos, sequem! Que seus dedos sejam garras, como convém a um animal".*

Liliana se aproximou e pegou o pequenino dos braços de Noélia, que, palidíssima, precisou se apoiar em uma cadeira.

— O que você tem, Noélia? Está branca... Trêmula. — perguntou Escobar, correndo para ela.

— Vou pedir ao doutor Moacir que venha aqui — disse a enfermeira.

— Não é preciso. Obrigada. Já está passando.

Uma vez mais, Noélia percebeu o quanto errara. Quem amaldiçoa fica réu de si mesmo. E prometeu que tudo faria para amar e proteger Eleutério, que naquela existência recebeu o nome do bisavô materno de Suzyane: Firmino José.

EPÍLOGO

Suzyane rejeitou o filho. Trazia-o sempre com os braços sob uma manta. Apavorava-se ao olhar as mãos do menino e julgava que tal aleijão fosse proveniente do uso de drogas.

Vezes sem conta, Elvira tivera de intervir para que ela o amamentasse. O pobrezinho ficava berrando, quase comendo os esqueléticos dedos, e quando era posto a mamar, a mãe não conseguia olhá-lo. Até que um dia, o pequeno adoeceu. Tinha febre, tremores e transpirava muito.

Levaram-no ao pediatra. Escobar era quem dava o remédio, sob os olhares indiferentes de Suzyane.

– Você gosta dele, painho?

– E por que não haveria de gostar?

– É que ele... Não é um bebê bonito. É manhoso... tem as unhas que... – Não teve coragem de continuar. Pôs-se a chorar e a maldizer sua sorte.

– Minha filha, agora vejo que eu e sua mãe não soubemos educá-la. Você, simplesmente, não tem nenhuma sensibilidade!

– Sou assim. Que posso fazer?

– Você pode fazer muito! Mude seu modo de pensar, de agir, cresça, minha filha, que já não é sem tempo.

Suzyane ficou pensativa. Olhou o bebê e tentou acariciá-lo. Em seu coração começava a despontar um sentimento que, se ainda não era amor, pelo menos já era fraterno.

– Suzy... Vou ter de viajar. Firmino José está melhor. Faça-me o favor de não se esquecer da medicação dele. Seja responsável pelo menos uma vez na vida – pediu Escobar.

Na primeira vez que medicou a criança; que a olhou de fato, Suzy percebeu que ele se parecia com ela. *"Não é tão feio... Tomara que a parecença seja só física. Reconheço que tenho um gênio irado."*

Durante toda ausência de Escobar, Suzyane tratou do filho. Pouco a pouco a aversão que sentia por ele diminuía, e ela ficava horas acariciando aquelas mãos e aqueles dedinhos mirrados eram molhados com suas lágrimas.

Três meses haviam passado do nascimento de Firmino José, quando, finalmente, Suzyane recebeu uma carta de Dráuzio. Ele havia viajado num cargueiro, parado constantemente em vários portos, e só agora tinha um endereço fixo. Não sabia que Suzy dera à luz um filho seu. Pedia notícias e a convidava para ir ter com ele na Itália, onde assumiria os negócios do pai doente. Prometia-lhe uma vida tranquila e dizia amá-la, ainda.

Suzyane exultou de felicidade. O motivo precípuo da revolta que constantemente a dominava era a ausência de Dráuzio.

Escreveu-lhe dizendo que aceitava; que era tudo o que ela mais queria. Nada falou sobre o filho. Por ora nada lhe diria, até porque tinha a intenção de deixá-lo com o pai. Afinal, tivera o filho por causa dele; ele que ficasse, agora, com o menino.

Participou ao pai sua decisão.

— Suzy, minha filha, fico feliz porque vejo que esse homem a ama de fato. Espero que vocês sejam felizes, mas, minha menina, não acha melhor levar seu filho? É filho dele também...

— Painho, eu só tive esta criança porque você quis. Como já havia provocado muitas dores, resolvi tê-lo, mas a condição foi que ele ficasse aos seus cuidados. Lembra-se? Por mim eu teria feito o aborto.

— Eu sei, minha filha. Graças a Deus, você respeitou a vida.

— Então está combinado. Seu neto é todo seu. Pode casar-se com a Noélia... Não estão doidos pra isso?

— Suzy, vou relevar isso porque em parte tive muita culpa pela deficiência de sua educação. Você sabe ser cruel. Ácida. Irônica. Um dia, a vida vai ensiná-la a não ser tão arrogante e egoísta.

Suzyane olhou o pai e desandou a chorar. Aquelas palavras, ditas com calma, com amor, lhe tocaram o coração. Sabia-se injusta, intolerante e agressiva. O pai continuou falando enquanto lhe afagava a cabeça.

— Painho..., por que sou assim? Eu não quero dizer as coisas que digo, mas de repente...

— Se você quiser, realmente, se modificar, tem de estar vigilante. Tem de prestar muita atenção nas suas tendências. Tem de se olhar "de fora"; como se você fosse outra pessoa. E identificar, honestamente, o que achou da "outra" pessoa. Faça uma relação de todos os defeitos, vícios, tendências, que você tem. Depois é só ir acabando com eles. Gradativamente, porque nada se consegue da noite para o dia. O importante é persistir, não desanimar. Olhar o mal nos outros — não para fazer maledicência –, mas para não imitá-los. Ao mesmo tempo em que combate os defeitos e vícios, você já estará lutando pela conquista de virtudes. Um dia, quando menos esperar, já eliminou grande parte dos seus defeitos.

— Prometo, painho, que vou me esforçar bastante. Eu vou ao encontro de Dráuzio e, se ele fizer questão, voltaremos para levar Firmino José. Por enquanto, prefiro que ele fique com você. Ele não é uma criança forte e pode adoecer no caminho. E eu, sozinha, não saberia o que fazer.

Suzyane abraçou-se ao pai. Para ela também não seria fácil. Amava-o e aos avós. Não amava, ainda, o filho, mas já sentia que se lhe aflorava no coração um sentimento fraterno em relação a ele. O tempo encarregar-se-ia de transformá-la.

Na semana seguinte, despediu-se dos familiares. Ficou algum tempo com Firmino José nos braços. Pegou ambas as mãozinhas mirradas e as beijou. O menino olhou para ela e sorriu. Escobar o pegou e o acomodou num moisés. Iriam todos acompanhar Suzy até o aeroporto. Nova vida os aguardava.

Nada mais impedia que Escobar e Noélia se unissem. Era o que eles mais queriam. Ulisses, ao saber da decisão da mãe, ficou emburrado alguns dias. Mas tanto Laura argumentou que o convenceu de que a mãe e o pai mereciam, depois de tudo que passaram, ter paz e alegria.

* * *

Os novos alunos, os bichos da faculdade de Direito, sofriam com prazer o trote imposto pelos veteranos. Caras pintadas, cabeças raspadas, lambuzados de ovo e farinha, gritavam, riam... Estavam felizes. Agora eram universitários. Futuros bacharéis.

Noélia trabalhava silenciosa. Vez ou outra levantava a cabeça e ria de alguma palhaçada dos veteranos.

A pessoa que estava à sua frente, pintada, enfarinhada, escondia perfeitamente seus cabelos já grisalhos e as primeiras rugas atrevidas.

– A senhora tem aí alguma coisa com que eu possa me limpar?

Noélia levantou rapidamente a cabeça. Aquela voz, ela a conhecia muito bem. Sorriu. Suas covinhas se acentuaram. Os olhos verdes, herdados dos van Opstal, da Holanda, cintilaram.

– Se pensa que vai me enganar...

– Noélia! Minha eterna menina dos olhos cor do mar de Itapuã! Quer se casar comigo?

– Escobar, seu doido. Por que se pintou assim?

– Porque quis lembrar o dia em que nos conhecemos.

A emoção emudeceu-a. Quanto ansiou para ouvir aquilo! Escobar se abraçou a ela, sujando-a de farinha, ovo e tinta.

Kírian, que acabara de chegar de São Paulo, não reconheceu Escobar. Estranhou ao ver Noélia abraçada a um "bicho". Só quando cumprimentou Noélia, foi que reconheceu Escobar.

– Mas olha... Veja só! Você tem lá idade para ser bicho? Olhe pra você, Noélia. Também está toda lambuzada!

E brincando, feliz porque pressentiu o que acontecia ali, disse:

– Noélia, leve este bicho lá pra sua casa, que ele está precisando de um bom banho. – E saiu para contar a novidade a Felipe.

Noélia e Escobar atravessaram o pátio no meio da folia reinante e adentraram a pequena casa. Ele já estivera ali algumas vezes.

– Achei ótima a ideia de Felipe e da Kírian de fazer esta casinha pra vocês. Bem dentro da faculdade.

– Felipe e Kírian são mais do que pais para mim. Ah... Vou contar uma novidade pra você. Sabe que nosso Ulisses e a Laura estão se gostando? Não é ótimo? Mas quem diria! É bem verdade que ela sempre puxou um bonde por ele. Desde pequenina o defendia diante de Leonardo.

– Vamos lá saber o passado espiritual deles, não? Mas eu quero falar de nós. Vamos pensar em nós, que já não é sem tempo.

Noélia pegou uma toalha e empurrou Escobar para dentro do banheiro:

– Não esperei tanto tempo pra ouvir um pedido de casamento de um cara todo lambuzado. Vá tomar um bom banho, tirar este cheiro de ovo e depois falaremos. – Ria, enquanto o empurrava.

– Este vai ser o banho mais rápido que já tomei em minha vida.

– Nada disso! Fique de molho até desaparecer esse cheiro.

Menos de dez minutos se passaram.

– Então... Faz de conta que acabamos de nos conhecer agora. Vamos esquecer todo esse tempo que passamos longe um do outro. Vamos esquecer tudo de ruim que aconteceu. Vamos esquecer dores, divergências, mágoas...

E, sorridente, estendeu a mão para Noélia.

– Eu sou Escobar. Encantado senhorita...

– Noélia Maria Cruz Van Opstal, muito prazer, seu Escobar.

Riram. Abraçaram-se. Beijaram-se. Choraram.

– Eu estou aqui, senhorita das covinhas e dos olhos verdes do mar de Itapuã, para pedir que se case comigo – continuou ele.

– Eu aceito.

E se casaram depois de alguns meses. Ulisses e Laura oficializaram o noivado e faziam planos. Leonardo ainda não havia aceitado de boa vontade o futuro cunhado. Lembrava-se de suas brigas no tempo de escola, todavia, de boa paz, desejou a eles felicidades.

* * *

Domingo. Praia. Sol.

Um garotinho mirrado e mal-humorado, dedos atrofiados, unhas recurvadas, tentava fazer um castelo de areia. Como não conseguisse, chutou violentamente a areia e começou a choramingar. Noélia aproximou-se dele.

– Por que meu menino está tão nervoso? Ora, vamos... eu ajudo você. Está tentando fazer um castelo, não está?

Firmino José acalmou-se. Sempre que Noélia dele se aproximava, quando lhe falava, ele se abria num sorriso e imediatamente se acalmava.

Sentaram-se na areia. Os olhos brilhantes do menino observavam as mãos ágeis de Noélia edificando um castelo.

— A torre deste lado é por sua conta. Vamos ver quem acaba primeiro?

Firmino José sorriu e bateu palmas, engrolando alguma coisa própria da criança que está aprendendo a falar.

— Está vendo, meu filho? Quando a gente quer alguma coisa não se pode desistir na primeira dificuldade. Tudo nós podemos fazer desde que tenhamos boa vontade, determinação e paciência.

O garotinho era ainda pequeno para entender o que Noélia lhe dizia, mas recebia seu amor. E era isso, tudo o de que ele mais precisava no momento.

Não longe dali, um rapaz, cópia fiel de Ulisses Escobar, tomava sol numa cadeira de rodas sob a vista de Escobar, Durval e Aurora. Era Hermes, o gêmeo de Ulisses, que jamais se recuperara do traumatismo sofrido.

Hermes havia unido o casal Durval e Aurora com o Escobar e Noélia. Eram todos como uma única família. O exame de DNA confirmou o que todos já sabiam: Hermes era realmente irmão de Ulisses Escobar. Só não quiseram abrir processo para apurar o que aconteceu no passado, porque já uma grande amizade unia-os, e porque seria causar mais sofrimento ao infeliz doente, separando-o daqueles a quem sempre tivera por pais amorosos.

A justiça tem caminhos que nos são defesos. Quem visse aquele jovem, quase que inteiramente paralisado, mudo, tristonho, com certeza se perguntaria: "Por quê? Por que uma sorte mesquinha dessa?"

Aquele jovem fora, em existência passada, um assassino. O assassino de Léo, então prometido de Fátima Ambrósia. Era nada mais nada menos que Antoniel, também causador indireto da morte de Fátima Ambrósia, conforme o leitor já se inteirou. E devia aquele atual sofrimento a Escobar, o autor da ordem para surrá-lo. Inconscientemente eles foram objetos da justiça. O Escobar de hoje – ratificamos – fora Léo, naquela malfadada existência, quando viveu no Castelo Garcia D'Ávila, no século XVIII, na Praia do Forte (Bahia).

Escobar, agora, remediava o mal que ele mesmo causara. Ajudava os pais de Hermes e o amava como a Ulisses e Suzyane, porque aprendera que o amor é a essência da vida; que somente cultivando o amor podemos "pagar a multidão dos nossos pecados".

* * *

Escobar aproximou-se de Noélia. Beijou-a com ternura. Aquela ternura guardada por tanto tempo em seu coração para lhe ser ofertada quando a tempestade cessasse.

Ao longe, o sol ia-se pondo; franjando as nuvens de um alaranjado brilhante. A Ave-Maria, tocada alhures, foi entrando suavemente naqueles corações e eles pressentiam que doravante o amor seria presença constante em suas vidas.

ENRIQUEÇA
SEUS CONHECIMENTOS

Tininha, A Gotinha D´Água em defesa do Meio Ambiente

Tininha é uma gota d'agua transparente e redondinha, cujo maior sonho era conhecer o mar. Além dela, outros personagens vêm despertar nas crianças a necessidade de se preservar o meio ambiente, eliminado os perigos da poluição.

A Quarta Cruz

Levado a fazer um balanço de suas escolhas no Mundo Espiritual, Salvatore narra às lembranças de uma de suas existências como romano, tendo o privilégio de caminhar ao lado do Mestre Jesus, sem se dar conta de tão extraordinário encontro.

Odisseia de uma Alma
O mundo sórdido da pedofilia

Odisseia de uma Alma traz à tona entre seus temas, o crime hediondo da pedofilia e o sofrimento das vítimas desse abuso, aborda também as consequências de cada ação e escolha.

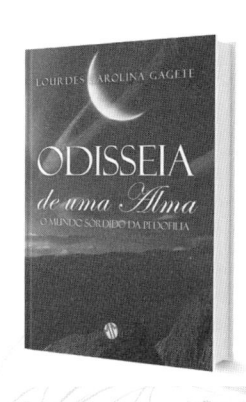

pedidos@editoramundomaior.com.br

OBRAS
DA MUNDO MAIOR

O Reencontro de Heróis
"Lutando para Vencer"

Década de mil novecentos e quarenta: Explode a Segunda Guerra Mundial. Em meio a um cenário marcado por batalhas coletivas e particulares, o amor de um soldado pela pátria o faz lutar contra a tirania que manchou a história da Humanidade.

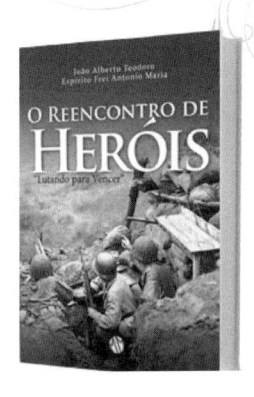

O Evangelho da Reencarnação

Com esclarecimentos a respeito da Bíblia, o leitor encontrará respostas sobre a preexistência da alma e a pluralidade da existência.

O Evangelho no Lar
Onde, Como e Porque

Esta obra relata de forma clara as questões mais comuns para as dúvidas de Como, Onde e Por que fazer o Evangelho no Lar.

Tel.: (11) 4964-4700

OBRAS BÁSICAS

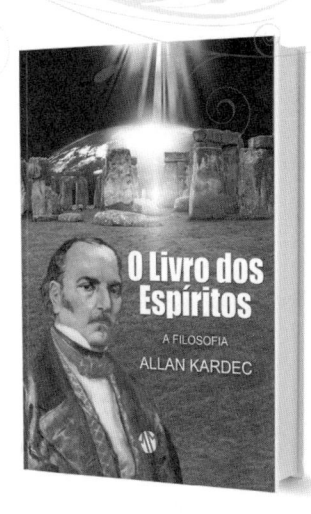

O Livro dos Espíritos
A Filosofia

Lançada em 18 de abril, de 1857, foi a primeira obra básica do espiritismo de uma série de cinco livros. Um livro escrito para todos os homens e para todas as épocas, que aborda questões profundas da existência.

O Livro dos Médiuns
O Fenômeno

Trata sobre a parte experimental da Doutrina. Obra destinada a esclarecer os médiuns sobre as práticas mediúnicas ou interessados em estudá-las.

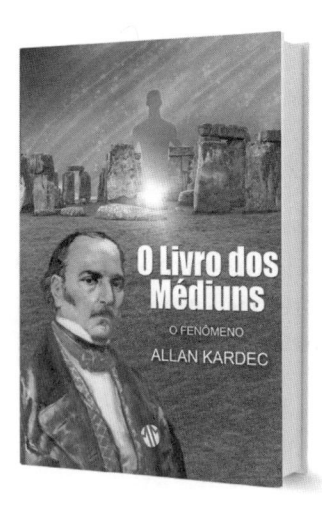

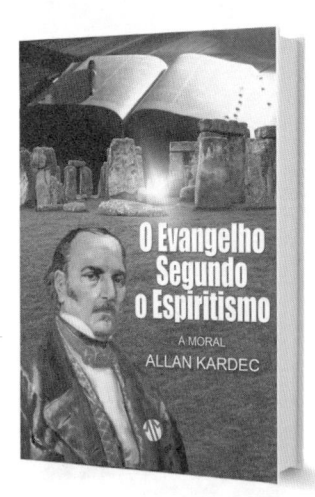

O Evangelho Segundo o Espiritismo
A Moral

O terceiro livro da codificação lançado em 1864. Um manual de vida no qual o leitor encontrará profundos apontamentos sobre os ensinamentos morais do Cristo e sua aplicação às diversas situações da vida.

www.mundomaior.com.br

ALLAN KARDEC

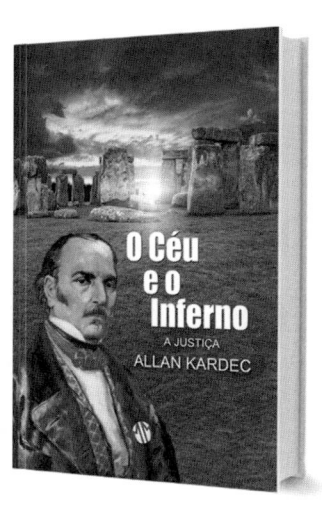

O Céu e o Inferno
A Justiça

A quinta e penúltima das cinco obras da coleção de Allan Kardec. Traz uma visão reflexiva e ao mesmo tempo racional a respeito da Justiça Divina à luz do Conhecimento Espírita.

A Gênese
A Ciência

O Espiritismo e a Ciência completam-se um ao outro. A Ciência, sem o Espiritismo é impotente para explicar certos fenômenos apenas pelas leis da matéria; o Espiritismo, sem a Ciência, ficaria sem suporte e comprovação. Se o Espiritismo tivesse vindo antes das descobertas científicas, teria tido sua obra abortada, como tudo o que vem antes de seu tempo.

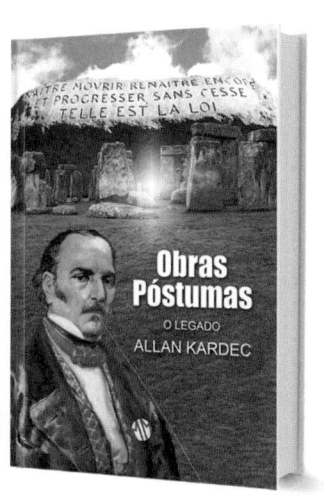

Obras Póstumas
O Legado

Uma compilação de escritos do Codificador da Doutrina Espírita, Allan Kardec, lançada póstumamente em Paris, em janeiro de 1890, pelos dirigentes da Sociedade Parisiense de Estudos Espíritas.

Contato (11) 4964-4700

Mundo Maior Editora

DESPERTANDO CONHECIMENTO

Curta no Facebook
Mundo Maior

Siga-nos
@edmundomaior

WordPress
Acesse nosso Blog:
www.editoramundomaior.wordpress.com